Le Siècle.

ÉLIE BERTHET.

NOUVELLES ET ROMANS CHOISIS

LES

MYSTÈRES DE LA FAMILLE

PARIS

BUREAUX DU SIÈCLE

RUE DU CROISSANT, 16.

A. VIALON. DEL.   J. GUILLAUME. SC.

LES
MYSTÈRES DE LA FAMILLE

I

LES CHASSEURS.

Une large route ci-devant royale traversait un montueux et verdoyant paysage du département de la Haute-Vienne. Aussi loin que la vue pouvait s'étendre, on n'apercevait que des collines couvertes de chênes aux teintes sombres ou de châtaigniers aux têtes arrondies comme des oliviers du Nord. Le pays entier avait ainsi l'aspect d'une vaste forêt où quelques gros rochers de porphyre rouge, quelques versans, trop âpres pour recevoir des plantations, formaient de rares éclaircies. Une petite rivière, aux eaux froides et limpides particulières à ces contrées granitiques, se frayait passage de cascatelles en cascatelles à travers les inégalités du terrain ; mais c'était miracle quand elle s'étalait au soleil en nappes transparentes qui laissaient voir son lit de cailloux blancs et de pierres moussues, habité par les écrevisses. D'ordinaire elle disparaissait dans une profusion de saules, de vergnes et d'autres arbustes aquatiques. A distance elle se trahissait seulement par un murmure doux et monotone, ou par les sifflemens aigus du martin-pêcheur, qui l'effleurait de son aile bleu d'aigue-marine, en suivant ses gracieux méandres. Néanmoins cette campagne n'était pas déserte : çà et là surgissait au-dessus du feuillage, qui l'enveloppait comme d'un vêtement, la flèche svelte d'un clocher de village ou le toit rouge d'une ferme. Au sommet d'un monticule qui dominait tout le système de collines dont nous avons parlé, on distinguait dans l'éloignement un château considérable, dont les tours terminées en pointes et les pignons aigus se découpaient d'une façon pittoresque sur l'azur du ciel.

Il était midi ; un brillant soleil des premiers jours de septembre inondait de lumière et de chaleur le paysage accidenté que nous venons de décrire. Cependant une brise folle soufflait par bouffées capricieuses pour rafraîchir cette atmosphère brûlante, et soulevait des flots de cette poussière impalpable dont le macadam a doté nos routes modernes. Les arbres qui bordaient la chaussée avaient une teinte aride, terne, contrastant avec la verdure fraîche des arrière-plans. Le mouvement continuel qui s'opère sur les voies de communication importantes était à peu près complètement suspendu. A peine si quelque modeste piéton apparaissait de loin en loin, comme un point noir, sur l'immense bande grise qui traversait fièrement par le milieu ce cercle de collines et de forêts. On n'entendait plus les grelots fêlés des chevaux de roulage, ou les cris discordans du bouvier qui châtie avec sa longue aiguillade la paresse de son attelage de vaches. Tout se taisait ou se reposait, les oiseaux dans les taillis voisins, les bouviers dans leurs granges, les rouliers dans les cabarets.

Un seul voyageur à cheval poursuivait sa route, en dépit du soleil et de la poussière. C'était un jeune homme de vingt ans environ, aux membres bien proportionnés, à la figure intéressante. Il avait une redingote et un pantalon noirs ; un crêpe entourait son chapeau et témoignait d'un deuil récent. Bien que ce costume fût déjà couvert d'une couche poudreuse, l'inconnu ne semblait pas venir de loin. Son bagage consistait seulement en une valise de cuir, attachée avec des courroies sur la croupe du cheval, et le cheval lui-même, qu'à sa tête penchée, à ses oreilles basses, on reconnaissait de cent pas pour être de louage, n'était pas extrêmement fatigué. Or, par cette température accablante, une pareille monture n'eût pu supporter une longue traite sans donner des signes visibles d'épuisement.

A la vérité, jamais cavalier ne s'était montré plus indulgent pour une rosse de louage. Absorbé par de tristes rêveries, il semblait avoir abdiqué toute prétention à diriger son cheval ; il laissait, comme Hippolyte, flotter les rênes, et oubliait de faire usage de la baguette de coudrier qui devait remplacer ses éperons absens. Aussi le vicieux animal profitait-il jusqu'à l'abus de ces distractions et se livrait-il à tous les caprices de sa malicieuse nature. Tantôt, pour éviter le soleil et les mouches, il se frottait contre les buissons épineux ; tantôt il enjambait les pyramides de cailloutis disposées de distance en distance le long de la route. Parfois encore il s'arrêtait court, comme pour éprouver la patience de son maître ; mais celui-ci ne songeait pas à corriger comme il l'aurait dû ces gentillesses du locatis : il se contentait de pousser une interjection brève et machinale. Cela suffisait pour décider la bête à prendre pendant une minute ou deux un petit trot coquet, puis elle revenait à ses allures lentes et capricieuses.

On conçoit que, avec une pareille manière de voyager, l'inconnu ne fît pas beaucoup de chemin; mais sans doute il n'était pas pressé d'arriver, et d'ailleurs, plongé dans ses réflexions, il ne s'occupait de pousser une interjection val, au risque d'être éveillé de ses méditations en roulant dans un fossé ou bien en prenant un bain d'eau glacée dans la rivière voisine.

Mais la Providence ne lui réservait pas une disgrâce aussi complète, bien que cette inconcevable distraction dût avoir sa punition. Depuis quelques instans déjà, des sons lointains de cor, des clatissemens de meute retentissaient par intervalles au milieu de cette campagne solitaire. Peu à peu, ces sons devinrent plus distincts, plus rapprochés, et finirent par se faire entendre dans le couvert des châtaigniers, à très courte distance de la route; le voyageur ne s'en émut pas et ne daigna même pas se retourner. Tout à coup, un animal d'assez forte taille s'élança du haut d'un talus, par-dessus la tête du cavalier, dont le chapeau roula dans la poussière; puis il traversa la route d'un bond et disparut au milieu des taillis, de l'autre côté. Le voyageur eut à peine le temps de reconnaître la forme élégante d'un chevreuil brocard, tout baigné de sueur, le bois renversé en arrière, et qui, à la suite d'une longue chasse, était évidemment sur ses fins.

Pour le coup le jeune songeur fut bien forcé de revenir au sentiment de la réalité. Son cheval effrayé tournait sur lui-même en lâchant des ruades dont au premier aspect il paraissait incapable. Vainement le cavalier chercha-t-il à le calmer en le flattant de la main et de la voix : le locatis, de plus en plus excité par le vacarme de la meute, devenait furieux et redoublait ses bonds. Alors le voyageur prit le parti de mettre pied à terre pour ramasser son chapeau et pour tenir par la bride sa rétive monture, qu'il ne pouvait ou ne savait maîtriser autrement.

Au même instant les chiens, débouchant du fourré, traversèrent la route dans la direction de la bête fauve. Ils étaient une vingtaine, de couleurs bariolées qui produisaient le plus pittoresque effet dans la verdure. Quoique robustes et encore pleins d'ardeur, la plupart haletaient; leurs langues pendaient sur leurs lèvres desséchées. Néanmoins, animés par le voisinage de leur proie, ils donnaient des coups de gorge formidables dans un ensemble qui devait réjouir les oreilles de leur propriétaire. Derrière eux galopaient deux piqueurs en éclatante livrée; ils avaient la trompe en sautoir et sonnaient des *à-vue* et des *bien-aller*. Un cavalier en habit rouge, admirablement monté, à l'air noble, sans doute le maître de la chasse, suivait de près, franchissant avec aisance les ravins et les fossés.

Tout cela tomba comme une avalanche. Les chiens, dans leur impatience de rejoindre la piste, se ruaient à travers les jambes du pauvre locatis, en poussant des hurlemens frénétiques, lui glissaient sous le ventre ou s'élançaient par-dessus sa croupe, si bien qu'il était fou de frayeur et de colère. Les piqueurs jetèrent un regard de moquerie au jeune homme si cruellement embarrassé; mais, tout occupés du soin de surveiller la meute, ils ne purent s'arrêter. En revanche, le chasseur dont nous avons parlé parut vouloir retenir son beau limousin à jambes fines, et offrir poliment ses services; mais voyant le voyageur demeurer calme au milieu de ce fracas et contenir d'une main ferme la rosse révoltée, il se contenta de porter la main à sa casquette de chasse en souriant, puis, pressant légèrement les genoux, il partit comme le vent et disparut dans la profondeur du bois où chiens et piqueurs venaient de s'engouffrer.

À mesure que le bruit s'éloignait, la bête de louage, dont le caractère au fond était très peu belliqueux, retrouvait sa placidité; ses oreilles, un moment dressées, retombaient sur ses crins; sa tête se penchait de nouveau vers la terre. Le voyageur allait donc se remettre en selle et continuer son chemin, quand un joli cabriolet découvert, conduit par un élégant jockey, déboucha d'un chemin latéral pour rejoindre la chasse.

Dans cette voiture se trouvaient deux dames, abritées sous leurs ombrelles. Elles passèrent si près du jeune inconnu qu'il lui fut facile de les voir à loisir. L'une était une femme de quarante ans environ; mais elle conservait à cet âge, si fatal au commun des femmes, une beauté sereine et majestueuse qui pouvait exciter l'envie de bien des jeunes filles. Grâce à sa savante toilette, son léger embonpoint ne faisait qu'ajouter à la dignité de sa personne. Sa main soigneusement gantée, son pied posé sur un coussin de tapisserie, étaient d'une petitesse aristocratique. Impossible de voir des yeux à la fois plus fiers et plus doux, un teint plus frais, plus reposé. Ninon de Lenclos elle-même n'avait jamais possédé, dans son bon temps, des bras potelés, des épaules blanches et correctes, comme les bras et les épaules que la dame inconnue laissait entrevoir sous les gazes et les dentelles de ses ajustemens. Elle se distinguait surtout par un air de langueur et d'aisance répandu dans toute sa personne. Appuyée nonchalemment contre le fond ouaté de la voiture, on eût dit d'une reine blasée sur l'admiration et les hommages, affranchie des passions, des regrets, des inquiétudes qui troublent les existences vulgaires.

Sa compagne, jeune fille de dix-sept à dix-huit ans, offrait un type de beauté tout opposé. Elle avait une figure éveillée, une bouche mutine, un regard moqueur; ses longues anglaises, d'un blond cendré, rebondissaient contre ses joues roses à chaque cahot de la voiture. Sa taille, bien serrée dans le corsage d'une robe de taffetas gris, eût tenu, suivant l'expression vulgaire, entre dix doigts; ses mouvemens avaient la grâce enjouée deceux d'un écureuil. Néanmoins, on reconnaissait d'abord qu'elle n'était ni du rang ni de la race de l'autre dame. Belles toutes les deux, une origine différente avait creusé comme un abîme entre elles. Tandis que l'une portait sur son front le signe d'une haute naissance, l'origine plébéienne de l'autre se traduisait dans sa vivacité, dans sa pétulance et jusque dans le caractère provocateur de sa beauté.

Si le voyageur regarda les deux dames, les deux dames à leur tour regardèrent le voyageur. Mais ce ne fut qu'un coup d'œil froid et indifférent de la part de la plus âgée, tandis que la jeune fille, avec la charmante impertinence d'une enfant gâtée, ne se gêna pas pour inspecter cavalier et monture. À la suite de cet examen, elle se pencha vers sa compagne et lui dit à voix basse quelques mots rapides auxquels la belle inconnue répliqua seulement par un sourire d'indulgence. Mais quand la capote du cabriolet cacha les chasseresses au voyageur, celui-ci put entendre un joyeux éclat de rire, excité sans doute par sa personne et son équipage.

Il ne s'en offensa pas et attendit que la voiture eût tourné l'angle de la route. Alors il murmura d'un ton qui n'était pas exempt d'amertume :

—Ce sont des heureux de la terre... ils ont raison d'être fiers de leur bonheur... Passons.

Mais l'aventure n'était pas finie. Un grand bruit s'éleva de nouveau dans le fourré voisin : c'était un frôlement de feuilles, un cliquetis de branches, des cris, des sons de trompe à faire croire qu'une autre troupe de veneurs allait sauter sur la route.

Par un sentiment de curiosité fort explicable, le jeune voyageur devint immobile et prêta l'oreille.

—Taïaut! taïaut! — criait une voix cadencée par le galop d'un cheval; — bellement! bellement! ça va, ça va, chiens! ah! il fuit, là, la, la!

Et le cor reprenait en sonnant toutes sortes de fanfares

de circonstance, malgré les fausses notes et les *couacs* échappés à l'artiste dans la rapidité de sa course.

Or, cet effroyable vacarme était le fait d'une seule personne. Bientôt apparut en haut du talus un jeune homme d'une vingtaine d'années, vêtu comme le maître de l'équipage d'un habit rouge à boutons d'argent ciselé, d'une culotte en peau de daim, de bottes à revers et d'une casquette de jockey. Un magnifique couteau de chasse, à poignée de bronze richement travaillée, pendait à son ceinturon de cuir verni, et le chasseur montait un magnifique cheval de race. On devinait pourtant sous ce galant attirail un veneur encore novice, qui cherchait à suppléer par un excès de mouvement et de bruit à l'expérience dont il manquait.

Cet important personnage, emporté par son cheval, plus habitué que lui sans doute à ces sortes d'exercices, allait franchir le talus du chemin, quand la vue du gouffre de huit à dix pieds de profondeur parut éveiller en lui des réflexions prudentes. Il retint sa monture de toute sa force, et la poussa, malgré la résistance du généreux animal, vers un autre point où le saut paraissait beaucoup moins périlleux pour un cavalier assez peu sûr de ses talens en équitation. Parvenu sur la route, il allait reprendre le galop, quand il aperçut le jeune voyageur, qui, debout sur le bord du chemin, le considérait avec attention.

Le beau veneur s'arrêta complaisamment et, sans saluer, sans même tourner la tête, il demanda d'un ton de familiarité :

— Eh ! l'ami, n'auriez-vous pas vu passer par hasard la chasse ? de quel côté se dirigeait l'animal de meute ?

Notez que la demande était au moins inutile, car le son des trompes et les cris des chiens retentissaient à moins de cent pas de là, du côté de la petite rivière.

Au lieu de répondre, le voyageur ou locatis continuait d'examiner avec un intérêt croissant le rodomont questionneur. Il semblait éprouver une grande incertitude ; une légère rougeur était venue colorer ses joues naturellement un peu pâles. Enfin il s'avança vers le cavalier, et demanda d'un ton timide :

— Amédée !... Amédée Surin, est-ce bien toi ?

Le chasseur tressaillit sur sa selle et se retourna.

— Gérard ! — s'écria-t-il. Aussitôt il sauta lestement à terre, et les deux jeunes gens s'embrassèrent cordialement. — Est-ce bien toi, Gérard ? — reprit enfin Amédée Surin ; — tu vas sans doute chez nous, au Prieuré ?... Ma foi nous n'espérions pas te voir si tôt.

— Quoi ! — demanda Gérard avec un douloureux étonnement, — n'ai-je pas reçu des lettres pressantes de toi, de ton père lui-même, que je ne connais pas, pour m'engager à venir ?

— C'est juste, c'est juste ! — répliqua l'étourdi ; — mon père me disait toujours, quand il me voyait triste et ennuyé, là-bas, à la manufacture : « Que fait donc ton ami Gérard ? Pourquoi ne vient-il pas ? » mais on ne pouvait te décider à quitter la ville, malgré tes promesses ; aussi, franchement, je n'y comptais plus.

— Amédée, — reprit Gérard avec émotion, — tu connaissais la cause de ces retards... Je ne pouvais quitter un pauvre vieillard malade, qui toute ma vie m'a prodigué les soins les plus dévoués et les plus tendres. Aujourd'hui que je l'ai perdu...

— Qui donc as-tu perdu, Gérard ? En effet, ces vêtemens noirs, ce crêpe à ton chapeau. Sois dit sans t'offenser, mon pauvre garçon, je croyais que tu n'avais pas de parens dont tu dusses porter le deuil.

— N'est-ce pas une raison pour moi de regretter plus vivement l'excellent homme qui m'en tenait lieu, d'honorer sa mémoire, et de donner des larmes à sa perte ?

En même temps les yeux de Gérard devinrent humides et sa voix s'éteignit. Surin, dont le cœur était excellent, malgré son incurable étourderie, lui saisit la main.

— Allons, courage, mon cher Gérard, — dit-il d'un ton affectueux. — Ce petit vieux monsieur Pascal qui t'accompagnait partout, quand nous étions enfans, qui venait t'attendre à la sortie du collége, qui se montrait d'une si grande indulgence pour tes espiègleries, était, j'en conviens, une bonne pâte d'homme ; mais, après tout, tu ne tenais à lui par aucun lien de parenté : c'était une sorte de tuteur, de précepteur, à qui l'on t'avait confié, et sans doute on le payait bien pour son dévouement à ta personne... car, vois-tu, Gérard, on ne m'ôtera pas de l'idée que tes parens inconnus sont riches, haut placés. — Gérard fit un signe d'impatience, car ce sujet l'affectait péniblement. — Allons, allons ! — reprit Amédée Surin d'un ton plus léger, ne parlons pas de cela. Te voilà dans le pays, mon cher Gérard, et nous chercherons à te distraire. Justement ça se trouve à merveille ; les plaisirs se succèdent ici sans relâche... C'est que, mon ami, — continua-t-il mystérieusement, — je ne t'ai pas encore annoncé la grande nouvelle : ma sœur Louise se marie ; elle épouse le baron Achille de Bermondet, un opulent gentilhomme, propriétaire de ces bois et de ce château que tu vois là-bas ; une magnifique terre, une noblesse qui remonte aux croisades !... Oui, Louise sera baronne ; mon père lui donne six cent mille francs de dot ; moi j'aurai la manufacture de porcelaine du Prieuré, et je prendrai la suite des affaires ; tout est déjà convenu. A la vérité, l'on n'a pas encore désigné le jour du mariage ; mais aujourd'hui, sans doute, les dernières difficultés seront levées, et la noce aura lieu prochainement. Tu verras, nous aurons des fêtes superbes !...

— Des fêtes ! un mariage ? — répéta Gérard en baissant la voix, — que ferais-je au milieu de toutes ces joies, moi dont l'âme est si triste ? Amédée, je devrais peut-être retourner d'où je viens !

— Je voudrais bien voir cela ! — s'écria Surin ; — es-tu fou ? Mais ce n'est là qu'un premier mouvement, et nous trouverons bien moyen de dompter ta sauvagerie. Craindrais-tu de n'être pas bien accueilli de ma famille, quelles que soient les circonstances ? Morbleu ! si quelqu'un osait te regarder de mauvais œil... je ne suis plus un enfant, que diable !... Mais, encore une fois, tu n'as rien à craindre de pareil. Mon père, tout occupé de sa manufacture et de ses ouvriers, nous laisse maîtres de nos volontés, ma sœur et moi. Il ne nous a pas contrariés une fois en sa vie ; je t'avouerai même qu'il nous fatigue parfois à force de sollicitude et de tendresse : juge si ce bon père pourrait te recevoir mal. Louise est une petite folle, ne songeant qu'aux chapeaux, aux robes et aux dentelles ; un peu moqueuse, mais bonne fille au fond. Tu verras aussi mon futur beau-frère, qui vient souvent au Prieuré. C'est un gentilhomme dans toute la force du terme, brave, poli, généreux et d'une gaieté, d'une gaieté... Enfin, il plaisante toujours ; tu l'aimeras, j'en suis sûr. Quant à sa tante, madame la comtesse de Bermondet (on l'appelle madame quoiqu'elle soit demoiselle, mais elle est chanoinesse d'un chapitre d'Allemagne), quant à madame la comtesse de Bermondet, — ajouta le jeune homme avec un gros soupir, — tout ce que je puis t'en dire, Gérard, c'est que je te supplie de n'en pas devenir amoureux, car tu te préparerais de bien cuisans chagrins.

— En même temps, l'écolier leva les yeux vers le ciel, et envoya jusqu'aux nuages un nouveau soupir. — Ah çà ! mais, — poursuivit-il, — je te parle de personnes que tu viens de voir ici tout à l'heure ; tu te trouvais certainement sur la grand'route quand la chasse l'a traversée ? — Gérard répliqua distraitement qu'il avait vu passer en effet un chasseur à cheval et deux dames en voiture qui paraissaient suivre la meute. — Ce chasseur, — dit Surin avec empressement, — est mon futur beau-frère, le baron ; mon costume de chasse est absolument semblable au sien. Regarde comme mon habit est élégamment coupé. C'est Humann, le premier tailleur de Paris, qui me l'a fait. Et mon couteau de chasse ! c'est un chef-d'œuvre de ciselure ; il a coûté plus de trois cents francs. Quant au cheval, il appartient à monsieur de Bermondet ; mon père n'en a pas d'aussi fins. Le baron possède la plus belle écurie, le plus beau chenil du département. As-tu remarqué ses chiens? Tous de pure race anglaise; il n'y a pas de buisson creux possible avec ces gaillards-là. Aussi vais-je fièrement m'amuser avec l'équipage du baron mon beaufrère! Je sais déjà sonner de la trompe, et je reconnais très bien un animal par le *pied*. Ainsi, par exemple, nous avons lancé ce matin un chevreuil daguet dont je distinguerais la trace entre mille, s'il survenait un *change*.

Ces choses étaient dites avec la volubilité d'un grand enfant désireux d'éblouir par l'étalage de ses connaissances et de ses richesses. Gérard n'écoutait qu'à moitié; néanmoins il demanda d'un ton d'intérêt:

— Et depuis quand, Amédée, toi si frêle et si délicat autrefois, es-tu devenu chasseur à courre? Ne crains-tu pas que cet exercice violent ne soit préjudiciable à ta santé?

— Que veux-tu, mon cher, c'est très comme il faut, la grande chasse, et le docteur ne me défend pas cet exercice, capable de me fortifier. D'ailleurs, s'il faut le dire, Gérard, — ajouta le veneur en baissant la voix avec un accent sentimental, — je cherche à prendre les habitudes des gens de haute condition pour plaire à certaine dame... que j'aime plus que ma vie.

— Ah! oui, je sais, — répliqua Gérard avec un sourire mélancolique, — celle dont tu me parles dans chacune de tes lettres sans vouloir pousser la confidence jusqu'au bout... Mais si je restais près de toi, tu me la montrerais ou tu me la nommerais sans doute?

— Tu l'as déjà vue, Gérard.

— Et quand donc, je te prie?

— Ici, tout à l'heure... C'est l'une des dames qui suivent la chasse dans un cabriolet.

— Quoi! cette dédaigneuse jeune fille qui m'a ri si joliment au nez?

— Que dis-tu donc là Gérard? Cette jeune fille est ma sœur Louise; je la devine à son impertinence. Mais il faut lui pardonner. D'abord elle ne le connaissait pas, et puis, quoique ce soit une folle, elle n'a pas de méchanceté... Non, c'est de l'autre que je te parle, c'est de la comtesse de Bermondet.

— Comment! la chanoinesse, la tante de ton futur beau-frère? mais tu pourrais être son fils!

Amédée devint aussi rouge que son habit de chasse.

— Qu'importe, qu'importe! — répliqua-t-il d'un air un peu confus; — on a seulement l'âge qu'on paraît avoir, et madame de Bermondet est si belle!... Malheureusement, Gérard, sous ces attrayans dehors, elle cache, je le crains bien, un cœur de neige et de marbre; cette femme est si chaste, si pure, que l'idée des sentiments qu'elle peut inspirer n'entre pas dans son esprit. Depuis plus de six mois, elle ne paraît pas avoir remarqué mes attentions, mes prévenances, mes regards, mes soupirs; ah! Gérard, ces hautes vertus sont parfois bien gênantes!

Cette conversation avait lieu, comme nous savons, sur le grand chemin; les deux jeunes gens, le bras passé dans la bride de leurs chevaux, semblaient oublier qu'un soleil ardent frappait sur leurs têtes. Tout à coup une fanfare vigoureuse partit du côté de la rivière.

— Ce n'est pas le moment de causer d'un pareil sujet, — reprit Amédée; — d'ailleurs j'entends le baron, mon beau-frère, qui sonne un défaut. Sans doute le daguet se sera dérobé par quelque ruse de son métier; je veux voir comment le défaut sera relevé; je vais rejoindre la chasse... Je ne t'invite pas à m'accompagner, mon bon Gérard, — ajouta-t-il avec un sourire un peu railleur, — car ta pauvre rosse de louage ne pourrait nous suivre; d'ailleurs tu dois être fatigué d'avoir parcouru quatre grosses lieues. Rends-toi donc au Prieuré sans retard; mon père t'accueillera bien. Le chemin n'est pas difficile. A quelques centaines de pas d'ici, tu prendras l'avenue de peupliers à gauche, et tu verras bientôt les fourneaux de la manufacture. D'ailleurs si, par impossible, tu t'égarais, demande le chemin au premier ouvrier, au premier paysan que tu rencontreras; réclame-toi de nous, et on s'empressera de te conduire à l'usine. Dame! mon garçon, ce n'est pas

pour nous vanter, mais nous sommes les rois de ce pays, qui sans nous mourrait de faim. Tu verras, tu verras! excuse-moi donc de te quitter; la comtesse, à qui je sers d'écuyer d'honneur, pourrait s'étonner de mon absence.

Tout en parlant, il se préparait à remonter sur son cheval qui piaffait d'impatience.

— Mon cher Amédée, — reprit Gérard avec embarras, — plus j'y réfléchis, plus je crains d'imposer ma triste et ennuyeuse présence à la famille... Je crois que je ferais mieux de remettre ma visite et de revenir sur mes pas.

— Que je ne t'entende plus parler de ça, Gérard, — s'écria son camarade d'un ton chaleureux, — ou je me fâcherai! Est-ce que le chagrin est une raison pour fuir ses amis? Au contraire, je veux te distraire, et j'y parviendrai, j'en suis convaincu. Allons, voici la trompe qui sonne de nouveau... Je te quitte, mais je ne tarderai pas à te rejoindre. On va donner sur la bête le troisième relai, ce que nous appelons en vénérie *les six chiens*, et notre daguet ne pourra résister longtemps à ce renfort d'ennemis. Tout sera donc fini dans une heure ou deux, d'autant plus sûrement que la comtesse et le baron Achille doivent venir dîner au Prieuré après la chasse. Ainsi toute la famille sera réunie et je te présenterai dans les règles. D'ici là repose-toi et répare le désordre de ta toilette, car, tu comprends? pour paraître devant des dames, ces habits poudreux ne seraient guère convenables... S'il te manquait quelque chose, nous sommes à peu près de la même taille, ma garde-robe est à ta disposition; je veux que tu me fasses honneur. Courage donc, et à bientôt!

Amédée avait enfourché sa bête, qui s'agitait et devenait de plus en plus difficile à contenir.

— Cependant, mon cher Surin, — reprit Gérard, — je te prie de considérer...

— Rien, rien, — répliqua le jeune chasseur; — je n'admets pas d'excuses, et si tu me jouais un pareil tour.

Son cheval, qui partait impétueusement, l'empêcha d'achever. Tout en s'éloignant, Amédée se retourna sur la selle et fit à son camarade un signe d'affectueuse menace, puis il s'enfonça dans le bois, où ses *taïaut!* et ses fanfares retentirent longtemps encore après qu'il eut disparu.

Gérard restait immobile, les pieds dans la poussière.

— Il me quitte sans vouloir m'entendre, — murmura-t-il; — je ne puis pourtant pas accepter son invitation dans les circonstances actuelles: ce serait un supplice pour eux et pour moi.

Au lieu de poursuivre sa route vers la manufacture de monsieur Surin, il prit son cheval par la bride et vint l'attacher aux branches basses d'un châtaignier, sur le bord du chemin; puis il s'assit sur l'herbe et se mit à réfléchir profondément. Bientôt de grosses larmes descendirent le long de ses joues.

II

LE CONSOLATEUR.

Depuis quelques instans déjà Gérard était assis au pied d'un arbre, dans l'attitude de l'affliction, quand un voyageur vint à passer. Ce personnage, d'un âge mur, avait l'apparence d'un bon bourgeois campagnard. Sa figure, un peu brunie par le soleil, exprimait la franchise et la sagacité. Il était uniformément vêtu de coutil rayé; il portait de longues bottes et un chapeau gris à larges bords, doublé de drap vert pour protéger la vue. Il montait un de ces vigoureux normands dont le pas d'amble et les allures douces étaient fort recherchées autrefois des gens d'Église. Tout son bagage consistait en un manteau posé sur le devant de sa selle.

Le locatis attaché sur le bord de la route attira son attention. En cherchant des yeux le maître de cet animal qui paraissait abandonné, il aperçut Gérard immobile, le visage caché dans ses mains. L'inconnu fit halte et se mit à considérer avec intérêt cette figure silencieuse dont la présence en cet endroit était inexplicable. Comme elle ne bougeait pas, il demanda d'un ton d'inquiétude :

— Eh! eh! l'ami, que faites-vous donc là? Êtes-vous malade? êtes-vous blessé? vous serait-il arrivé quelque accident?— Alors Gérard releva la tête et montra son visage inondé de larmes. Mais ne sachant ce qu'on lui voulait, il ne se pressait pas de répondre. A la vue de ces traits fins et distingués, le questionneur éprouva quelque confusion de sa familiarité. Il porta la main à son chapeau et reprit avec une politesse brusque : — Excusez-moi, monsieur; voyant votre cheval seul et vous-même sans mouvement, je craignais... Je suis le médecin du pays, monsieur, et vous comprendrez aisément pourquoi j'ai pris la liberté de troubler vos réflexions. — Gérard exprima par un faible sourire qu'il ne conservait pas de rancune contre l'importunité du docteur. Celui-ci salua de nouveau, fit un mouvement pour s'éloigner, puis se ravisa. — Vous n'êtes pas malade de corps, — reprit-il ; — mais vous me paraissez malade d'esprit... Vous êtes bien jeune, assurément bien jeune, pour que pareille indisposition soit très grave. Je veux donc essayer, quoique ce ne soit pas ma partie, de vous offrir quelques médicamens... je veux dire quelques consolations. Mes autres malades attendront; je me reposerai cinq minutes avec vous, si vous le permettez.

— Tout en parlant, ce personnage singulier avait mis pied à terre, avait attaché son cheval à côté de celui de Gérard, et était venu s'asseoir tranquillement en face du jeune homme stupéfait. Néanmoins il y avait tant de bonhomie dans les manières libres du campagnard, que Gérard ne songea pas à s'en offenser. Le docteur le regarda sous le nez, sans beaucoup de cérémonie. — Tenez, mon enfant, — dit-il enfin, — je devine la cause de ces larmes que je vous ai vues verser tout à l'heure.

— J'en doute, monsieur, — répliqua Gérard, qui commençait à s'amuser de cette rencontre originale.

— Bah! vous croyez?... Eh bien! pour vous punir, je devinerai du premier coup. Il s'agit d'une femme, n'est-ce pas?

— Vous vous trompez, docteur.

— Vraiment? pas possible!... cependant à votre âge... mais vous me paraissez franc et vous ne devez pas savoir mentir, même avec un fâcheux important comme moi... Allons! j'ai fait fausse route; cela m'apprendra qu'il faut être en garde contre la présomption.

Il prit une prise de tabac et se moucha bruyamment en observant toujours Gérard du coin de l'œil. Gérard ne se montra pas blessé de cette curiosité bienveillante.

— Monsieur le docteur, — reprit-il avec douceur, — votre intention est bonne, et je dois vous remercier de votre intérêt pour un inconnu qui n'en est pas indigne peut-être. Mais ne vous creusez pas la cervelle à chercher la cause de chagrins qui sont, hélas! bien vulgaires... Ces larmes ont pour motif la perte récente d'un vieil ami dont je porte le deuil.

— Ah! s'il s'agit de la mort, — répliqua le docteur en se découvrant avec une politesse ironique et solennelle,— je m'incline humblement. Elle et moi nous avons eu plus d'une querelle ensemble, et souvent, trop souvent, elle s'est trouvée la plus forte... Mais s'il n'y a pas moyen de faire rendre à cette vieille obstinée ce qu'elle tient une fois, vous êtes trop sage, jeune homme, pour croire qu'elle tue l'âme en même temps que le corps; vous avez la confiance, je gage, de retrouver plus tard, dans une autre vie, l'ami que vous avez perdu!

— Oui, oui, monsieur le docteur, et c'est une grande consolation pour ceux qui, comme moi, n'ont pas beaucoup de personnes à chérir.

— Que dites-vous donc là, jeune homme? La simple amitié peut-elle entrer en balance avec le sentiment que l'on éprouve pour un père, une mère, un frère, une sœur? et vous n'êtes pas assez avancé dans la vie pour avoir perdu tous vos proches.

— Et si je n'en avais pas, docteur?

— Comment, pas de parens; mais alors...—Gérard baissa la tête et rougit. — Ah! — fit le docteur. Il recourut encore à sa tabatière. — Ma foi! —reprit-il après une pause, — je suis un malencontreux consolateur. Il faudra que je me borne à guérir, ou tout au moins à soulager de mon mieux les maladies du corps; *ne sutor ultra crepidam,* chacun son métier. Mais, mon garçon, vous êtes étranger à ce pays, car c'est la première fois que je vous y vois. Serait-il indiscret de vous demander où vous allez?

— Nullement, monsieur. Je vais, ou plutôt *j'allais* au Prieuré, chez monsieur Surin.

— Monsieur Surin, le manufacturier?... Vous le connaissez donc?

— Pas lui, mais son fils Amédée, mon camarade de collége.

— Le plus vaniteux écolier de la terre entière, — dit le docteur : — au demeurant, un bon petit diable, s'il n'était pas déplorablement gâté, ainsi qu'une évaporée de sœur. Ne vous étonnez pas de m'entendre ainsi parler de ces enfans, — reprit-il en s'interrompant; — je les ai vus naître, et depuis vingt-cinq ans je suis le médecin de la famille... Mais pourquoi dites-vous *j'allais,* auriez-vous donc changé d'avis?

Gérard ne savait comment répondre à cette question si précise.

— Tenez, — monsieur le docteur, — dit-il enfin avec abandon, votre cordialité m'a séduit; je ne vous cacherai donc rien de mes petites affaires, car c'est la Providence peut-être qui m'envoie un homme de cœur et de sens pour me donner un bon conseil en ce moment.

Et il exposa brièvement les scrupules qui l'empêchaient d'accepter l'invitation d'Amédée Surin.

Le docteur écoutait avec une grande attention; il fronçait légèrement le sourcil ou souriait, selon qu'il approuvait ou désapprouvait.

— Voyons, mon enfant, — dit-il en attachant sur Gérard son regard hardi, — voulez-vous que je vous parle avec franchise?

— Je vous le demande avec instance.

— Vous faites bien, car j'aurais parlé de même sans votre permission. Vous vous attendez peut-être à ce que je vous loue beaucoup de votre délicatesse, quand vous craignez tant de troubler par votre présence la joie de deux heureuses familles... Loin de là, je vois dans vos hésitations un effet de l'orgueil, de l'envie peut-être, dont vous subissez l'influence sans vous l'avouer.

— De l'orgueil, de l'envie, docteur?

— Ne vous récriez pas et laissez-moi le temps d'expliquer ma pensée... Voyons, la main sur la conscience, si vous aviez une grande fortune, un grand nom, une grande naissance, si vous jouissiez enfin de certains avantages dont vous êtes dépourvu, les scrupules qui vous arrêtent vous sembleraient-ils aussi sérieux? — Cet argument fort simple embarrassa Gérard, qui garda le silence.

— A la bonne heure! — continua le docteur campagnard, — vous ne reniez pas avec hypocrisie même vos mauvais sentimens. Allons donc jusqu'au bout et retournons la question : si votre ami, au lieu d'être riche, entouré d'une famille prospère, enivré par les joies du présent, par les espérances de l'avenir, était comme vous, seul, abandonné, malheureux, pauvre peut-être (c'est là de ma part une supposition toute gratuite, car enfin je ne sais rien de l'état de votre fortune); mais s'il en était ainsi, n'est-il pas vrai que vous ne balanceriez pas à vous rendre auprès d'Amédée pour lui donner tous les secours, toutes les consolations qui dépendraient de vous?

— Sans aucun doute, monsieur le docteur, — répliqua chaleureusement Gérard.

— Vous voyez donc que j'avais raison : votre orgueil seul vous empêche d'aller au Prieuré. — Cette rigoureuse logique déconcertait Gérard. Sans se prévaloir de son avantage, le docteur continua d'un ton affectueux : — Écoutez, mon enfant ; je vois dans votre âme plus clair que vous-même peut-être, et je vous montrerai vos mauvais instincts afin de vous donner de l'horreur pour eux. Jusqu'ici, sans doute, vous n'aviez pas remarqué de différence entre la condition d'Amédée Surin et la vôtre... Vous ne voyiez en lui qu'un écolier comme vous, soumis aux mêmes exigences, aux mêmes devoirs, aux mêmes punitions. Aujourd'hui, quand vous êtes accablé de douleur et quand vous retrouvez votre ancien camarade comblé de biens et de joie, cette inégalité vous choque; dans le farouche égoïsme de votre âme ulcérée, vous voudriez pouvoir lui dire : « Va donc être heureux plus loin ! » Encore une fois, la main sur la conscience, ai-je deviné juste? — Gérard ne put retenir un signe d'assentiment.

— Tout cela vient, — continua le docteur, avec une véhémence croissante, — de ce que vous n'avez pas apprécié rigoureusement la portion d'avantages que l'imperfection humaine laisse aux individus. Ainsi que le commun des hommes, vous croyez être seul à regretter, seul à désirer, seul à souffrir; vous croyez qu'en dehors de vous tout est bien-être, calme, gloire et félicité... Eh bien! mon enfant, — continua le docteur en serrant la main de Gérard avec force, — ayez foi dans un homme à cheveux gris, que sa profession initie au secret de bien des misères : n'enviez jamais, séduit par les apparences, le sort de votre voisin, si malheureux que vous vous trouviez vous-même; n'enviez jamais, sans examen sérieux, même ces êtres privilégiés dont les prospérités semblent d'insolents défis jetés au vulgaire qui souffre. Ces prétendus heureux du monde sont sujets aux maladies, à la mort, aux passions plus désastreuses encore. Ces diamans qui brillent un moment se changent bientôt en misérable strass, cet or devient du clinquant terni... Et ces familles... écoutez-moi bien, jeune homme... ces familles orgueilleuses qui se parent de leurs fils et de leurs filles comme de joyaux précieux, ces familles où le mérite d'un seul jette tant d'éclat sur l'obscurité des autres membres, elles aussi, pour la plupart, elles ont leur plaie secrète, leur cancer au sein, qu'elles s'efforcent de dissimuler sous le velours et les fleurs. Cette solidarité qu'elles invoquent dans le bien, elles la subissent dans le mal. Pour elles aussi, les larmes de la nuit silencieuse expient souvent les rires de la journée; la honte et l'ignominie derrière les rideaux expient les fronts rayonnans et les triomphes du dehors. Ainsi donc, enfant, pauvre enfant, je vous le répète, n'enviez personne; si lourd que vous semble votre fardeau, le fardeau d'un autre vous semblerait peut-être plus lourd encore.

Le docteur s'exprimait avec chaleur : son ton animé, son regard brillant, son geste énergique, témoignaient combien un pareil sujet avait occupé ses réflexions. Gérard l'écoutait d'un air de respectueuse déférence.

— Fort bien, docteur, — reprit-il; — mais ce sont là des généralités; il existe des exceptions pour certaines familles, pour certains individus. Ainsi, sans aller bien loin, cette élégante troupe de chasseurs qui tout à l'heure a passé près de moi, et cet étourdi d'Amédée, si fier de son bel habit de chasse, et cet opulent gentilhomme qui peut se livrer avec tant de faste à son goût favori, et cette jeune fille si moqueuse, et cette grande dame si nonchalante dans sa majestueuse beauté, dites, docteur, tous ces gens ne sont-ils pas heureux?

Un sourire amer effleura les lèvres du médecin campagnard.

— Qu'en savez-vous, mon enfant? — dit-il avec un accent mélancolique en posant la main sur l'épaule de Gérard; — avez-vous l'œil de Dieu pour lire dans les cœurs? De votre propre aveu, vous n'avez pas vu le petit Surin depuis votre sortie du collège; quand aux autres personnes, vous venez de les rencontrer pour la première

fois. Un seul regard a donc suffi pour vous donner cette conviction bizarre? Mais j'admets un moment avec vous, jeune homme, que les personnes dont nous parlons soient en effet aussi heureuses, aujourd'hui, que le comporte la faiblesse de notre nature; pouvez-vous me répondre de demain? Ce demain n'est-il pas toujours suspendu, comme l'épée de Damoclès, sur la tête du convive couronné de roses? Vous refusez d'aller au Prieuré parce que vous redoutez de vous y trouver au milieu des plaisirs et des fêtes : et savez-vous si cette joie ne sera pas bientôt changée en deuil, si l'orgueil de ces pompes ne deviendra pas tout à coup du déshonneur, si les flambeaux du bal ne deviendront pas des cierges mortuaires? Savez-vous si cet ami, que vous voulez fuir parce qu'il est heureux, n'aura pas besoin dans deux jours, demain, ce soir peut-être, de vos consolations, de votre dévouement, de votre pitié?

Gérard frémit involontairement.

— Monsieur le docteur, — s'écria-t-il, — auriez-vous quelque raison de penser... des dangers réels, un revirement funeste menaceraient-ils ce pauvre Amédée? Vos paroles tendraient à me faire soupçonner...

— Allons donc, mon enfant, ne sommes-nous pas convenus que nous parlerions seulement de généralités? Ces observations ne s'appliquent pas plus à la famille Surin qu'à telle autre famille dont vous pourriez me vanter la prospérité; néanmoins, toutes sont sujettes aux mêmes lois, aux mêmes coups traîtres et imprévus. Il faut si peu de temps à Dieu pour amener un orage dans un ciel serein !... — Mais, — ajouta le docteur en se levant et en se disposant à partir, — le plaisir de moraliser avec vous m'a fait oublier mes malades, et j'en ai plus d'un à visiter avant de rentrer à mon logis.

— Ne regrettez pas le temps que vous m'avez consacré, — dit Gérard d'un ton cordial en se levant à son tour ; — vous avez fait une bonne action. Avant cet entretien, j'étais injuste, envieux, jaloux. En arrachant d'une main ferme le voile qui me cachait ces sentiments honteux, vous m'avez inspiré le désir de les surmonter... Merci, docteur : ce bon conseil que je cherchais, je l'ai trouvé; pour vous prouver combien je l'apprécie, je vais sur-le-champ me rendre à la manufacture de monsieur Surin.

— Ah! ah! — dit le médecin d'un air de satisfaction, — ai-je si bien réussi? Je ne l'espérais guère, après avoir si gauchement débuté... Ma foi! mon garçon, de votre côté, vous ne me déplaisez pas; je trouve en vous de la franchise, de la docilité, de la générosité, toutes choses que j'aime surtout chez les jeunes gens. Si donc ma brusquerie et mes boutades ne vous ont pas trop effrayé, venez me voir quelquefois dans ma solitude, pendant votre séjour au Prieuré.

— Très volontiers, docteur, et c'est une nouvelle faveur dont je vous remercie. Cependant, — ajouta-t-il en souriant, — afin de me rendre à votre aimable invitation, il serait bon que je susse...

— Mon nom, n'est-ce pas? C'est juste... Vous demanderez le docteur Chardin ; tout le monde dans le pays vous indiquera ma demeure. Et vous, mon cher enfant, à votre tour? — Gérard lui dit son nom. — Eh bien donc! monsieur Gérard, au revoir. Je regrette de ne pas me rendre moi-même au Prieuré, car nous eussions fait route ensemble; mais je vais d'un autre côté. N'oubliez pas votre promesse.

— Ne craignez rien à cet égard, docteur ; je n'ai pas assez souvent rencontré des hommes comme vous pour que votre souvenir puisse s'effacer aisément de ma mémoire.

Ils se serrèrent la main, se saluèrent, et pendant que Gérard continuait sa route avec la lenteur habituelle de sa bête de louage, le docteur galopait dans une direction opposée pour rattraper le temps perdu.

Demeuré seul, Gérard ressentit un contentement intérieur qu'il n'avait pas éprouvé depuis longtemps. Cette conversation venait de dissiper les nuages que ses chagrins récens; sa position exceptionnelle, sa misanthropie, avaient amassés dans son esprit. Il voyait là la vie sous un aspect moins sombre; il n'avait plus ni fiel ni colère contre ses semblables, depuis qu'il pouvait les croire malheureux comme lui. Le calme, la résignation rentraient peu à peu dans son âme, et il s'avançait sans hésitation vers le but de son voyage.

Les bruits de la chasse s'entendaient encore par momens, mais ils paraissaient de plus en plus faibles et lointains. Gérard suivit la grand'route pendant un quart d'heure environ, et atteignit enfin l'avenue de peupliers. Cette avenue, qui s'étendait à perte de vue, offrait une particularité remarquable: elle était ferrée avec des débris de ces poteries grossières qui servent à contenir les porcelaines en cuisson et qu'on appelle *gazettes* dans le pays. Cette espèce de pavé trahissait le voisinage d'une manufacture de porcelaine aussi sûrement que, dans d'autres localités, les cailloutis de mâchefer ou de scories annoncent le voisinage d'une forge ou d'un haut fourneau.

Cependant Gérard, dans la crainte de s'égarer, eût fort désiré se renseigner sur son chemin. Malheureusement, comme nous le savons, les passans étaient rares à cette heure de la journée, et ceux qu'on avait en vue se trouvaient à de grandes distances. Dans sa perplexité, le jeune cavalier aperçut une petite maison isolée qui s'élevait à l'angle des deux routes, et qu'on reconnaissait pour un cabaret à la branche de gui flétri suspendue au-dessus de la porte. Il allait s'en approcher, quand un homme, ayant l'apparence d'un ouvrier en voyage, déboucha dans l'avenue et s'engagea d'un pas rapide dans l'avenue. Gérard se hâta de le joindre.

— Eh! mon ami, — demanda-t-il avec politesse, — ne pouvez-vous me dire si c'est bien là le chemin du Prieuré?

Le piéton le regarda de travers sans saluer.

— Tiens, — répondit-il d'une voix que l'habitude de l'ivrognerie avait rendue rauque, — vous allez au Prieuré, vous? Je parie que vous connaissez le bourgeois, un nommé Surin... c'est-y pas ça? Vous le connaissez, pas vrai?... un particulier riche à millions, à ce qu'on dit.

— Là n'est pas la question, — répondit sèchement Gérard, à qui le ton de cet individu ne plaisait pas; — je vous demande seulement si cette avenue conduit au Prieuré.

— Vous le savez bien, — répondit l'autre d'un air bourru; — on a dû vous l'indiquer comme à moi... Mais puisque vous allez à la *cassine* de ce Surin, nous marcherons de compagnie.

Gérard examina plus attentivement le personnage qui prétendait imposer ainsi sa société. C'était un grand gaillard d'une quarantaine d'années; il avait un visage ignoble, un front bas et déprimé, des yeux noirs et vifs, une vraie figure de chenapan. Il portait au bout d'un bâton noueux un paquet contenant son gilet et sa veste; il restait en bras de chemise, avec un pantalon de toile fort délabré et des souliers éculés; une mauvaise casquette était enfoncée sur ses yeux, et du coin de sa bouche saillait faiblement un tronçon de pipe noirâtre. Cet ensemble n'avait rien qui pût prévenir favorablement Gérard.

— Mon ami, — reprit-il, — je suis pressé et sans doute vous ne pourriez suivre mon cheval; adieu donc et merci de vos renseignemens.

En même temps il fouetta sa monture; mais il avait compté sans la maudite rosse, qui, moitié mauvaise volonté, moitié fatigue réelle, fit deux ou trois pas au trot et revint aussitôt à son allure ordinaire. De son côté, le voyageur déguenillé doubla le pas et se retrouva bientôt sur la même ligne que Gérard.

— Votre cheval n'est pas des meilleurs, — dit-il d'un ton railleur, — et moi je me suis *conforté* d'un verre de *dur* là-bas à ce bouchon; comme ça, tout se compense, et nous ferons route ensemble en causant d'amitié. — Gérard était fort peu flatté de la perspective d'arriver à la fabrique avec un pareil acolyte. Mais, ne pouvant s'en dé-

barrasser, il ne crut pas devoir l'éviter avec trop d'affectation. Il se contenta de détourner la tête, sans presser davantage le locatis, et parut avoir oublié l'homme au paquet. Celui-ci régla son pas sur le pas du cheval; on avança quelques momens en silence. Gérard crut que sa froideur avait découragé la curiosité de son compagnon de route; il n'en était rien; au bout d'une cinquantaine de pas, l'important reprit avec effronterie: — Je gagerais deux sous contre rien du tout que vous êtes un marchand de porcelaine et que vous allez chez Surin pour faire des achats.

Gérard ne put retenir un geste d'impatience.

— Ah ça! l'ami, vous qui désirez tant connaître les autres, — dit-il avec résolution, — qui donc êtes-vous?

— Bon! pour moi c'est pas un secret, je suis *artiss* en porcelaine et je vais au Prieuré chercher de l'ouvrage. Sans me vanter, je suis un malin dans la partie; j'ai travaillé dernièrement à Sèvres, où j'ai gagné plus d'une bonne *roue de derrière* (pièce de cinq francs). Oui, le Parisien, comme on m'appelle, passait pour un fin ouvrier à la manufacture royale, et j'en remontrerai facilement à ces propres-à-rien de la province; des *gâcheurs*! ça n'a pas d'idée, ça n'est pas des *artiss*.

— Mais si vous aviez réellement des talens dans votre profession, pourquoi donc avoir quitté la manufacture de Sèvres, où, mieux que partout ailleurs, vous pouviez les utiliser?

— Dame! mon petit, — répliqua le Parisien avec un sourire cynique, — on fait quelquefois la noce le lundi; puis, quand on est gris, on se frotte avec les amis, histoire de passer le temps... Un des contre-maîtres de Sèvres voudrait que tous les *artiss* fussent sages comme des demoiselles; ça ne m'allait pas, la moutarde m'a monté... Mais, dites donc, — s'interrompit-il avec une colère menaçante, — voulez-vous me confesser, vous? J'aime pas les curés, je vous en avertis! — Gérard était révolté de l'abrutissement de cet homme, et son dégoût se trahit sur son visage. Le Parisien s'en aperçut. — Voyons! nous fâchons pas, — reprit-il d'un ton moins rude; — j'ai la tête près du bonnet, mais pas plus de fiel qu'un poulet... là, le cœur sur la main... Ensuite, je vais vous dire, mon petit bourgeois, vous me plaisez tout plein; vous avez une bonne figure, et bien sûr vous ne me refuserez pas un mot de recommandation pour me faire trouver de l'ouvrage à la manufacture.

— Eh! mon cher, si vous avez une habileté réelle dans votre état, une recommandation serait inutile: monsieur Surin s'empressera de vous employer.

— C'est possible. Seulement, voyez-vous bien, on pourrait trouver des anicroches... Je ne suis pas du pays et j'ai perdu mon livret; or ces bourgeois de campagne sont si bêtes...

— C'est *prudens* que vous voulez dire? — reprit Gérard, à qui cette circonstance ne donnait pas une estime bien haute pour sa nouvelle connaissance; — mais si vous avez perdu votre livret, il doit être facile de remédier à cet accident, et il faudra songer à vous en procurer un autre.

— Bah! c'est un tas de formalités, et puis c'est du temps de perdu; j'y penserai pourtant, mais en attendant vous seriez bien gentil de me rendre service d'un rien, d'une bagatelle... histoire d'engeôler le bourgeois. Vous lui glisseriez, par exemple, dans le tuyau de l'oreille que vous me connaissez, que je suis un bon garçon, des misères! ça suffirait pour le décider à m'occuper... Allons! vous ferez bien ça pour moi, vous êtes si mignon! vraiment on prendrait votre figure pour celle d'une demoiselle si vous l'encadriez d'affiquets et de rubans!... Que risquez-vous, puisque je suis un *artiss* de Sèvres? est-ce que vous ne me croyez pas? Dites-moi donc un peu *voir pour voir* que vous ne me croyez pas!

Son accent devenait tour à tour cajoleur et menaçant, comme pour arracher par l'intimidation ce qu'on eût refusé peut-être à ses flatteries. Mais, sous une apparence

frêle, Gérard avait une âme ferme, insensible aux menaces ; aucune crainte personnelle n'eût pu le décider à prendre sous sa protection cet individu suspect.

D'ailleurs le Parisien avait mal choisi son moment pour
tenter d'effrayer le jeune voyageur. Pendant cette conversation, ils avaient marché d'un bon pas, et plus ils avançaient, plus les signes du voisinage des habitations devenaient fréquens. La route était mieux entretenue, la campagne moins solitaire; on entendait le son d'une cloche,
des mugissemens de bestiaux. Tout à coup les voyageurs,
au détour de l'avenue, aperçurent devant eux un village
que leur avaient caché jusque-là les inégalités du terrain.
Ce village, assis sur le bord de la petite rivière, était do-
miné par des hauteurs boisées qui lui donnaient une teinte
sombre. Il se composait d'une vingtaine de maisons. Au
milieu s'élevait un grand et vieil édifice, flanqué de constructions plus modernes, qui semblait avoir été jadis un
couvent; c'était la manufacture du Prieuré. Une multitude
d'ouvriers s'agitaient dans son immense cour, dont la
porte cochère était ouverte. Deux hautes cheminée de
pierre surmontaient le bâtiment principal et vomissaient
des flammes et de la fumée qui devaient, la nuit, s'apercevoir au loin comme des phares dans la campagne.

La vue du terme du son voyage fit penser Gérard à la
nécessité de se concilier la bienveillance de ses hôtes fu-
turs. Il résolut donc de couper court aux importunités du
vaurien, et lui dit avec fermeté :

— Vous vous êtes trompé, mon cher; je n'ai pas de crédit sur monsieur Surin, et d'ailleurs je ne saurais affirmer
ce que j'ignore. Faites-vous donc valoir auprès du chef de
cette usine, comme vous l'avez fait, bien gratuitement,
auprès de moi; il sera plus compétent que je ne saurais
l'être pour apprécier... Puissiez-vous réussir !... Pour moi,
je vous souhaite le bonjour.

Et il piqua son cheval, qui, sentant l'écurie comme toutes les rossinantes de son espèce, se décida pour cette
fois à prendre le trot. Le Parisien ne tarda pas à rester
en arrière, et se répandit en injures; mais Gérard ne
l'écouta pas, et deux minutes après il arrivait au Prieuré.

III

LA MANUFACTURE.

Les vastes constructions où monsieur Surin avait établi
sa fabrique étaient en effet un ancien couvent d'Augustins. La révolution ayant dispersé le petit nombre de
moines qui s'y trouvaient encore en 1789, le monastère
et ses dépendances étaient devenus propriété nationale.
L'Etat vendit aisément les terres labourables; mais les
bâtimens restèrent longtemps sans trouver d'acquéreur.
Cependant l'édifice contenait de magnifiques blocs de
granit, du plomb, des matériaux de tous genres dont la
spéculation eût pu tirer un excellent parti; mais il était
situé dans un pays presque inabordable, peu connu, éloigné des centres de population. Devant ces difficultés lo-
cales, la bande noire elle-même, cette association de dé-
molisseurs dont le vandalisme avare est l'origine de tant
de fortunes modernes, la bande noire, disons nous, avait
reculé. Le vieil et sombre monument du quinzième siècle
resta donc invendu pendant plusieurs années. Au commencement de l'empire, il servait d'étable et de grange;
les paysans du village le louaient à prix modique pour cet
usage, quand un acquéreur se présenta : c'était monsieur
Surin, qui s'en rendit adjudicataire pour la dixième partie de sa valeur réelle.

A partir de ce moment, l'histoire du Prieuré se confon-
dait avec celle de son propriétaire.

Monsieur Surin était d'une famille pauvre et obscure du
pays; dans sa jeunesse, il avait été simple ouvrier à la
manufacture royale de porcelaines de Limoges, succursale
de celle de Sèvres. Après la suppression de cette manufacture, il avait fait comme soldat les campagnes de la ré-
publique. Rentré dans ses foyers, il résolut d'utiliser ses
connaissances dans son ancien métier et d'exploiter le sol,
vierge alors, de la spéculation. Une petite succession qu'il
avait à recueillir lui fournit une première mise de fonds;
des personnes riches, confiantes dans l'intelligence et la
probité du jeune industriel, lui vinrent en aide : de la
sorte il put acquérir le couvent et y former une usine qui
ne tarda pas à prendre de grands accroissemens.

La situation était on ne peut plus favorable au succès
d'une semblable entreprise. Le Prieuré se trouvait peu
distant d'une carrière de kaolin, cette précieuse terre à
porcelaine découverte en Limousin vers l'année 1768,
par un pharmacien de Bordeaux nommé Villaris. Ainsi la
matière première coûtait déjà moins cher que dans les
établissemens rivaux. Les forêts environnantes promet-
taient à vil prix un combustible abondant, enfin la vie,
n'étant nullement chère dans cette campagne écartée, la
main d'œuvre pouvait subir des réductions considérables.
Le seul désavantage sérieux de la position consistait dans
la difficulté des abords. Or, on ne sait comment Surin s'y
prit, quelles puissantes influences il employa, mais la
route royale, qui d'abord passait fort loin de son établissement, fut conduite un jour, sous prétexte de redresse-
ment, à quelques milliers de pas du Prieuré. Alors le
manufacturier n'eut plus qu'à percer à peu de frais le
chemin qui reliait sa fabrique à la route principale, et il
put écraser toute concurrence par la modicité du prix de
ses produits. Sous l'empire et sous la restauration, pendant que les autres manufactures de porcelaine du département, situées pour la plupart dans les villes, fléchissaient ou succombaient devant les conditions défavorables
faites à leur industrie par l'enchérissement du kaolin, par
la rareté du combustible, par l'élévation toujours croissante du prix de main-d'œuvre, Surin fournissait presque
seul les marchés de la France et de l'étranger. Ses nombreux ouvriers ne pouvaient suffire aux commandes; les
feux de ses fourneaux ne s'éteignaient jamais. Enfin, à
l'époque où nous nous trouvons, il passait pour un des
plus riches négocians de la Haute-Vienne, et on évaluait
sa fortune, en terre ou en capital, à plusieurs millions.

Telle était son histoire pour ainsi dire publique. Sa vie
privée n'offrait aucune particularité bien remarquable.
Surin avait épousé fort tard une jeune personne, fille de
bons bourgeois campagnards du voisinage. Malgré la dis-
proportion des âges, cette union eût toujours été heureuse
sans une maladie de langueur dont madame Surin fut
attaquée peu de temps après la naissance de sa fille.

La pauvre jeune femme languit quelques années et finit
par succomber. Les plus anciens ouvriers du Prieuré se
souvenaient encore avec admiration de la figure maigre
et pâle, mais belle et suave encore, de madame Surin,
quand, vers la fin de sa vie, elle traversait la fabrique
d'un pas chancelant, au milieu des respects de la foule.
Cette perte avait cruellement affligé monsieur Surin ; depuis cette époque il conservait un fond de tristesse que
rien ne pouvait surmonter complètement. Toute son affection semblait s'être reportée sur ses enfans, qu'il ado-
rait et pour lesquels il se montrait d'une incroyable faiblesse. Au milieu de ses plus graves occupations, il
s'inquiétait de leurs caprices, de leurs plaisirs. Mais ces
détails trouveront leur place plus tard, et nous devons revenir à Gérard, que nous avons laissé devant la porte du
Prieuré.

Le jeune voyageur, en entrant dans la cour principale
de la manufacture, ne put se défendre d'une véritable admiration pour le spectacle imposant qui frappa ses regards.
Cette cour, de forme irrégulière, était entourée de constructions de diverses époques, depuis le pur gothique
jusqu'aux murs rectilignes de l'architecture contempo-

raine, en passant par une infinité de modifications intermédiaires. A droite s'élevait un lourd et sombre monument, avec de grandes fenêtres en ogive : c'était l'ancienne église du couvent ; elle servait maintenant de magasin de bois. Les cloîtres existaient encore, mais dénaturés par des appropriations récentes ; on reconnaissait pourtant leurs arceaux hardis en granit ciselé, sous le plâtre et la chaux qui les cachaient en partie. Deux bâtimens isolés contenaient les fours, et par de larges ouvertures on voyait à l'intérieur d'effrayans tourbillons de flammes monter jusqu'au toit ; des hommes presque nus passaient et repassaient, comme des démons, devant cet infernal brasier. Plusieurs pavillons modernes, étalant de longues files de fenêtres régulières sur leur façade, renfermaient les ateliers et les magasins pour les marchandises. Tous ces bâtimens, vieux et nouveaux, étaient uniformément couverts d'une poudre blanchâtre, due à la poussière du kaolin, qui formait comme une seconde atmosphère autour de la fabrique.

La cour présentait l'image du chaos, bien que l'ordre le plus parfait y régnât en réalité. Elle était encombrée de piles de bois qui n'avaient pu trouver place ailleurs, de poteries fraîches qui séchaient sur des planches au soleil, de chariots chargés et en chargement. Une foule d'ouvriers, saupoudrés de poussière blanche comme la farine, s'agitaient au milieu de tout cela, tandis que, par les fenêtres entr'ouvertes des ateliers, on apercevait les modeleurs, tourneurs, garnisseurs, qui travaillaient en chantant. Tout, dans cette active fourmilière, annonçait l'abondance, le bien-être et la gaieté.

Gérard chercha des yeux quelqu'un pour l'introduire et s'occuper de son cheval ; mais nul ne semblait prendre garde à lui. Il se décida donc à mettre pied à terre, et il allait s'adresser à l'un des ouvriers pour s'informer du maître de l'établissement, quand un polisson débraillé, qui fouettait sa toupie dans un coin de la cour, lui vint demander avec une politesse gauche ce qu'il souhaitait. Le jeune homme nomma monsieur Surin.

— Est-ce pour affaire de commerce ? — reprit le cerbère à la toupie ; — dans ce cas il faudrait vous adresser au bureau n° 3, à monsieur Michelet, le premier commis.

— Je désire voir monsieur Surin personnellement.

— Ah ! c'est différent, — dit l'enfant avec un accroissement marqué de respect ; — alors venez de ce côté.

Il prit le cheval par la bride et conduisit Gérard dans une petite cour latérale située à l'angle de la grande.

Pendant que le voyageur suivait son guide, il regarda machinalement en arrière. L'individu dont il avait fait rencontre dans l'avenue du Prieuré restait debout, son paquet sur l'épaule, à la porte de la manufacture ; son attitude trahissait l'hésitation et l'embarras. Enfin cependant il entra d'un pas rapide, accosta le premier ouvrier qu'il aperçut, et une conversation à voix basse s'établit entre eux.

Mais cette circonstance frappa médiocrement Gérard. Ce merveilleux tableau d'une grande usine en activité, ce bruit, ce tumulte, à la suite d'un voyage solitaire, l'avaient comme étourdi. D'ailleurs, plus le moment approchait de paraître devant ce terrible monsieur Surin, le créateur de tous ces prodiges, l'homme dont la volonté mettait en mouvement tous ces bras, plus ses idées se troublaient. En dépit de lui-même, un léger tremblement agitait ses membres ; il sentait son cœur accélérer ses battemens.

On le fit passer sous une espèce de voûte ouverte qui séparait les deux cours. Autant la première était tumultueuse, autant celle-ci paraissait calme. Le brouhaha des ouvriers et des machines n'y parvenait que comme un faible et lointain bourdonnement. Elle formait un carré parfait que flanquaient des constructions élégantes. Sablée avec soin, son centre était marqué par un gazon et par une magnifique corbeille de fleurs. Le corps de logis principal, habité par la famille Surin, présentait surtout un

caractère de comfort et de richesse ; il avait une toiture en ardoises, surmontée de girouettes dorées ; une légère *marquise*, peinte en coutil, couvrait le perron pour qu'on pût monter en voiture sans craindre le soleil ou la pluie ; des caisses d'orangers en fleurs étaient disposées le long de la façade. Les autres bâtimens semblaient être des écuries, des remises et des serres ; une petite grille ouverte, en face du bâtiment d'habitation, permettait au regard de s'égarer dans un joli jardin que bornait la rivière ; une seconde grille plus large servait d'entrée particulière à l'habitation du maître et s'ouvrait sur la campagne ; enfin cette portion du Prieuré avait l'aspect d'une opulente villa des environs de Paris.

Gérard, modeste provincial, eût fort admiré ces merveilles de luxe, mais il n'en eut pas le temps. Un domestique, revêtu d'une sorte de livrée grise fort simple, accourut au-devant de lui. Après avoir échangé quelques mots en patois du pays avec l'enfant, qui vint attacher la monture de Gérard dans un angle de la cour, cet homme invita le voyageur à le suivre. Il l'introduisit dans un beau salon au rez-de-chaussée, et sortit en annonçant qu'il allait prévenir monsieur Surin.

Dans ce salon encore, le pauvre Gérard eût trouvé bien des motifs d'admiration. De brillans tapis d'Aubusson couvraient le plancher ; des tentures luxueuses, des tableaux de prix, qui, disait-on, provenaient des anciens augustins, ornaient les murs. Les meubles étaient de velours à bois dorés ; des jardinières, chargées de fleurs, exhalaient des parfums délicieux. Mais, dans son émotion toujours croissante, il ne voyait rien. Ses scrupules, ses craintes lui revenaient en foule ; il avait oublié les conseils du sage docteur Chardin, et en se trouvant ainsi transporté dans un monde inconnu, sa misanthropie farouche lui présentait mille chimères. Enfin sa terreur d'enfant devint telle qu'il eut la pensée de s'enfuir. Peut-être même allait-il céder à la tentation, quand un pas furtif et rapide se fit entendre dans le corridor voisin, et quelqu'un demanda d'une voix brève :

— Eh bien ! eh bien ! qu'y a-t-il donc ? — Au même instant, monsieur Surin entra. Certes, à voir le chef millionnaire de la fabrique, on ne comprenait pas les appréhensions étranges de Gérard. Nul homme ne semblait moins capable d'intimider par sa dignité personnelle. Monsieur Surin était un petit vieillard de soixante-cinq ans environ, le dos un peu voûté, le crâne chauve, mais vert encore, actif, aux mouvemens brusques. Ses traits avaient une expression naturelle de bienveillance ; mais son œil gris, plein de pénétration, témoignait que cette bienveillance n'allait pas jusqu'à la faiblesse et la crédulité. Son costume était simple et négligé, que du reste expliquaient suffisamment ses constantes occupations à la manufacture. Des chaussons de lisière, un pantalon couleur noisette, une longue lévite bleue passablement râpée, et une petite casquette de loutre sans visière, que le bonhomme toucha légèrement en entrant, formaient un costume fort peu majestueux. D'ailleurs ses airs, son geste, son attitude, avaient quelque chose de sans façon qui devait mettre à l'aise le visiteur le plus gourmé. Ce fut en tremblant que Gérard leva les yeux sur lui. En le trouvant si différent de ce qu'il attendait, il se sentit un peu rassuré ; néanmoins, après s'être incliné profondément, il demeura confus sans pouvoir parler. De son côté, monsieur Surin observait curieusement le jeune voyageur ; mais cet examen ne fut pas long ; le manufacturier n'était pas homme à perdre ainsi son temps. — Bonjour, monsieur, bonjour, — dit-il de sa voix brève et caressante à la fois ; — excusez-moi, car je suis pressé ; puis je savoir ce qui me procure...

— Monsieur, — balbutia Gérard en tortillant son chapeau, — je suis l'ami d'Amédée... je me nomme Gérard !

— Gérard ! — s'écria monsieur Surin en lui tendant les bras ; — viens, que je t'embrasse, mon garçon !... Tu t'es donc enfin décidé à venir nous voir ?... Nous avons bien souvent parlé de toi ! Va, va, nous te connaissons déjà !

Depuis longtemps nous te regardons tous comme notre ami... Mais assieds-toi, mon enfant, tu dois être fatigué... Oh! comme il a chaud !... Tu vas prendre quelque chose... Assieds-toi, je le veux.—Puis courant à la fenêtre qui donnait sur la cour : — Pierre, — cria-t-il au domestique, — mets le cheval à l'écurie, et monte la valise dans la chambre jaune. Tu prendras soin que cette chambre soit en ordre et que rien n'y manque... Va, Pierre, va, mon vieux, et dépêche-toi, si c'est possible.—Cet accueil cordial et familier surprit Gérard de la part d'un riche parvenu qui voulait faire sa fille baronne. Il était interdit de cet excès de prévenance comme il l'eût été d'un excès de froideur. Monsieur Surin revint à lui.—Ce cher Gérard !—dit-il avec affection : — mais laisse-moi donc te regarder à mon aise...! Un beau garçon!... oui, vraiment, un beau garçon, quoiqu'un peu maigre, un peu pâle... Amédée à deux ans de moins que toi, mais il paraît bien plus robuste. Tu n'es pourtant pas malade, n'est-ce pas? Tu jouis d'une bonne constitution ?

— Grâce au ciel, monsieur, — répliqua Gérard, qui ne put s'empêcher de sourire de la singularité de cette question.

— C'est comme Amédée : une santé superbe, le teint brun, beaucoup de barbe et une main qui serre comme un étau ! Et ma fille, tu la verras; elle est fraîche, et jolie, et gaie, et légère!... J'ai de beaux enfans... cependant le docteur Chardin recommande beaucoup d'exercice, des distractions, pas de contrariétés ; ça les fortifie. Aussi je ne leur refuse rien; et ils s'en donnent! Que veux-tu ? depuis la mort de leur pauvre mère, mes enfans sont tout mon bonheur. Les peines ne m'ont pas manqué; j'ai commencé, comme on dit, avec rien; aujourd'hui que j'ai de la fortune, j'entends que mes enfans en profitent. Vous allez joliment vous amuser, hein? Des parties de chasse et de pêche, des promenades à pied, à cheval, en voiture! vous n'aurez qu'à demander, mais vous vous amuserez... Oh! il faudra que vous vous amusiez, *mordicus!*

— Je regrette, monsieur, — dit timidement Gérard, à qui l'occasion parut favorable pour faire ses réserves, — de ne pouvoir réaliser complétement vos bonnes intentions; mais, vous voyez, je suis en deuil, et, malgré moi, je crains bien...

— C'est juste, c'est juste ; je n'avais pas remarqué cela, moi. Pauvre enfant ! ce ne peut être que le vieux brave homme dont on m'a parlé que tu regrettes ainsi, car je sais... Enfin il faut être philosophe. Heureusement, l'idée de la mort n'est pas tenace chez les jeunes gens comme chez nous autres. Eh bien ! alors, ce sera mon fils qui s'occupera de te distraire... Et vous aurez, pour compléter la bande joyeuse, le baron de Bermondet, un gentilhomme du voisinage, qui, l'on peut le dire maintenant, appartiendra sans doute bientôt à ma famille. Quoiqu'il soit de douze ou quinze ans plus âgé que vous, il est encore très jeune de caractère et il n'engendre pas la mélancolie... Mais, à propos de Bermondet, — reprit le manufacturier d'un ton différent, — il va venir dîner avec Amédée et les dames, aussitôt qu'ils auront forcé leur chevreuil, et je ne suis pas habillé; de plus, il faut que je termine mes comptes avec mon caissier... Excuse-moi donc, mon garçon, si je ne te tiens pas plus longtemps compagnie; nous nous reverrons à dîner. En attendant, Pierre va te conduire à ta chambre et te fournira tout ce que tu demanderas. Ne te gêne pas; fais comme chez toi; donne tes ordres, tout ici t'appartient.

— L'actif vieillard serra de nouveau la main de son hôte et se préparait à sortir. Un jeune homme, ayant l'apparence d'un employé de la maison, nu-tête et la plume fichée derrière l'oreille, parut sur le seuil du salon. Derrière lui, dans l'ombre, on entrevoyait une autre personne qu'à son costume aussi bien qu'à son air d'impudence, Gérard reconnut pour son compagnon de voyage. — Allons! que désirez-vous, Michelet? — demanda monsieur

Surin avec impatience ; — vous le savez; je n'aime pas qu'on vienne me relancer jusqu'ici.

— Mille pardons, monsieur, — répliqua le commis; — je suis obsédé des importunités de cet homme (et il désignait le Parisien), qui prétend absolument vous parler. Vaincu par ses instances, j'ai voulu le faire attendre au bureau pendant que je viendrais vous prévenir, mais il m'a suivi malgré moi. Comme vous avez défendu de rudoyer les ouvriers, je n'ai pas jugé convenable...

— Ah ! il est hardi, celui-là !—dit monsieur Surin en fixant sur le Parisien un regard sévère, — et de plus il ne me paraît pas trop ferré sur la politesse.

— Pardon, excuse, mon bourgeois, — répondit l'aventurier, qui s'approcha fièrement ; — c'est que, voyez-vous, je n'aime pas ces écrivassiers de commis, je vais toujours droit au patron... D'ailleurs, on assure que vous avez été ouvrier vous-même et que vous n'êtes pas trop dur avec les camarades qui n'ont pas réussi comme vous.

— Oui, j'ai été ouvrier et j'en suis fier, — dit monsieur Surin ; — mais est-ce une raison pour... Enfin, que demandes-tu?

— Je suis un *artiss* de Sèvres, mon bourgeois, et je passais pour un fin modeleur dans les ateliers du gouvernement. Je cherche de l'ouvrage; employez-moi, vous verrez comme j'en mange.

— Eh ! qu'était-il besoin de me déranger pour une semblable bagatelle ? — reprit le manufacturier ; — l'ouvrage ne manque pas ici; conduisez ce gaillard aux ateliers et laissez-moi tranquille.

Il haussa les épaules et voulut s'éloigner.

— Ah ! ah ! je l'entends? — dit le Parisien à Michelet d'un ton arrogant; — je savais bien que le bourgeois ne serait pas aussi difficile que les fainéans de son espèce.

— Un moment, monsieur Surin, — dit le commis sans s'émouvoir de ces injures; — si cet homme était en règle, je n'aurais pas cru nécessaire d'en référer à vous; mais personne ne le connaît, et il n'a ni papiers ni livret.

— Comment, pas de papiers? — s'écria monsieur Surin en fronçant le sourcil; — en ce cas, mon cher, j'en suis fâché, vous pouvez chercher ailleurs.

— Vous n'aurez pas le cœur de faire ça, bourgeois,—dit le Parisien d'un ton plus véhément que suppliant; — j'ai perdu mes papiers, c'est vrai; mais puisque je suis un *artiss* de Sèvres, ça doit suffire... Et puis, écoutez, j'ai plus d'argent; tout à l'heure, à l'auberge de la route, j'ai dépensé mes trois derniers sous à boire un demi-setier... Si vous me renvoyez, que vais-je devenir? Faudra donc crever de faim ou se mettre à voler?

— C'est très fâcheux, en vérité, — dit monsieur Surin un peu touché de ces observations;—mais je ne puis vous recevoir ainsi chez moi sans quelques garanties... Si seulement vous pouviez vous recommander d'une personne du pays...

En ce moment, le solliciteur avisa Gérard, spectateur muet, sinon tout à fait indifférent de cette scène.

— Tenez, — s'écria-t-il avec audace en tendant la main vers lui, — ce jeune monsieur pourra vous répondre de moi.

— Comment ! toi, Gérard ? — demanda monsieur Surin avec étonnement; — tu connais ce pèlerin-là?

— Je le connais pour l'avoir vu pendant un quart d'heure sur la grande route en venant ici, — répondit Gérard avec empressement, — et encore un peu contre mon gré.

Le Parisien désappointé darda sur lui des regards haineux.

— Ce drôle ne me revient pas du tout. — reprit monsieur Surin, — il parle avec un aplomb... Néanmoins, Michelet, — continua-t-il en se tournant vers son commis, — il peut avoir dit vrai quant à l'état de sa bourse ; ce serait de l'inhumanité de le renvoyer. Si nous le prenions un jour ou deux pour juger de ce qu'il sait faire? On le surveillerait avec soin, et on le recommanderait au contre-maître. — En ce moment, les cors de chasse éclatèrent à quelque distance du Prieuré, sonnant de joyeuses fanfares auxquelles se mêlaient les aboiemens des chiens. — Qu'est ceci? — s'écria monsieur Surin; — nos chasseurs rentreraient-ils déjà?... Mais c'est sans doute la bête qui fait un retour de ce côté; ils vont s'éloigner, et dans un instant nous ne les entendrons plus... Allons, — continua-t-il en s'adressant à Michelet et à l'ouvrier, — c'est entendu; nous prendrons cet homme à l'essai, et qu'il se tienne bien, car, à la première algarade... Mais, sur ma parole! — s'interrompit-il en courant à la fenêtre, — je ne me trompais pas, ce sont eux. — En effet, toute la chasse s'avançait vers la grille qui donnait sur la campagne, et se préparait à pénétrer avec une pompe extraordinaire dans la cour d'honneur. Deux piqueurs à cheval ouvraient la marche et tiraient de leurs trompes des sons assourdissans que répétaient les échos sans nombre de la manufacture. Deux paysans venaient ensuite, portant sur une civière un beau chevreuil brocard, la tête pendante et le cou traversé d'une balle; derrière eux hurlait la meute déjà couplée, mais turbulente et indocile malgré les coups de fouet des valets. Enfin on vit paraître les chasseurs. Les dames étaient dans leur légère voiture, toutes roses encore et animées par l'exercice. A leurs côtés chevauchaient le baron Achille Bermondet et Amédée Surin; le premier calme et souriant, comme un homme habitué de longue date à de pareilles fêtes; l'autre, raide, gonflé d'orgueil, l'air vainqueur et le front radieux, comme un triomphateur romain montant au Capitole. Ce fracas insolite avait mis la fabrique en émoi. La plupart des ouvriers quittèrent leurs travaux pour voir défiler ce somptueux cortège; quelques-uns se glissèrent sous la voûte et envahirent par un coin l'enceinte privilégiée de la cour d'honneur. Mais monsieur Surin ne remarquait pas cette infraction à la règle établie; appuyé sur Gérard, il prenait plaisir à lui montrer les détails de cette scène, sans s'apercevoir que Michelet et le Parisien lui-même se penchaient curieusement à l'autre fenêtre du salon, attirés par la nouveauté du spectacle. — Quel vacarme infernal! — disait monsieur Surin en se frottant les mains; — sur ma parole! ils vont casser toutes les vitres du Prieuré! Hein! Gérard, as-tu jamais vu de semblables choses? Dame! mon garçon, ce sont là des plaisirs de grand seigneur que tout le monde ne peut pas se donner; mais ces messieurs de Bermondet ont toujours été magnifiques... Ah! voici Louise avec la chanoinesse. Cette belle personne si leste, si pimpante, si rieuse, c'est ma fille; et mon Amédée, comme il est bien à cheval, comme il est fort, comme il a l'air content! Mais les dames mettent pied à terre, nous devrions peut-être aller au-devant d'elles.

— Je n'oserais me présenter ainsi, monsieur, — répliqua Gérard en se retirant précipitamment de la fenêtre; — je suis encore en habit de voyage.

— C'est juste, mon ami; et moi je n'ai pu quitter encore mon habit d'atelier! Monsieur de Bermondet et la chanoinesse, tout nobles de vieille souche qu'ils soient, m'excuseraient peut-être; mais Amédée et Louise ne me pardonneraient jamais de me montrer en chaussons de lisière et en casquette de loutre... ces enfans sont si vaniteux! Eh bien! ma foi qu'ils s'arrangent... sauvons-nous, allons nous habiller... Viens, Gérard, viens; je te conduirai moi-même à ta chambre.

Il prit le jeune homme par la main et l'entraîna dehors, oubliant ses occupations, son caissier qui l'attendait, et laissant Michelet et le Parisien dans le salon.

De son côté, le commis, ébloui du brillant spectacle qu'offrait la cour, ne pouvait s'arracher à sa contemplation. Au moment où le baron de Bermondet, toujours à cheval, s'avançait en caracolant pour donner un ordre aux piqueurs, Michelet entendit le Parisien s'écrier d'un ton de stupéfaction:

— Mille tonnerres! je n'ai pas la berlue... c'est l'*Habit Noir*, je le reconnais!... Je mettrais ma main au feu que c'est l'*Habit Noir!*

— De qui parlez-vous, l'ami? — dit le commis avec indignation en se retournant; — prétendriez-vous connaître aussi le baron de Bermondet, le chef de cet équipage de chasse, le gendre futur de monsieur Surin?

— Un baron?... un vrai baron?

— Il est né dans le pays, où sa famille est connue de temps immémorial.

— C'est que, — marmotta le Parisien tout pensif, comme s'il se parlait à lui-même, — on en trouve de si malins... Mais du moment que c'est un vrai baron, qu'on le connaît... Bah! je m'ai trompé; ça ne peut pas être l'*Habit Noir*; d'ailleurs il a un habit rouge.

— Allons! allons! — interrompit Michelet rudement, — ce n'est pas ici votre place... Suivez-moi; nous verrons si vous gagnerez votre souper.

— C'est pas de refus, — dit l'ouvrier avec son sourire cynique, — d'autant moins que je mangerais volontiers le souper sans l'avoir gagné.

— Par ici, — dit le commis en l'invitant à passer le premier.

Avant de sortir, le Parisien regarda de nouveau dans la cour, et dit à demi-voix en hochant la tête:

— Quelle fameuse chance tout de même si ça se trouvait être l'*Habit Noir!*... Suffit, on y tiendra l'œil.

Et il consentit enfin à sortir, suivi de Michelet, qui veillait sur ses mouvemens avec une défiance fort peu flatteuse.

IV

LES CONFIDENCES INCOMPLÈTES.

Gérard avait été conduit dans une chambre élégante où se trouvaient réunies toutes les commodités désirables. Comme il achevait sa toilette, Amédée vint le joindre. Le jeune Surin était encore en costume de chasse; seulement un coup de brosse et un peu d'eau fraîche avaient fait disparaître la poussière sur son bel habit écarlate, sur ses mains et sur son visage. Il courut embrasser son ami.

— Ah! mon cher Gérard, — dit-il, — tu m'as donné de grandes inquiétudes. Les dispositions où je t'ai laissé, quand nous nous sommes quittés sur la route, me troublaient la cervelle, et je n'ai pris aucun plaisir à la fin de la chasse... Mais puisque tu t'es amendé, tout est pour le mieux. Eh bien! comment trouves-tu mon père?

— Parfait; il est impossible d'être meilleur et plus indulgent que monsieur Surin.

— N'est-ce pas? la crème des pères! seulement il nous tourmente souvent, Louise et moi, par un excès d'affection... Mais, à propos de ma sœur, je l'ai vertement rembarrée pour ses ricanemens; vous allez faire la paix ensemble. Elle est au salon, et, quand tu seras prêt, nous descendrons. Les dames, monsieur de Bermondet, tout le monde éprouve une grande impatience de te connaître.

— Amédée, — répliqua Gérard avec inquiétude, — ton amitié pour moi t'aura fait exagérer mon fort mince mérite, et je vais être au-dessous de la bonne opinion...

— Allons donc! j'ai dit la vérité. N'étais-tu pas le meilleur élève du collège? n'as-tu pas des talens d'artiste pour la musique et la peinture? n'as-tu pas une voix délicieuse? Je ne voulais pas laisser croire que je pouvais prendre pour ami le premier venu. Mais te voilà prêt, partons.

L'étourdi glissa son bras sous celui de Gérard et l'entraîna rapidement. Avant que le timide jeune homme eût eu le temps de se reconnaître, ils arrivèrent au salon.

On les attendait en effet. La chanoinesse, renversée dans un fauteuil, se reposait languissamment des fatigues de la promenade; monsieur Surin, en habit noir et en souliers de castor, mais toujours revêtu de son pantalon noisette, qu'il n'avait pas eu le temps de changer, faisait l'aimable auprès d'elle. Louise, assise devant un guéridon en laque de Chine, avait l'air de travailler à sa broderie; mais elle écoutait en riant aux éclats les plaisanteries de monsieur Achille de Bermondet. Ce personnage, que nous avons seulement entrevu jusqu'ici, était un grand et beau garçon; ses traits fins portaient la trace de soucis ou d'agitations qui contrastaient avec son imperturbable bonne humeur. Quoiqu'il fût âgé de trente-quatre ans à peine, ses cheveux commençaient à devenir rares sur le devant de la tête, laissant à découvert un front large sur lequel couraient quelques plis capricieux. Bref, en examinant avec soin le futur gendre de monsieur Surin, on eût pu ne pas attribuer sa gaieté fiévreuse, son sourire continuel, les mots légers, spirituels, souvent railleurs qui tombaient de sa bouche, à une satisfaction intérieure, à une parfaite tranquillité d'âme.

L'entrée des deux jeunes gens excita l'attention générale. Louise cessa de rire et de broder pour observer malicieusement le nouveau venu, sur lequel monsieur de Bermondet promenait un regard inquisiteur. La chanoinesse elle-même souleva avec effort sa belle tête nonchalante, et un éclair brilla sous ses longues paupières aux cils noirs et veloutés.

Gérard, s'il eût été moins modeste, eût compris qu'il pouvait subir cet examen sans trop de désavantage. Un peu de toilette l'avait transformé et faisait ressortir la distinction, les grâces naturelles de sa personne. Sa petite redingote noire boutonnée sur la poitrine dessinait une taille fine et bien prise; ses cheveux blonds et soyeux s'harmoniaient avec son visage mélancolique, plein de douceur; l'émotion corrigeait par un incarnat passager la pâleur habituelle de ses traits.

Amédée entra d'un air solennel, conduisant par la main son camarade, qui tremblait légèrement; et il dit avec une sorte d'emphase :

— Madame la comtesse, mon cher baron, je vous présente mon ami Gérard.

Madame de Bermondet sourit à Gérard d'un air bienveillant. Le baron vint lui serrer la main.

— Vous savez le proverbe, monsieur, — lui dit-il avec rondeur, — les amis de nos amis... J'espère que vous voudrez bien désormais me compter parmi les vôtres.

— De tout mon cœur, monsieur, — balbutia Gérard, pénétré de la franchise de cet accueil.

— Les entendez-vous? — s'écria de sa voix claire et argentine mademoiselle Louise Surin; — mon père, madame la comtesse, entendez-vous ces messieurs? Ne dirait-on pas qu'ils sont seuls au monde, et que le reste de l'univers ne doit pas compter? Si l'on voulait pourtant...

— Oh! pour toi, petite mauvaise, — dit Amédée en se tournant vers sa sœur, — tu vas accorder tout de suite une réparation à l'offensé... Vous voyez mademoiselle qui se permet de rire au nez de mes amis! Venge-toi, mon garçon, embrasse-la sur les deux joues; embrasse-la, te dis-je, car elle est capable de recommencer.

Et, tout en riant, il poussa Gérard, gauche et embarrassé.

— Au fait, — reprit Louise avec une charmante espièglerie, — je dois demander pardon à monsieur Gérard de mes plaisanteries peu respectueuses à l'égard... de son cheval.

Et elle tendit de bonne volonté sa joue vermeille au jeune homme, qui l'effleura respectueusement de ses lèvres.

La conversation, une fois établie sur ce ton léger, devint générale. Bientôt Gérard s'aguerrit et recouvra sa présence d'esprit. Sans rechercher le dangereux honneur de tenir le haut bout de la conversation, il sut s'exprimer avec tant de convenance et de tact qu'il se concilia tous les suffrages. Il eut même la satisfaction d'entendre la cha-

noinesse dire à monsieur Surin, au moment où l'on annonça le dîner :

— Il est vraiment fort bien, ce jeune homme! De la tenue, de la modestie, des connaissances; il me rappelle...

Au milieu du bruit, Gérard ne sut pas ce qu'il rappelait à la belle comtesse de Bermondet, mais ces éloges lui chatouillèrent délicieusement le cœur, il avait deviné que cette noble personne ne les prodiguait pas.

On passa dans la salle à manger; un dîner somptueux était servi. Pendant le repas, l'entretien roula sur toutes sortes de sujets frivoles. Les jeunes gens arrangeaient des parties de chasse, de pêche, de promenade; Louise babillait à tort et à travers avec sa verve d'enfant gâté. Une fois, Gérard eut occasion de parler vaguement de sa rencontre avec le docteur Chardin.

— Ah! vous avez vu cet original? — dit le baron de Bermondet; — c'est un homme de sens, quoique un peu rustique... Dans ce pays, le docteur Chardin est comme le solitaire de monsieur d'Arlincourt : il voit tout, il sait tout, il est partout, excepté dans les endroits où il est invité. Ma tante vous dira comment il sait éluder nos instances de venir au château.

— En effet, — dit la chanoinesse, — monsieur Chardin nous tient rigueur. Malgré notre désir de les recevoir, lui, la bonne madame Chardin et leur aimable fille, il est impossible de les arracher pour une demi-journée à leur triste habitation de Fontbasse.

— C'est que le docteur, — dit monsieur Surin, — avant de se donner à ceux qui se portent bien, croit se devoir aux malades.

— Ne me parlez pas de lui! — s'écria Louise avec vivacité; — c'est ma bête noire! J'aime bien sa fille Léonie, mais je ne peux lui pardonner les affreuses pilules qu'il m'oblige à prendre chaque matin, quoique je sois parfaitement portante... Que serait-ce donc si je ne l'étais pas?

— Tu dis vrai, ma sœur, — reprit Amédée. — Le docteur vous embarrasse par la fixité de son regard; puis on ne sait jamais s'il plaisante ou s'il parle sérieusement. Il met dans l'impossibilité de se fâcher, et pourtant on voudrait le battre. Quant à moi, j'ai plus de peine encore à lui pardonner ses sarcasmes que ses pilules.

— Mes enfants, — dit monsieur Surin d'un ton grave, —vous ne savez guère de qui ni de quoi vous vous plaignez. On n'apprécie bien de pareils hommes que dans les revers, car ils semblent fuir instinctivement les jours heureux pour se rapprocher de ceux qui souffrent... Puissiez-vous n'avoir jamais occasion de reconnaître par vous-même la haute raison, le dévouement, le savoir du bon docteur Chardin!

— Ce qui, sans doute, — répliqua le baron en plaisantant, — revient à ceci : ne soyez jamais malades, et vous n'aurez jamais besoin du docteur. N'est-il pas vrai, monsieur Surin?

Les jeunes gens partirent d'un éclat de rire, et le manufacturier lui-même accueillit par un sourire d'indulgence cette saillie de son gendre futur.

On changea de sujet et le dîner finit. A mesure que le moment de se lever de table approchait, il semblait qu'un sentiment d'inquiétude et d'embarras s'emparât de certains convives. Monsieur Surin ne prenait plus une part aussi grande à la conversation; la chanoinesse répondait seulement par monosyllabes. La gaieté de monsieur de Bermondet lui-même avait des intermittences; son front se plissait imperceptiblement, son regard cherchait avec une expression d'angoisse celui de sa tante. Les deux amis et Louise conservaient seuls leur tranquillité d'esprit au milieu de la préoccupation des grands parents.

Enfin monsieur Surin coupa court à ce malaise.

— Mes enfants, — dit-il en ployant minutieusement sa serviette, qu'il glissa dans un rond de tapisserie, ouvrage de sa fille, — je désire causer avec la chanoinesse sur un sujet qui nous intéresse tous... Allez montrer le jardin à notre ami Gérard; puis vous viendrez nous joindre au salon, pour prendre le café.

Sans doute on savait déjà l'objet de cet entretien, car Amédée se mordit les lèvres d'un air d'intelligence, tandis que Louise croyait devoir baisser les yeux. Le baron se leva brusquement.

— Eh bien!—dit-il d'un ton jovial qui devait lui coûter un effort surhumain, — puisque monsieur Surin nous envoie promener, ce que nous avons de mieux à faire est d'y aller.

— Allons-y donc! dit Amédée ; — Gérard, donne le bras à Louise. On te doit les honneurs aujourd'hui... Mais demain peut-être se trouvera-t-il quelqu'un pour te les disputer.

Il regarda malicieusement le baron, puis il sortit avec sa sœur et Gérard.

Monsieur de Bermondet restait en arrière et parlait bas à sa tante. Au moment de sortir à son tour, il prit la main de monsieur Surin et lui dit d'un ton profondément ému :

— Je sais, mon vieil ami, que vous avez autant d'élévation dans la pensée que de bonté dans le cœur... Aussi j'espère et j'attends. — Puis se tournant vers la comtesse :

— Dites tout, — ajouta-t-il d'une voix sourde.

Et il s'enfuit. Une demi-minute après, on l'entendit rire et plaisanter avec les jeunes gens dans le jardin.

Alors monsieur Surin offrit son bras à la chanoinesse et la conduisit au salon avec une politesse prétentieuse. Quand elle fut assise, il ferma la porte avec soin et vint prendre place devant madame de Bermondet.

La comtesse n'avait plus cet air nonchalant, un peu dédaigneux que nous lui connaissions. Elle ne se renversait plus en arrière avec une grâce langoureuse ; elle avait maintenant la tête droite, le teint animé, l'œil vif et mobile. La belle chatte blanche si paisible, si somnolente tout à l'heure, s'était redressée attentive, l'oreille au guet, toute prête, suivant l'occasion, à montrer ses griffes mignonnes ou à faire patte de velours.

L'industriel, de son côté, n'était plus le bonhomme causeur, bienveillant, passablement vaniteux que nous avons dépeint. Il avait pris une attitude cauteleuse, défiante, malgré cette galanterie surannée qu'il affectait. Évidemment il craignait autant la comtesse que la comtesse le craignait lui-même ; mais, comme elle, il restait sur la défensive et se disposait soit à parer, soit à porter des coups quand le moment serait venu.

Tous les deux, pénétrés de la gravité de la circonstance, s'observaient sans se presser d'entamer l'entretien. Enfin madame de Bermondet, plus calme ou plus hardie, ouvrit résolument le feu.

— Monsieur Surin, — dit-elle d'une voix qui conservait ses intonations mélodieuses, — vous avez désiré me parler en particulier...

— Mille pardons, madame la comtesse, — riposta le manufacturier avec un empressement un peu trop marqué, — c'est vous au contraire... Lors de ma dernière visite au château, ne m'avez-vous pas exprimé l'intention de me faire des communications qui, m'avez-vous dit, étaient du plus haut intérêt pour nos deux familles ?

— Il est vrai ; mais alors ne m'avez-vous pas annoncé, de votre côté, certains aveux qui ne pouvaient être retardés davantage? Monsieur, je vous écoute.

— Madame la comtesse, il serait plus convenable peut-être que vous d'abord...

— Allons, monsieur, ceci devient de l'enfantillage. Parlez, je vous en prie.

Surin, ainsi pressé, dissimula son malaise par une petite toux de commande.

— Soit, madame la comtesse, — reprit-il ; — une chose donc a dû vous frapper comme moi : c'est que ces jeunes gens ont eu tout le loisir de se connaître, et qu'il serait temps de fixer l'époque précise où nos projets communs recevraient leur accomplissement.

— En effet, un plus long retard pourrait avoir des inconvéniens. Eh bien! monsieur Surin, fixez vous-même

le délai passé lequel les vœux de mon neveu seront comblés...

— Volontiers; mais d'abord ne pourriez-vous m'expliquer les paroles au moins singulières que monsieur le baron a prononcées tout à l'heure en nous quittant?

— Vous ê es terrible, monsieur Surin, — dit la comtesse en se mordant les lèvres, — mais nous ne jouerons pas plus longtemps ce jeu ridicule ; j'aborderai franchement la difficulté, si pénibles que puissent être certains sujets pour une femme...

Malgré son apparente décision, une véritable anxiété se reflétait sur son visage, une sueur froide perlait son front. Le manufacturier vit son trouble, et, revenant à ses habitudes bienveillantes, il eut pitié d'elle.

— Tenez, madame la comtesse, — reprit-il avec bonhomie, — vous avez à me révéler des particularités qui coûtent à votre exqui-e délicatesse. Je m'efforcerai donc de vous rendre la tâche plus facile en allant au-devant de vos confidences, en comprenant à demi-mots... et pour commencer vous avez à m'apprendre quelque ancienne folie de monsieur le baron, n'est-ce pas vrai ? — La comtesse répondit affirmativement. — Je m'en doutais, le bruit était venu jusqu'à moi que monsieur de Bermondet, pendant un long séjour à Paris, avait causé bien des chagrins à son digne père, mon ancien voisin... Mais depuis ce temps la conduite du baron est si régulière, si convenable en tous points, que ces vieux péchés doivent être effacés... Vous le voyez, je ne suis pas trop sévère, et je sais faire la part des entraînemens de la jeunesse.

— Achille avait raison, monsieur Surin, — reprit la chanoinesse en levant sur lui ses yeux humides, — vous êtes le meilleur et le plus sage des hommes.

— Un moment, un moment, ma chère dame ; il est nécessaire que je sache un peu plus positivement... Monsieur de Bermondet, au temps dont nous parlons, n'aurait-il pas, par hasard, contracté des dettes qu'il est forcé de payer aujourd'hui?

— Des dettes avaient été contractées en effet, monsieur Surin ; mais, si considérables qu'elles fussent, elles ont été payées intégralement par feu mon frère, dont vous connaissez l'esprit d'ordre et la stricte économie... Non, monsieur, il n'existe aucune exagération sur la fortune de monsieur de Bermondet ; il est même beaucoup plus riche qu'il ne l'était lors des dernières conférences de nos notaires respectifs. Alors j'avais eu la pensée de ne lui donner par contrat que la moitié de mes biens personnels, me réservant de disposer à mon gré de l'autre moitié. Mais depuis quelques jours j'ai réfléchi : une éventualité que j'attendais, — ajouta la chanoinesse avec un profond soupir, — ne se réalisera sans doute jamais. J'assurerai donc par moi tout ce que je possède au baron, sauf dix mille livres de rente dont je veux pouvoir disposer suivant certains scrupules de conscience. Vous savez, monsieur, que cette détermination de ma part augmentera de deux cent mille francs environ la fortune de nos jeunes époux.

Les yeux de monsieur Surin brillèrent; un homme de finance, quelles que soient ses préoccupations, n'est jamais indifférent à de pareils argumens ; peut-être même la comtesse avait-elle compté sur cette nouvelle pour opérer une savante diversion en sa faveur.

— Vous êtes une bonne et généreuse tante, — dit le manufacturier. — A votre âge, belle comme vous êtes, vous pouviez avoir la fantaisie de vous marier.... Mais allons! allons! ne parlons pas de cela... pardonnez : je n'ai pas eu l'intention de vous offenser... Pour en revenir à votre neveu, je ne vois plus qu'un genre d'escapade qui puisse ainsi exciter ses scrupules et les vôtres. Les liaisons sont si faciles là-bas, dans ce Paris corrompu; les femmes y sont bien attrayantes! c'est le pays des séductions et des naissances illicites. — La chanoinesse devint excessivement pâle et parut près de s'évanouir. — De grâce, remettez-vous, madame la comtesse, — reprit Surin alarmé; — en vérité, c'est une cruelle nécessité de causer sur de pareilles matières avec une personne aussi respectable..,... Eh bien! — continua-t-il, — pour en finir avec ce pénible sujet, je ne vous adresserai plus qu'une question. L'escapade dont il s'agit pourrait-elle avoir des suites fâcheuses pour l'avenir de nos enfans et troubler un jour le repos de leur ménage?

— Non, grâce au ciel monsieur, — répliqua la chanoinesse d'une voix étouffée; — tout est fini, bien fini depuis longtemps.

— Cela me suffit; je n'ai pas besoin d'en demander davantage.

— Ainsi donc, monsieur — reprit madame de Bermondet en se redressant avec vivacité, — je puis considérer ma mission comme achevée? Ni mon neveu ni moi, nous n'aurions à craindre vos reproches si, par impossible, le bruit d'un événement ancien arrivait un jour jusqu'à vous?

Cette chaleur parut réveiller la défiance du père de Louise.

— Oui, sans doute, — répliqua-t-il, — pourvu... Au fait, il ne peut y avoir là-dessous que des peccadilles de gentilhomme Soit donc! je me tiens pour suffisamment averti, et nous n'en parlerons plus.

Un soupir de satisfaction épanouit la poitrine de la noble dame; le sourire reparut sur ses lèvres.

— Eh bien! et vous, monsieur Surin, — reprit-elle bientôt, — n'avez-vous pas aussi quelque chose à m'apprendre?

Ce retour inoffensif déconcerta l'honnête manufacturier.

— Oh! moi, — balbutia-t-il, — ce n'est rien... une bagatelle.

— Mais encore...

— Un excès de scrupules m'oblige à vous parler de certaines inquiétudes conçues par le docteur Chardin sur la santé de ma fille.

— La santé de votre fille! Louise est-elle donc malade?

— Pas le moins du monde.

— Alors elle l'a été dans son enfance?

— Jamais.

— Que me dites-vous donc? Je n'y suis plus du tout.

— Le fait est, madame la comtesse, que je ne sais pourquoi je viens vous parler de toutes ces niaiseries. Le docteur n'a pas le sens commun, malgré tout son esprit et toute sa science. Louise est fraîche comme un lis; elle a bon appétit, bon sommeil; elle est vive, légère, sémillante. Monsieur Chardin a donc tort de craindre qu'elle puisse jamais être atteinte de la maladie de sa pauvre mère, d'autant moins que, de son propre avis, l'époque du plus grand danger est passée.

— Et quelle était cette maladie?

— Que sais-je! de la langueur... de la mélancolie... et puis des crises nerveuses...

— Je ne craindrai jamais cette maladie pour Louise Surin, — dit la comtesse d'un ton léger; — elle triste et mélancolique! on ne trouverait pas dans la France entière d'enfant plus joyeuse. Elle mettrait en gaieté l'auteur des *Nuits d'Young* lui-même. Quant aux nerfs, elle laisse ces faiblesses à de pauvres créatures telles que moi... Allons, monsieur Surin, je ne vois, dans ce que nous venons de dire, aucun motif de renoncer à nos projets.

— Ni moi non plus, — répliqua monsieur Surin d'un air satisfait; — ainsi donc, madame, j'ai votre parole... irrévocable.

— Vous l'avez, — dit la chanoinesse en lui tendant sa belle main.

— Et moi c'est de tout cœur que j'engage la mienne, — dit le manufacturier en baisant cette main avec sa galanterie d'ancien régime. — En ce moment l'un et l'autre semblaient soulagés d'un grand poids; ils étaient satisfaits, rayonnans; chacun d'eux semblait se dire dans le secret de sa pensée : « Ma foi! quoi qu'il arrive, j'ai rempli mon devoir. » — Ainsi donc, — reprit Surin après une assez courte pause, — il ne nous reste plus qu'à fixer l'époque de notre mariage.

— C'est juste; mais sur ce point nos jeunes gens ont certainement le droit d'être consultés. Nous allons donc, si vous le voulez bien, les faire appeler, et nous conviendrons avec eux du jour de la cérémonie.

— En effet, Louise doit avoir des arrangemens à prendre, et monsieur de Bermondet lui-même...

— Sonnez donc, — dit la chanoinesse; — ce pauvre Achille il faut abréger ses angoisses.

Monsieur Surin allongeait le bras vers le cordon de la sonnette, quand madame de Bermondet demanda d'un air indifférent :

— A propos, monsieur, qu'est-ce donc que ce petit jeune homme, cet ami de votre fils, dont vous avez reçu la visite aujourd'hui?

— Un charmant garçon, madame, comme vous avez pu voir.

— En effet, il n'est pas mal, et il paraît parfaitement élevé. Mais comment s'appelle-t-il?

— Gérard, — répondit Surin avec embarras.

— Quelle est sa famille?

— Sa famille, — répéta le manufacturier; — diable! c'est difficile à dire... Sa famille... il ne l'a pas connue.

— Il était donc bien jeune quand il a perdu ses parens?

— Ce n'est pas tout à fait ça, madame la comtesse, — répliqua Surin de plus en plus empêtré dans ses explications; — sur ma parole! on se cogne toujours où l'on a mal... Votre qualité de demoiselle et de personne pieuse m'impose... aussi ne sais-je comment vous dire... enfin, ce pauvre garçon est ce que l'on appelle un enfant... illégitime. — La chanoinesse devint rouge comme une pivoine et baissa les yeux. — Bon, — s'écria le digne homme exaspéré contre lui-même, — voilà que je viens de lâcher encore une sottise! Aussi, madame la comtesse, c'est vous qui m'y avez poussé. Moi je ne sais pas appeler un chat autrement qu'un chat.

Madame de Bermondet sourit.

— J'entends, — reprit-elle; — une affectation d'ignorance serait impardonnable à mon âge. Mais permettez-moi d'autres questions; ce jeune homme m'intéresse; il paraît si doux, si bon! Par qui donc a-t-il été élevé?

— Par une espèce d'homme d'affaires qui l'aimait d'une affection toute paternelle, et qu'on appelait monsieur Pascal.

— Pascal! — répéta la comtesse frappée comme d'une étincelle électrique; — il devait avoir un autre nom...

— Oui, oui, attendez... je crois avoir vu ce nom dans une lettre de Gérard à mon fils... C'était Pascal... Pascal Dumont. — La comtesse ne put retenir une sorte de gémissement et s'affaissa dans son fauteuil. — Madame... madame la comtesse! — s'écria monsieur Surin épouvanté, — qu'avez-vous donc?

— Je ne sais, — murmura la chanoinesse en agitant la main comme pour l'engager à se taire; — cette promenade d'aujourd'hui, le soleil, la fatigue...

— Bon Dieu! mais elle se trouve mal!... Du secours! Louise... Marguerite, par ici, vite! au secours!

Il tira tous les cordons des sonnettes, ouvrit la fenêtre et appela d'une voix retentissante. Les promeneurs du jardin accoururent en même temps que les gens de service. Le baron de Bermondet, à la vue de la comtesse presque évanouie, devint aussi pâle qu'elle.

— Ah! monsieur, — dit-il au manufacturier d'une voix sombre, — je devine la vérité. Vous avez été cruel, et ma pauvre tante...

— Mais non, mais non, je n'ai pas été cruel du tout... Au contraire, — répliqua Surin, qui perdait la tête.

— Mon père, — dit à son tour Louise d'un ton sec, — vous ne savez pas comment on parle aux femmes; vous aurez fait quelque gaucherie.

— Je t'assure que non, Louise.

— Notre père est si brusque! — reprit Amédée avec une colère à peine contenue; — mon Dieu! la voir souffrir ainsi!

La comtesse rouvrit les yeux par un effort de volonté.

— Més amis, — dit-elle d'une voix faible, — n'accusez pas ce bon monsieur Surin... Mon malaise est dû seulement aux fatigues de la journée, et peut-être à la joie de voir enfin comblés tous les vœux de mon cher Achille.

— L'ai-je bien entendu, ma tante? — s'écria le baron.

— Quoi! je pourrais espérer...

— Tout est arrangé, mon garçon; monsieur Surin te l'apprendra lui-même.

Cette nouvelle rassura les intéressés. Le manufacturier s'empressa de la confirmer en invitant les fiancés à désigner eux-mêmes le jour de la cérémonie nuptiale.

— Ah! monsieur Surin, — dit le baron à demi-voix en serrant furtivement la main de son futur beau-père, — je vous avais bien jugé!

Le terme de quinze jours fut fixé. Puis la comtesse, à peu près remise de son indisposition, demanda sa voiture pour retourner chez elle.

Gérard se tenait modestement à l'écart, fort embarrassé de sa personne pendant ces arrangemens d'une nature si délicate. Madame de Bermondet s'approcha de lui.

— Monsieur Gérard, — dit-elle avec un reste d'altération dans la voix, — aux termes où nous en sommes avec l'excellente famille Surin, vous lui feriez injure en tardant trop longtemps à nous rendre visite... La sauvagerie que l'on vous reproche ne peut aller à ce point, et, jusqu'à preuve du contraire, je croirai qu'on vous a calomnié.

Gérard s'inclina.

— Madame la comtesse, — dit Amédée d'un air empressé, — dès demain matin, si vous le permettez, nous irons au château, Gérard et moi, nous assurer que votre fâcheuse indisposition d'aujourd'hui n'aura pas eu de suites. D'ici là, — poursuivit-il en baissant la voix et en risquant un soupir, — je trouve une assez large place pour l'inquiétude et l'insomnie.

— Bien, bien, ce sera charmant de votre part, messieurs, — dit la comtesse avec vivacité; — nous vous attendrons demain à déjeuner. Surtout ne manquez pas, vous m'entendez?... Je vous en voudrais beaucoup, mais beaucoup, mon cher Amédée, si vous manquiez. — Et elle rejoignit les deux fiancés, qui, sous l'égide paternelle de monsieur Surin, se faisaient leurs adieux. Amédée était en extase; on l'avait appelé mon cher Amédée; pour la première fois on avait supprimé la froide qualification de monsieur. Ces légères familiarités, fort explicables par la différence de âges et la situation réciproque des deux familles, tournaient la tête du présomptueux écolier. On accompagna monsieur et madame de Bermondet jusqu'à la grille de la cour. La comtesse monta dans le cabriolet; son neveu devait la suivre à cheval; les piqueurs avaient été très hospitalièrement accueillis par les domestiques du Prieuré, comme on pouvait en juger à leurs faces vermillonnées, attendaient déjà leurs maîtres. Au moment de partir, la chanoinesse se pencha hors de la voiture.

— Amédée, — dit-elle encore, — n'oubliez pas votre promesse!

— Ah! madame, — s'écria le jeune homme transporté, — pouvez-vous me croire capable...

Il n'eut pas le temps d'achever. La voiture s'ébranla, les piqueurs saluèrent d'une fanfare formidable les habitans du Prieuré, et la troupe partit au galop dans un nuage de poussière.

Comme on rentrait au salon, monsieur Surin rencontra son premier commis qui semblait vouloir lui parler.

— Eh bien! Michelet, — demanda le manufacturier avec distraction, — que me voulez-vous? Je ne m'occuperai pas d'affaires ce soir; je suis trop content.

— Monsieur, un mot seulement au sujet de cet ouvrier qui s'est présenté ce matin... Il est fort habile en effet comme modeleur, mais il n'offre aucune garantie et il m'a tout l'air d'un mauvais sujet... Je viens donc vous demander si réellement vous voulez le garder.

— Pourquoi non? que craignez-vous?

— Dame! monsieur, il pourrait détourner des marchandises, déranger les ouvriers honnêtes...

— Détourner des marchandises! Qu'en ferait-il dans ce pays perdu, lors même qu'il parviendrait à tromper notre surveillance? Déranger les ouvriers! Je l'en défie; je les connais, ce sont de braves gens,.... Non, Michelet, aujourd'hui je ne veux pas qu'il se trouve un seul malheureux au Prieuré. Gardez ce pauvre diable, je prends tout sur moi. Il fit pirouetter sur lui-même l'honnête commis, fort surpris de cette gaieté; puis il entra dans le salon. — Amédée! Louise! — s'écria-t-il dans le délire de la joie, en tendant les bras à ses enfans, — venez donc m'embrasser... je suis le plus heureux des pères!

— Et moi le plus heureux des fils! — dit Amédée, qui songeait à la comtesse.

— Et moi je suis heureuse de vous voir heureux l'un et l'autre! — dit la future baronne en riant aux éclats.

Et pendant que monsieur Surin était enlacé dans les bras de son fils et de sa fille, Gérard murmurait à part, avec une douce émotion:

— Monsieur Chardin se trompait... Rien n'égale la félicité de cette belle famille.

V

LA FAMILLE DU DOCTEUR.

Le lendemain, dans la matinée, Amédée Surin et Gérard partirent en tilbury pour se rendre au château de Bermondet. Ils suivaient un chemin tortueux et crevassé; la légère voiture se trouvait parfois mise à de rudes épreuves. Le ciel était orageux, couvert, mais la chaleur ne semblait que plus accablante, malgré l'ombre épaisse des arbres qui bordaient la route.

Quand on fut en pleine campagne, Amédée s'empressa d'allumer un cigare pour se donner un air crâne et fanfaron loin du regard paternel. Mais cette tentative ne fut pas heureuse: dès les premières gorgées de fumée, il se mit à tousser et à pâlir. Vainement son ami, plus raisonnable, le supplia-t-il de jeter son cigare: le vaniteux enfant n'en voulut rien faire. Seulement, par distraction sans doute, il laissa son havane s'éteindre et ne le ralluma pas. Il se tenait presque debout dans la voiture, son chapeau sur l'oreille, et il gouvernait le cheval avec tout l'aplomb d'un lion à la mode qui va parader aux Champs-Élysées. Malheureusement ce chemin vicinal, raboteux et encaissé, n'était pas bordé d'une rangée de jolies femmes ou de badauds endimanchés pour l'admirer dans tout l'éclat de son bel équipage, de son cigare éteint et de ses gants jaunes; mais il fallait en prendre son parti.

En revanche, les houx et des aubépines fouettaient le visage des voyageurs quand ils oubliaient de se mettre en garde contre de pareils accidents; des geais troublés dans leurs méditations au sommet des chênes s'envolaient en poussant un cri rauque et désagréable, ou bien les piverts, qui foraient à grands coups de bec l'écorce vermoulue des châtaigniers, partaient tout à coup en faisant entendre leur sifflement aigu, signe infaillible de pluie.

Ce jour-là cependant Amédée Surin était en humeur de causerie et d'épanchement. Il semblait gonflé de joie d'être jeune, beau, riche, de parcourir une belle campagne dans une élégante voiture, avec un bon camarade à ses côtés, de songer qu'au terme de son court voyage l'attendait une ravissante femme dont la pensée précipitait les battemens de son cœur.

— Vois-tu, mon cher Gérard, — disait-il en pressant le pas du cheval autant que le permettaient les ornières du chemin, — pendant une partie de la nuit j'ai réfléchi sur ce que j'avais à faire... Décidément, la comtesse en tient pour moi; elle me mépriserait si je n'avais pas l'air de le remarquer. Aussi, je veux lui déclarer *ma flamme* aujourd'hui même, si j'en trouve l'occasion. Au fait, pourquoi pas? Je ne suis plus un enfant, et madame de Bermondet s'en est enfin aperçue. Ah! Gérard, bien longtemps j'ai douté de l'impression que j'avais pu produire sur elle; ces femmes sont si fines, si coquettes! mais maintenant je ne doute plus. As-tu vu ce regard qu'elle me lançait hier en m'appelant *son cher Amédée*, et comme elle était émue en me priant de ne pas oublier son invitation? Elle s'est trahie cette fois; le moment est venu de me déclarer... Qu'en dis-tu? Voyons, parle, quel est ton avis?

— Prends garde, Amédée, — répliqua Gérard en secouant la tête, — tu pourrais te tromper; la différence des âges entre vous est si grande, que je crains toujours... D'ailleurs, lors même que tes suppositions se trouveraient justes, madame de Bermondet pourrait s'offenser de tes propos, et alors songe aux conséquences possibles d'une fausse démarche.

— Tu n'as aucune poésie dans l'âme, Gérard, — répliqua le jeune Surin avec dépit. — Aimerait-on jamais si l'on réfléchissait aux obstacles? Moi, je ne ne reculerai devant aucun. Ah! l'on ne me connaît pas encore! Où serait le mal si je voulais épouser ma divine chanoinesse? Mon père m'a promis qu'il ne me contrarierait jamais dans mon choix, et qu'il ne s'opposerait pas. .

— A ce que tu devinsses l'oncle de ta sœur? — demanda Gérard avec malice. — Ce serait un cas curieux et tout à fait nouveau.

— Tiens, Gérard, je te trouve insupportable! — dit Amédée d'un ton de colère en lui tournant le dos.

On continua d'avancer en silence; Gérard était pensif. A la fin il chercha la main de son camarade et reprit d'un ton affectueux :

— Pardonne-moi, je ne voulais pas t'affliger... mais sois raisonnable; réfléchis à l'absurdité d'un pareil projet; réfléchis surtout que si les difficultés ne t'arrêtent pas, madame de Bermondet est trop judicieuse, elle est trop soumise aux convenances pour se prêter à ton désir.

— Tu la juges d'après toi, dont le cœur est de glace; enfin, soit, n'en parlons plus; s'il m'est interdit de l'épouser, il ne me sera pas du moins interdit de l'aimer.

— Amédée, pauvre Amédée! — reprit Gérard tristement, — tu te prépares, je le crains, de douloureux mécomptes! — Après une nouvelle pause, il demanda pour changer de conversation : — Il me semble que nous n'allons pas en droite ligne au château; il existe sans doute une route plus directe et surtout plus commode que cet affreux chemin de traverse?

— En effet, — répondit le jeune amoureux oubliant déjà le sujet de la querelle, — mon père m'a chargé de passer à Fontbasse pour dire un mot de sa part au docteur Chardin; mais cela nous détournera peu; nous serons au château pour l'heure du déjeuner.

— Quoi! — s'écria Gérard avec un accent de satisfaction et de curiosité, — nous allons rendre visite au digne homme dont je garde un si bon souvenir, quoique je ne l'aie vu qu'un moment?

— C'est pour cela peut-être que tu conserves de lui cet agréable souvenir.

— Ah! je sais, tu n'aimes pas le docteur Chardin, — répliqua Gérard avec un sourire.

— Hier, n'as-tu pas entendu ce que disait de lui madame de Bermondet, la politesse et la bonté mêmes? Il est insociable; en dehors de ses fonctions de médecin, il n'a de relations intimes avec aucune des personnes honorables du pays, et il vit comme un loup dans sa solitude de Fontbasse.

— Un médecin en réputation n'a pas beaucoup de temps à lui.

— Oui, mais ses occupations excusent-elles son avarice sordide? Chardin jouit ici d'une réputation méritée; sa science eût pu le faire réussir dans une grande ville aussi bien que dans nos campagnes. Il est donc fort appelé chez les gens riches, à plusieurs lieues à la ronde, et depuis plus de vingt ans qu'il exerce sa profession, il doit avoir acquis une fortune considérable. Eh bien! tu vas voir comme il est logé... Une petite maison, à peine digne d'un fermier aisé. Il n'a d'autre valet qu'un jeune paysan déguenillé qui panse son cheval et entretient son jardin; sa femme et sa fille se servent elles-mêmes et le servent. Tout ce monde-là vit largement des cadeaux en nature qu'on envoie au docteur. On ne dépense pas un sou dans la maison. Cependant Chardin ne possède pas une perche de terrain au soleil; on ne lui connaît aucune somme d'argent placé. Que fait-il donc de tout ce qu'il gagne? On en est réduit à conjecturer que le docteur est de cette espèce d'avares qui cachent leur or dans les caves, à la manière des avares de comédie.

— Pourquoi ne pas supposer plutôt que cet excellent homme, qui paraît très charitable, rend en secret aux pauvres malades ce qu'il reçoit des riches?

— Chardin est charitable, je l'avoue; il fréquente les chaumières comme les châteaux, sans s'inquiéter s'il sera payé de ses médicamens et de ses visites; mais son désintéressement chez les malheureux est plus que compensé par ses exigences chez les personnes opulentes. Mon père et madame de Bermondet pourraient t'en dire quelque chose; et tiens, je vais te conter une anecdote qui peint le docteur Chardin mieux que tous les discours possibles : Dans un canton assez éloigné d'ici réside un monsieur de Chamfleur, le plus riche propriétaire du département, dit-on, car on croit qu'il a deux cent mille livres de rente en propriétés. Monsieur de Chamfleur, à force de bonne chère, avait fini par perdre complétement l'appétit. Les médicamens, l'exercice, les voyages, rien n'y faisait; monsieur de Chamfleur ne mangeait pas; chaque jour il allait s'affaiblissant; il dépérissait à vue d'œil. Enfin il eut l'idée de consulter Chardin, dont on vantait partout l'habileté. Après s'être longtemps fait prier, car il ne voulait pas pour un seul négliger les autres malades, le docteur se décida à venir. Il examine monsieur de Chamfleur, le palpe, l'interroge, et finit par lui promettre de lui rendre l'appétit. « Que me faudra-t-il faire? » demanda le richard tout joyeux de cette assurance. Le docteur donna son ordonnance. Il s'agissait pour monsieur de Chamfleur de renoncer absolument à toute espèce de médicamens, ainsi qu'aux vins généreux, aux mets délicats dont sa table était habituellement servie. Il devait parcourir chaque jour plusieurs lieues, à pied, par le bon comme par le mauvais temps. Dès qu'il sentirait le besoin de prendre un peu de nourriture, il devait entrer chez le premier paysan venu, manger une galette de blé noir, puis arroser le tout d'un grand verre d'eau : c'était le seul repas permis à monsieur de Chamfleur dans une journée. Après un mois de ce régime, le docteur promettait de revenir voir son malade et juger du résultat de ses prescriptions. « Mais je serai mort, » dit le propriétaire avec effroi. « — Vous n'aurez plus besoin de manger alors! » répliqua le docteur avec sa brusquerie ordinaire; et il partit. Le mois écoulé, il revint en effet. Monsieur de Chamfleur avait rigoureusement suivi l'ordonnance et mourait de faim. Chardin lui permit un petit potage et un demi-verre d'eau rougie par jour. Au bout du second mois, monsieur de Chamfleur mangeait comme un ogre. Il fut question de payer le docteur. « Combien? » demanda le malade. « — Mille écus. — Comment! mille écus pour trois visites! — Je n'en rabattrai pas un liard; tout ou rien. Adieu. » Deux jours après, monsieur de Chamfleur envoyait les mille écus à Fontbasse. Voilà, mon cher Gérard, un des traits de ton ami; je pourrais en citer vingt du même genre. — Pendant cette conversation, les voyageurs avaient atteint une lande solitaire, où deux chemins se croisaient. Une vieille croix de bois, suivant l'usage du pays, s'élevait au centre du carrefour afin d'en chasser les malins esprits qui ont réputés hanter à minuit ces sortes de lieux. Au moment où la voiture approchait de la croix, une jeune fille, vêtue simplement, y arrivait par un autre côté. Comme le Chaperon Rouge, elle cueillait des fleurs champêtres le long du sentier; mais, plus heureuse que l'héroïne du joli conte de Perrault, elle avait, pour se défendre contre les loups, un énorme chien qui gambadait joyeusement autour d'elle.

— Pardieu! — dit Amédée, — à propos de Chardin, voici quelqu'un qui le touche de près : c'est Léonie.

— Quoi! la fille du docteur?—demanda Gérard en dardant son regard avec curiosité sur la promeneuse.

—Oui, oui, je la reconnais; une assez gentille petite personne, mais d'une insignifiance... ! Tu vas la voir; elle n'est pas farouche comme son père. — En ce moment le tilbury se trouvait fort près de mademoiselle Chardin; au bruit des roues, elle s'était rangée sur le bord de la route. Son chien s'était arrêté de même et montrait ses crocs d'ivoire en grondant d'une manière menaçante. Amédée n'avait pas été juste en parlant de Léonie Chardin comme d'une *assez gentille petite personne*. C'était une charmante enfant, aux yeux bleus, aux longs cils châtains; sa physionomie exprimait un mélange de candeur et de vivacité. Un sourire continuel errait sur ses lèvres vermeilles, mais ce sourire, tout bienveillant, n'avait rien de la gaieté railleuse de Louise Surin, par exemple : la naïve enfant était trop modeste pour se croire en droit de persifler impitoyablement ceux qui l'approchaient, comme la future baronne de Bermondet. La simplicité de son costume touchait presque à la pauvreté; une robe d'un rose fané, un chapeau de paille, dont les rubans flottaient sur la poitrine, en faisaient tous les frais; mais la paille du chapeau semblait grossière, et la robe était si courte qu'on eût dit que la jeune fille avait grandi depuis qu'elle la portait. En revanche, cette dernière circonstance permettait d'admirer des jambes fines, dont des bas de coton écru, tricotés par mademoiselle Chardin elle-même, dessinaient gracieusement les contours, et deux pieds remarquables par leur petitesse, malgré de disgracieuses chaussures dont les avait embarrassés un cordonnier de village. Somme toute, Léonie formait un type ravissant de petite campagnarde, pleine de grâce, de naturel et de bonne humeur. Elle regarda en souriant Amédée Surin, tandis que de la main elle flattait machinalement son fidèle garde du corps. Les deux jeunes gens la saluèrent, et, quand ils furent en face d'elle, Amédée retint la bride du cheval.

— Eh bien! mademoiselle Léonie, — dit-il avec le ton familier d'une ancienne connaissance, — ne craignez-vous rien d'aller ainsi seule par les chemins?

— Que pourrai-je craindre? monsieur Amédée, répliqua gaiement la petite; — ce sont les personnes que je rencontre qui devraient avoir peur, car ce maudit Pollux paraît vouloir dévorer les passans... Tout beau, Pollux! poursuivit-elle en s'adressant au chien qui ne cessait de gronder; — ne vois-tu pas assez souvent monsieur Amédée? — Elle reprit aussitôt : — Mon père m'a chargée de porter un médicament à la pauvre vieille Léonard, qui souffre le martyre de son bras malade. Ma commission faite, je voulais pousser jusqu'au Prieuré pour rendre visite à Louise, mais j'ai hâte de rentrer afin d'embrasser mon père avant qu'il commence sa tournée..... Sans doute, messieurs, vous allez à Fontbasse?

— En effet, mademoiselle, et si j'osais...

— M'offrir un coin de votre voiture? J'accepte volontiers, monsieur Amédée; comme ça, je suis sûre d'arriver encore à temps.

Puis elle s'élança légèrement sur le marche-pied et se trouva dans le tilbury; l'innocente enfant n'y mettait pas plus de cérémonie que cela. Les jeunes gens s'empressèrent de lui faire place, et, quoiqu'on fût un peu serré sur l'étroite banquette, monsieur Pollux seul, par jalousie sans doute, essaya de protester en redoublant ses grincemens de dents.

On partit bon train; la conversation se poursuivait entre Amédée et la piquante fille du docteur. Mademoiselle Léonie, par timidité sans doute, ne tournait jamais la tête du côté de Gérard; mais celui-ci croyait respirer son ha-

leine parfumée : parfois un cahot de la voiture poussait contre ses lèvres un des longs rubans du chapeau ou même une des boucles soyeuses de sa compagne de voyage. Aussi, malgré son délaissement, ne se plaignait-il pas de son lot, et il n'était pas pressé de voir la fin de cette promenade.

Amédée ne se gênait pas pour adresser à mademoiselle Chardin des questions passablement indiscrètes. Une fois il lui dit du ton de la plaisanterie :

— En vérité, Léonie, vous devenez de jour en jour plus grande et plus jolie... Il va falloir bientôt songer à vous marier.

— Me marier, monsieur Amédée? — répliqua la jeune fille toute confuse; — allons donc! est-ce qu'on parle de cela?

— Et pourquoi non, mademoiselle? ce ne serait pas les amoureux qui vous manqueraient, je le gage.

— Taisez-vous donc; vous me dites des choses... Est-ce que je veux quitter mon père et ma mère qui m'aiment tant?

— Il ne serait peut-être pas nécessaire de les quitter.

— Allons, allons! vous me taquinez toujours... mais mon père vous met à la raison, vous savez? Tenez, pour en finir, je suis décidée à ne pas me marier, et je ne me marierai jamais.

Jusque-là Gérard n'avait pris aucune part à la conversation : mais il ne put s'empêcher d'intervenir.

— Ah! mademoiselle, — dit-il avec chaleur. — cette détermination, quels qu'en soient les motifs, n'est-elle pas un peu précipitée? Pourquoi refuseriez-vous de faire le bonheur d'un mari comme vous faites celui de vos parens?

Mademoiselle Chardin osa le regarder à la dérobée. Cette voix si mélancolique et si vibrante l'avait profondément émue sans qu'elle sût pourquoi. Heureusement l'arrivée à Fontbasse la sauva de l'embarras de répondre.

On entrait dans un hameau de quatre ou cinq maisons, qu'un pli du terrain et un bouquet de noyers empêchaient d'apercevoir de loin. Ces habitations semblaient occupées par des paysans; une seule, située en avant des autres, affectait quelques prétentions bourgeoises : elle appartenait au docteur Chardin. Comme l'avait dit Amédée, elle était exiguë, d'apparence modeste; une famille un peu nombreuse n'eût pu s'y loger : toutes ses dépendances consistaient en une écurie et un petit jardin potager. Néanmoins, elle était blanche, proprette, soigneusement entretenue. On se demandait, à voir sa situation solitaire et même un peu triste, si le docteur, en venant s'établir en cet endroit, n'avait pas consulté sa misanthropie autant que les commodités d'une situation centrale.

— Nous voici chez nous, — dit mademoiselle Chardin ; — mille grâces, messieurs, pour votre complaisance! Nous arrivons à temps, car j'aperçois Tony qui selle le cheval dans l'écurie.

Au moment où la voiture s'arrêtait, Léonie en descendit lestement; puis elle se retourna, sourit aux visiteurs, et disparut dans l'intérieur de la maison.

Les deux jeunes gens mirent pied à terre à leur tour; une femme, pauvrement mise, mais d'un air respectable et doux, parut sur la porte.

— Entrez, messieurs, entrez, — dit madame Chardin avec une politesse affectueuse; — vous trouverez mon mari dans la salle... Avez-vous quelque chose de particulier à lui dire, monsieur Amédée?

— Rien, madame; rien que vous ne puissiez entendre, vous et votre charmante demoiselle, qui s'est échappée comme un oiseau.

— Il faut lui pardonner, messieurs; la chère enfant a si peu l'habitude de voir du monde!

Tout en causant, on entra dans une pièce du rez-de-chaussée qui servait de salon et de salle à manger à la famille du docteur.

L'exquise propreté de cette pièce en faisait tout l'ornement. Quelques vieilles gravures, aux cadres jadis dorés, s'étalaient sur les lambris en bois de châtaiguier, peints en blanc. Des vases de porcelaine posés sur la cheminée contenaient des fleurs. Les meubles étaient en noyer, les chaises en paille; les rideaux de calicot flottaient aux fenêtres entr'ouvertes. Enfin l'économie la plus sévère semblait avoir dirigé l'arrangement de ce modeste intérieur.

Le docteur déjeunait à la hâte. Il avait déjà ses bottes de cheval; son chapeau gris et son manteau de drap grossier étaient disposés sur un siége. Léonie, debout, semblait lui faire le récit de sa récente promenade.

Le repas consistait en pommes de terre qui fumaient sous une serviette éclatante de blancheur, en beurre frais et en fromage de brebis. Dans un pot de faïence moussait un petit vin clairet du pays, qui rappelait pour le goût le vin de Suresne ou d'Argenteuil.

A la vue des jeunes gens, Chardin se leva, mais sans empressement exagéré.

— Bonjour, Amédée, — dit-il simplement. — Ah! monsieur Gérard!... C'est bien, jeune homme, je suis content de voir que vous vous souvenez de vos promesses.

Et il lui serra la main.

— Docteur, je vous devais des remercîmens pour...

— Des remercîmens, non; que sont des remercîmens? des mots... Messieurs, — poursuivit-il en indiquant la table, — avez-vous déjeuné? Les pommes de terre sont encore chaudes, et d'ailleurs on pourrait demander un supplément à la cuisine.

— Merci, monsieur Chardin, — répondit Amédée avec empressement, nous allons déjeuner ce matin à Bermondet.

— L'un n'empêcherait pas l'autre, et la piquette du docteur vous ferait trouver plus délicieux le champagne du baron... Enfin, comme vous voudrez..., mais excusez-moi, je suis pressé; avec votre permission, je vais achever mon repas.—Il se rassit et se mit à manger précipitamment. Madame et mademoiselle Chardin s'empressèrent d'offrir des siéges aux jeunes gens. Au bout d'un moment, le docteur reprit la bouche pleine : — Que monsieur Gérard soit venu dans le seul but de me rendre visite, je le comprends; mais certainement Amédée Surin n'a pas fait un détour d'une demi-lieue sans autre intention que de contempler ma gracieuse mine... Ainsi donc, parle, Amédée, mon garçon ; que veux-tu? que viens-tu m'annoncer?

— Oh! docteur, pouvez-vous croire que je n'aie pas grand plaisir...

— Au fait, te dis-je. Est-ce que ton père t'aurait expressément recommandé de passer à Fontbasse?

— Eh bien! oui, docteur, et il m'a chargé...

— Diable ! — dit Chardin en se levant; — voyons donc cela.—Il alla prendre le pouls d'Amédée et se mit à le consulter; puis il regarda le teint et les yeux du jeune homme avec attention. Amédée voulait protester, on ne l'écoutait pas. Après un examen minutieux, Chardin se remit à table, — Bah!... rien, — dit-il.

— Mais, docteur, ce n'est pas de ma santé qu'il s'agit, — reprit Surin avec impatience ; — et si vous aviez voulu m'écouter...

— De quoi s'agit-il donc?

— Voici... Mon père, sachant qu'il n'avait pas de meilleur ami que vous, m'a chargé de vous annoncer le mariage prochain de ma sœur Louise avec le baron de Bermondet.

— Ah! elle se marie décidément? — s'écria le docteur avec une émotion singulière. Et il ajouta presque aussitôt: — Est-ce bien tout?

— Comment, mon ami,—s'écria madame Chardin d'un ton de reproche, — c'est ainsi que tu reçois une heureuse nouvelle qui touche nos bons voisins?

— Paix! ma femme; laisse-moi donc en repos!... Je te demande, — continua-t-il en se tournant vers Amédée,—si c'est là tout ce que ton père t'a chargé de me dire?

— Mais oui... Ah! pardon, j'oubliais... Il m'a chargé de vous annoncer encore qu'il avait suivi votre conseil et que tout allait bien.

— Eh! voilà ce que je demande, — s'écria Chardin. — Incorrigible étourdi, c'est par là que tu devais commencer! Ainsi donc le mariage est résolu? Ma foi, tant mieux! Après tout, je me trompe peut-être, et du moment qu'on veut courir les chances...—En ce moment, il s'aperçut que Gérard avait les yeux sur lui. Ses paroles, perdues pour Amédée, qui causait avec madame et mademoiselle Chardin, avaient produit une vive impression sur l'ami d'Amédée. — Eh! mais, — dit-il à demi-voix, — on dirait que vous comprenez, vous?

— Docteur, je puis du moins faire des suppositions.

— N'en faites pas, ne soupçonnez rien, ne pensez rien, et surtout....—Il posa mystérieusement un doigt sur sa bouche, comme pour recommander la discrétion. Il reprit d'un ton amical, après un moment de silence : — Ah! jeunes gens, quel homme accompli vous formeriez à vous deux, si l'un pouvait se corriger par l'autre! L'un trop gai, l'autre trop sombre; l'un trop léger, l'autre trop réfléchi... Mais bah! laissons cela; mes malades m'attendent, et, de votre côté, vous avez sans doute grande impatience de vous rendre au château; nous nous excuserons donc mutuellement.—Et il se leva de nouveau; les jeunes gens l'imitèrent. Pendant que sa femme et sa fille lui remettaient son calepin, sa trousse et les divers autres objets qu'il portait habituellement dans ses tournées, il dit à Gérard : — Vous me compenserez une autre fois la brièveté de cette visite, mon enfant; vous resterez quelque temps au Prieuré, sans doute?

— Tout au moins jusqu'après le mariage de ma sœur, — répondit Amédée; — il l'a promis.

— Fort bien... alors monsieur Gérard n'oubliera pas le chemin de Fontbasse. Il sera toujours sûr de me trouver le matin ou le soir, à moins que les pleurésies et les fièvres du voisinage n'en ordonnent autrement. Quant à toi, — continua-t-il en regardant Amédée, — viens quand tu voudras : ce ne sera pas souvent.

— En vérité, docteur, — répliqua le jeune homme avec humeur, — vous me traitez fort mal. Mais que je vienne ou non, nous comptons que vous et vos dames vous assisterez à toutes les fêtes du mariage. Ma sœur désire que sa chère Léonie l'accompagne à l'église, au bal, enfin qu'elle l'assiste comme demoiselle d'honneur.

Léonie rougit de plaisir; madame Chardin sourit, mais le docteur fronça le sourcil.

— Veux-tu que je te dise ta pensée, ta véritable pensée? — dit-il en regardant fixement Amédée Surin. — Tu sais que l'annonce de ces fêtes, où toute la bourgeoisie du pays va se trouver, est un grand événement pour ces pauvres femmes; tu comptes donc, en les prévenant si longtemps d'avance, qu'elles vont bien tourmenter cet avare, ce ladre, ce fesse-mathieu de docteur Chardin, pour obtenir de lui des robes fraiches, des chapeaux neufs, que sais-je! Voyons, n'est-ce pas cela?

— Docteur,—balbutia le jeune homme avec confusion, — vous allez trop loin... vous croyez toujours...

— Eh bien! bien je te suppose plein de loyauté, malgré tes folies, — reprit le docteur en posant un doigt sur le front d'Amédée;—ose affirmer que je me suis trompé, je te croirai. — Amédée se tut et baissa la tête. — Tu es un brave garçon ! — dit Chardin brusquement, —je ne t'accuse pas, je ne te reproche rien.. Cette opinion, ce n'est pas la tienne seulement, c'est celle de tout le pays. Oui, mesdames, — ajouta-t-il avec ironie, — voilà comme on me traite. Je suis un égoïste, un homme dur qui vous refuse le nécessaire, tandis que j'amasse des monceaux d'or dans un lieu secret, connu de moi seul... Je suis un Harpagon, un père Grandet, tout ce qu'il y a de pire parmi les avares anciens et modernes. Vous êtes mes victimes, mes souffre-douleur; je vous ai condamnées à l'isolement, aux privations de tous les genres. Et cette opinion, je la trouve sous une forme railleuse ou sévère, brutale ou timide, dans là bouche de tous ceux qui m'approchent; je la rencontre dans les châteaux comme dans les chaumières; je la trouve auprès du lit de ces malades auxquels je consacre ma science, mes soins, mes veilles, sans autre salaire souvent que leur équivoque reconnaissance.

Sa voix s'était altérée: quelque chose de brillant comme une larme donnait un éclat insolite à son œil gris. Léonie lui jeta les bras autour du cou.

— Ah! mon père, mon excellent père! — s'écriait-elle, — si l'on savait... Vous êtes le meilleur, le plus probe, le plus généreux des hommes!

— Mon ami, — disait madame Chardin, — que t'importent ces propos du monde? Toi si ferme et si judicieux, peux-tu t'affecter de ces bruits ridicules? Ta conscience est pure; n'as-tu pas l'admiration, le respect, la tendresse de ta femme et de ta fille? Que te fait le reste? Dieu te tiendra compte de ces sottes calomnies, de cette ingratitude.

La simple et pieuse madame Chardin avait ses joues inondées de larmes. Le docteur prit tour à tour les deux femmes dans ses bras et déposa de gros baisers sur leurs fronts.

— Vous avez raison, — dit-il avec sa vivacité habituelle; — vous ne me reprochez rien, vous; j'ai toujours votre estime et votre affection. Je dois me soucier fort peu de l'opinion du plus grand nombre, car elle est absurde toujours. En vérité, j'ai honte d'avoir fait une scène ridicule, que l'un de ces messieurs au moins pourra trouver fort plaisante.

— Monsieur Chardin, — dit Amédée blessé, — j'ai pu vous donner le droit de douter de ma sagesse, mais jamais de mon cœur.

— Tu te fâches! Allons, j'ai tort... Mais, en définitive, ces chères femmes-là ne perdront rien à cette discussion. Je veux qu'elles n'inspirent pas de pitié là-bas au Prieuré, et nous tâcherons que leur mise n'attire pas sur moi trop de sarcasmes et de quolibets.

— O mon Dieu! mon ami, — dit madame Chardin, — je suis d'un âge où la toilette est à peu près indifférente.

— Et moi, — dit Léonie, je prendrai ma robe de mousseline blanche que j'ai portée une seule fois. Je n'ai besoin de rien.

— Il suffit; nous en causerons plus tard... Tout ceci doit avoir fort peu d'intérêt pour ces jeunes gens. Embrasse-moi, ma femme; adieu, ma petite Léonie... Messieurs, je suis à vos ordres.

Tout le monde sortit. Le cheval normand du docteur attendait à la porte. Amédée et Gérard prirent congé des dames et se préparèrent à remonter dans leur tilbury.

Gérard s'approcha de Chardin pour lui serrer la main.

— Ah! docteur, — lui dit-il à demi-voix, — ce que vous me disiez hier de la plupart des familles peut être vrai... mais, vous du moins, vous avez trouvé dans la vôtre d'ineffables douceurs, des joies sans nuages.

— Moi! — murmura le médecin d'une voix sourde, en poussant un profond soupir; — moi! l'apparence n'a jamais si cruellement menti.

IV.

UNE MATINÉE AU CHATEAU.

En quittant Fontbasse, les jeunes gens ne paraissaient pas disposés à reprendre leurs causeries amicales. Gérard était rêveur, Amédée éprouvait une sorte d'irritation nerveuse.

— Maudit homme! — dit-il enfin en coupant avec la

mèche de son fouet un innocent rameau de chêne; — je ne le quitte jamais sans me mépriser moi-même... Quand je sens son regard sec tomber sur moi, quand il me parle de sa voix caustique et mordante, la tête me tourne, je balbutie, j'ai la bouche sèche, je ne sais plus ce que je dis, ce que je fais... Gérard, que penses-tu de la fascination?

— Hein! Plaît-il? De qui parles-tu donc, Amédée?

— Ah! tu ne m'écoutais pas... Pardieu! de qui parlerais-je, sinon de ce satané docteur? Il a le don particulier de me rendre stupide à sa volonté, de lire mes pensées dans mon esprit avant même qu'elles soient formées. Sur ma foi! je crois qu'il m'ensorcelle!

— Les hommes d'une haute intelligence, — répliqua Gérard avec distraction, — sont souvent doués de cette faculté mystérieuse dont tu ressens les effets. Tu n'es pas seul à les éprouver en présence du docteur Chardin; moi-même je n'ai pu m'y soustraire complètement. Mais, d'un autre côté, mon ami, quelle élévation dans les idées de cet excellent homme! quelle franchise, quelle loyauté dans ce caractère! Et sa fille, Amédée; est-il possible de voir une créature plus modeste, plus douce, plus naturellement bonne?

— Elle n'est vraiment pas mal, — dit Surin. — Jusqu'ici, j'avais à peine regardé cette petite; mais ce matin il m'a semblé qu'elle valait la peine d'être remarquée. Cependant, — ajouta-t-il avec un soupir, — quand on compare cette beauté grêle et bourgeoise à celle de ma divine comtesse, l'avantage n'est pas pour la fille du docteur.

— As-tu vu, — poursuivit Gérard, — avec quel empressement elle défendait son père contre le reproche d'avarice? Ses narines roses se gonflaient d'indignation; ses yeux brillaient comme des saphirs.

— Je n'ai jamais vu la comtesse en colère; j'imagine qu'alors sa physionomie de reine devrait prendre un caractère tout particulier de majesté. Mais il n'est pas comme il faut de se mettre en colère, et madame de Bermondet ne voudrait pas s'abaisser à de pareilles émotions.

— Amédée, — dit Gérard, — prends garde d'en faire bientôt l'épreuve à tes dépens.

— Laisse-moi, — murmura-t-il; — l'amour m'inspirera.

Les recommandations de Gérard n'étaient pas inopportunes: depuis quelques instants on apercevait le sommet des tours du château par-dessus les arbres de la forêt; le chemin tournant tout à coup, on entra dans une large avenue de platanes, à l'extrémité de laquelle s'élevait le manoir jadis seigneurial de Bermondet.

Il restait à cette époque bien peu de choses de l'ancien édifice, qui datait du seizième siècle. Deux ou trois tours grises, couvertes en ardoises et surmontées de girouettes criardes; le pigeonnier féodal, situé dans un coin de la cour, et dont les premiers habitans avaient été chassés depuis bien des années par les chouettes et les corbeaux; quelques pans de murs noircis: c'était tout ce qu'on en apercevait au premier abord. De grandes constructions modernes avaient remplacé les corps de logis primitifs et s'harmoniaient assez mal avec les teintes sombres des vieilles tourelles. L'ensemble avait cependant un caractère de grandeur qui donnait une haute idée des maîtres de cette noble habitation. La cour était vaste, fermée par une de ces magnifiques grilles de fer ouvragé en usage sous Henri IV et sous Louis XIII. Au centre s'élevait une fontaine d'eau jaillissante, d'aspect monumental.

Les deux battans de la grille, surmontés d'un écusson aux armes de Bermondet, étaient hospitalièrement ouverts; Amédée lança la voiture à fond de train dans la cour. Au bruit des roues sur le pavé sonore, deux domestiques accoururent. Le baron parut à la porte principale.

— Vous voici donc enfin, convives discourtois et malavisés! — s'écria-t-il d'un ton de bonne humeur en leur tendant les deux mains ; — avez-vous songé, dites-moi, quand vous musiez ainsi par les chemins, que le filet de chevreuil pouvait être en charbon à votre arrivée, et que cet accident risquait de pousser au suicide la pauvre Babet, notre cuisinière ? S'il s'était agi d'un rendez-vous de chasse, vous seriez mis à l'amende au profit des piqueurs. —Les jeunes gens s'excusèrent.—Allons, allons, ce n'est pas à moi que vous devez dire tout cela, — continua monsieur de Bermondet en riant ; — réservez vos bonnes raisons pour les faire valoir auprès de ma tante.

Il prit ses hôtes sous le bras et les conduisit triomphalement vers la maison.

— Madame la comtesse est donc entièrement remise de son indisposition d'hier? — demanda Surin.

— Remise! Jamais je ne l'ai vue si leste et si pimpante. Elle est sur pied depuis plusieurs heures déjà, toute coiffée, toute habillée, toute prête. Elle va, elle vient, elle semble piquée de la tarentule... Je ne reconnais plus cette bonne et digne tante, si distraite parfois et si nonchalante qu'elle sonne sa femme de chambre pour ramasser son mouchoir à ses pieds... Mais vous ne me parlez pas, mon cher Amédée, de ma belle fiancée, de votre père?—Comme Amédée répondait avec convenance à ces politesses, on entra dans le salon du château, vaste pièce à meubles gothiques, à hautes fenêtres, et sur les murs de laquelle s'étalait une suite de portraits de famille. Aussitôt la comtesse, quittant une revue de modes qu'elle parcourait distraitement, se leva. Elle était vêtue d'un peignoir de mousseline ouvert par devant, enjolivé de rubans et de dentelles; ses cheveux noirs, lissés en bandeaux, faisaient ressortir dans l'ombre la blancheur mate de son front et de son teint. Mais cette ombre protectrice empêchait de remarquer un cerne léger autour des yeux, et je ne sais quelle émotion qui se trahissait sur son visage. Gérard et Amédée s'inclinèrent devant elle. — Tenez, petite tante,— s'écria le baron gaiement, — je vous amène ces coupables pieds et poings liés ! Nos vieilles chartes nous donnent le droit de haute et de basse justice : ces félons sont à votre merci.

La comtesse dit d'un ton de reproche :

— Ah ! messieurs, messieurs, avez-vous donc moins de plaisir à venir ici que nous à vous y recevoir?

— Madame la comtesse, — répondit Amédée, —vous ne pouvez penser...

— Allons, je serai clémente, — interrompit madame de Bermondet. — Voyez donc, Achille, comme ils ont l'air malheureux !... Eh bien ! — ajouta-t-elle avec aisance, — je veux vous prouver combien je désire une réconciliation complète..... Amédée. — Et elle lui tendit sa joue. Amédée eut un éblouissement.

Il fut sur le point de tomber à la renverse sur le tapis. Son trouble menaçait de devenir très désobligeant pour la chanoinesse, quand Gérard le poussa furtivement. Le pauvre amoureux, éperdu, chancelant, vint déposer un baiser sur les joues de madame de Bermondet, sans même avoir conscience de cette action. La noble dame se retourna vers Gérard. — Et vous, monsieur, — dit-elle avec un sourire plein de douceur, — n'avez-vous donc rien à vous faire pardonner?

Gérard s'avança respectueusement et embrassa, non sans quelque embarras, sa gracieuse hôtesse.

Il lui sembla que madame de Bermondet était tremblante; il crut même voir briller une larme dans ses yeux. Mais la chanoinesse, s'éloignant aussitôt, alla se jeter sur un siège dans un demi-jour qui rendait de nouvelles observations impossibles.

Tout inexpérimenté que fût Gérard, ces signes l'avaient frappé.

— Serait-il vrai, — pensa-t-il, — que cette femme si raisonnable aimât cet étourdi d'Amédée?

Achille de Bermondet n'avait rien vu.

— Pardieu! ma chère tante,—dit-il d'un ton joyeux, — si vous punissez ainsi les coupables, que réservez-vous aux innocens ? Je serais en droit de réclamer... Mais que nous veut Germain?

— Madame la comtesse est servie, — dit le domestique.

Amédée s'avança pour offrir son bras à la chanoinesse, mais elle avait déjà pris celui de Gérard. Cette circonstance n'offensa nullement le fils du manufacturier. Revenu de son saisissement, il interprétait les actes et les paroles de madame de Bermondet dans le sens le plus favorable à ses pensées secrètes.

— Elle est trop prudente pour s'afficher, — disait-il dans sa naïve fatuité, — et ce pauvre Gérard nous sert de paravent.

La salle à manger était vaste et sombre, comme toutes les pièces de cette aristocratique demeure. Des bois de cerf et des trophées de chasse décoraient les lambris de chêne sculpté. Un buffet colossal laissait apercevoir, derrière ses portières de glaces, une splendide vaisselle d'argent armoriée. La table était chargée de mets délicats, de vins exquis.

Le déjeuner fut très animé ; le baron dirigea la conversation avec l'entrain d'un franc chasseur et d'un joyeux convive. La comtesse elle-même, sans partager la gaieté bruyante de son neveu, s'était dépouillée de cette froideur un peu dédaigneuse qu'on lui reprochait. Simple, bonne, prévenante, elle souriait à toutes les plaisanteries innocentes, elle applaudissait à toutes les saillies spirituelles. Placée entre Gérard et Amédée, on eût dit d'une jeune mère au milieu de ses enfans. Aussi Gérard semblait-il moins réservé, plus expansif qu'à l'ordinaire. Cette teinte de tristesse, qu'il devait au sentiment de sa condition exceptionnelle, à ses chagrins récens, avait complétement disparu ; il se montrait ce qu'il était en effet, c'est-à-dire plein de sens, d'instruction et de cœur. Pour Amédée, il bavardait à tort et à travers, vidait prestement son verre en jetant des regards obliques à sa belle voisine ; si bien qu'à la fin du déjeuner il était ivre d'amour, d'espoir et aussi peut-être de champagne, dont il avait fait une ample consommation.

— Comment emploierons-nous le temps maintenant? — demanda monsieur de Bermondet quand on revint au salon ; — passerons-nous à la salle de billard, ou bien irons-nous tirer quelques perdreaux dans le parc, ou bien...

— Madame la comtesse en décidera, — dit Gérard.

— Et ses volontés seront des lois, — reprit Amédée d'un ton sentimental, — pourvu qu'elle ne nous éloigne pas d'elle.

— A merveille, messieurs,—dit la comtesse ;—eh bien ! donc, la chaleur me semble trop accablante pour permettre de chasser ou de jouer au billard : d'ailleurs, tout le monde n'est pas un Nemrod infatigable comme vous, mon neveu. D'un autre côté, voici monsieur Gérard qui me paraît avoir une imagination poétique et un goût prononcé pour les vieux édifices, les vieilles mœurs, les vieilles légendes; or, nous sommes riches en vieilleries. Pourquoi donc, Achille, ne promèneriez-vous pas notre ami dans le château, qu'il ne connaît pas encore, et ne lui feriez-vous pas les honneurs de nos anciens meubles, de nos anciens souvenirs de famille? Cette visite, sans le fatiguer, pourrait l'intéresser peut-être, surtout avec un guide comme vous.

— Très volontiers, ma tante, car dans cette promenade à l'intérieur, je pourrai fumer autant de cigares que je conterai d'histoires... Allons! qu'en dites-vous, monsieur Gérard ?

— A vos ordres, monsieur le baron.

— Mais moi?—reprit Amédée ;—je sais par cœur toutes ces histoires, y compris celle de la *main coupée* du sire de Bermondet.

— Vous, monsieur Amédée, — répliqua la comtesse, — vous me tiendrez compagnie. Puis, dans une heure, quand la chaleur sera tombée, nous irons retrouver ces messieurs au pavillon du parc.

— Ah! madame, que je vous remercie! — s'écria Surin transporté; — vous n'avez gardé le bon lot.

Après le départ de Gérard et du baron, la comtesse s'assit dans sa bergère, et, la tête appuyée sur sa main, elle resta immobile. Amédée avait pris place à quelques pas d'elle. Il ne doutait pas que la châtelaine, en lui ménageant ce tête-à-tête, n'eût eu l'intention de venir en aide à sa timidité et de lui fournir l'occasion, comme il disait, de *déclarer sa flamme*. Néanmoins il n'osait rompre le silence, et attendait avec une impatience fiévreuse que madame de Bermondet lui donnât quelque nouvel encouragement.

Mais la comtesse se taisait et semblait l'avoir oublié complétement. Le jeune homme la dévorait des yeux; jamais il ne l'avait trouvée si belle, si séduisante. Il réfléchit alors que ce silence même avait sa signification; qu'on attendait sans doute un aveu, qu'il n'avait plus qu'à se jeter aux pieds de la chanoinesse. Il s'excitait à cette action hardie; il se disait qu'une occasion favorable ne se présenterait peut-être plus. Enfin, convaincu par ses propres raisonnemens, il voulut se lever... Mais une invincible timidité, résultat de son inexpérience en pareille matière, le tenait cloué sur son siége. Deux pas seulement le séparaient de la femme qu'il aimait, et ces deux pas il se sentait incapable de les franchir. Sa poitrine devenait haletante, ses artères battaient avec violence; il avait le délire, il était fou, et cependant il restait calme, muet, les yeux baissés.

La comtesse ne soupçonnait nullement la tempête intérieure qu'elle causait dans cette fougueuse imagination. Ses réflexions personnelles l'absorbaient tout entière, son regard errait dans le vide; tout à coup, cependant, un mouvement d'Amédée lui fit retourner la tête: elle sourit et dit de sa voix mélodieuse:

— Excusez-moi, mon enfant, je songeais... Je désire causer avec vous; j'ai beaucoup de choses à vous demander.

Pauvre Amédée! c'était au moment où, prenant son courage à deux mains, il allait peut-être rompre le charme et tomber aux pieds de l'enchanteresse qu'elle invoquait ainsi son attention.

— Madame, — balbutia-t-il, — je vous écoute.

Après une nouvelle pause, la comtesse reprit:

— Savez-vous, Amédée, que votre ami monsieur Gérard est un jeune homme accompli?

— Mon ami Gérard! — s'écria Surin stupéfait. — Mais la pensée lui vint aussitôt que c'était là sans doute un détour adroit de la comtesse pour entrer en conversation, et, par un sentiment de contradiction inhérent aux esprits faibles, il ne fut pas fâché de retenir encore l'aveu qui déjà montait à ses lèvres. — En effet, madame, — continua-t-il, — Gérard mérite l'estime et l'amitié de tous ceux qui le connaissent; je suis heureux de voir que vous ayez pu l'apprécier si vite.

— Quoi d'étonnant? toute son âme est peinte sur son visage. Abandonné depuis son enfance, son humeur aurait dû s'aigrir, et pourtant on ne l'entend jamais se plaindre ou médire des autres; il semble seulement un peu sauvage, mais la moindre avance suffit pour l'adoucir; et il est aimant, n'est-ce pas? Voyons, Amédée, ne vous a-t-il pas dit, à vous son confident, que, s'il eût connu quelques personnes de sa famille, il eût été pour elles plein d'affection et de dévouement?

— Quoi! madame, — dit Amédée surpris, — vous savez déjà...

— Votre père m'a conté cette petite histoire, qui m'a bien touchée. Mais vous ne m'avez pas répondu: n'est-ce pas, oh! n'est-ce pas que Gérard eût aimé, bien aimé sa... famille?

— Si l'on en juge par les regrets qu'il éprouve encore de la perte de son tuteur, Pascal Dumont, un homme à gages selon toute apparence, son affection pour sa mère, par exemple, eût été sans bornes.

— Je m'en doutais!... j'en étais sûre! — murmura la

comtesse d'une voix étouffée. Elle posa la main sur son front et se tut. Amédée ne comprenait rien à cette émotion; madame de Bermondet ne lui laissa pas le temps de la commenter. — Parlez-moi de sa fortune, — reprit-elle avec un calme forcé. — Il a reçu, je le vois, une excellente éducation; mais son avenir est-il assuré? Comment vit-il? Quelles sont ses ressources?

— La fortune de Gérard n'est pas brillante, madame. Elle consiste en une rente viagère de mille écus que paye annuellement un notaire de Limoges, en vertu d'un acte sur lequel on ne peut donner aucune explication. Je ne connais pas d'autres ressources à Gérard.

— Mille écus! — s'écria la chanoinesse, — pauvre enfant! mais c'est la misère!... Et il ne songe pas à choisir une profession, à se créer une position plus digne de lui?

— Gérard a des goûts modestes; d'ailleurs son isolement le décourage et étouffe en lui toute ambition. Il ne songe donc pas à se choisir une carrière; mais quelqu'un y songe pour lui.

— Qui donc?

— Mon père, qui me disait hier au soir: « Gérard a toute l'intelligence nécessaire pour réussir; mais il faut qu'il se mette à l'œuvre tout de suite, car l'oisiveté dégrade et perd les jeunes gens. Je lui chercherai quelque chose. »

— Votre père est un homme d'expérience et un homme de bien; Amédée, de grâce! encouragez-le à poursuivre son projet; il ferait une bonne action. Ce pauvre enfant est si digne de pitié! Je parlerai moi-même à monsieur Surin, je le presserai, et, s'il en est besoin... N'est-ce pas, Amédée, que vous voudriez voir votre ami riche et heureux comme vous-même? — Amédée ne répondit pas. Il venait enfin de s'apercevoir que la chanoinesse ne semblait pas le moins du monde s'occuper de lui. Un affreux soupçon traversa son esprit. L'amour déçu, l'orgueil froissé, un sentiment de jalousie contre Gérard, que la noble dame voyait ce jour-là pour la seconde fois et dont elle parlait avec tant d'admiration, étreignirent son cœur, bouleversèrent son cerveau. Madame de Bermondet remarqua son trouble. — Qu'avez-vous donc, mon cher Amédée? — dit-elle d'un air empressé; — aurais-je à mon insu laissé tomber une parole blessante pour vous? J'ai beau chercher... Nous n'avons parlé que de votre ami Gérard et des moyens d'améliorer sa triste condition.

— Ah! madame, il est moins à plaindre que moi. Etait-ce donc pour parler de Gérard et de ses mérites que vous m'avez retenu près de vous?

— Que voulez-vous dire? — s'écria madame de Bermondet; — quel pouvait être mon but, sinon... Eh bien! eh bien! qu'avez-vous? Relevez-vous... relevez-vous donc! — Amédée venait de tomber à ses pieds et sanglotait sans pouvoir parler. Madame de Bermondet entrevoyait enfin la vérité; cependant elle essayait de douter encore: — Amédée, — reprit-elle d'une voix tremblante, — que signifie cette posture? Elle est inconvenante... Si les domestiques entraient... ! Allons, relevez-vous... je le veux!

Le jeune homme obéit en sanglotant toujours.

— Ah! madame, — murmura-t-il d'une voix brisée, — vous feignez de ne pas me comprendre, et pourtant...

— Eh bien! non, malheureux enfant! — reprit la comtesse avec compassion, — je ne m'abuserai pas sur la cause de cette scène à laquelle pourtant j'étais si loin de m'attendre... Vous m'aimez, vous le croyez du moins.

— Si je le crois! — s'écria Surin avec explosion en joignant les mains; — ah! madame! cet amour ne finira qu'avec ma vie!

— Paix, enfant! paix, vous dis-je! ou je penserai que vous avez perdu la raison... Regardez-moi donc; j'ai quarante ans, j'ai des rides. J'étais à peu près de l'âge de votre pauvre mère quand je la vis au Prieuré pour la première fois, avant votre naissance; en vérité, je crois rêver. Mais dans quelques jours je serai la tante de votre

sœur, je serai presque une grand'mère pour ses enfans...

— Ah! madame, si vous aviez tenu compte de mes efforts pour vous plaire, de pareilles considérations ne seraient pas des obstacles...

— Des obstacles? — répliqua la chanoinesse avec impatience; — nous sommes séparés par quelque chose de bien plus puissant... par le ridicule! Mais voyons, Amédée, — continua-t-elle d'un ton différent, — causons raison, comme deux amis. Qu'attendez-vous d'un pareil amour? Un mariage entre nous? mais ce serait monstrueux! Le monde n'aurait pas assez de mépris pour le jeune imprudent et pour la coquette surannée capables d'unir leur sort au risque d'un prompt et terrible repentir.

Amédée baissait la tête.

— Ah! vous aimez Gérard! — dit-il enfin.

— Cet amour serait encore ridicule, mais il serait du moins innocent, — répliqua la comtesse avec douceur. — Il n'en est rien, Amédée; je connais votre ami seulement depuis deux jours, et je ne suis plus à l'âge des passions subites et violentes. J'ai pour Gérard cet intérêt bienveillant qu'une femme parvenue à la maturité peut sans inconvénient accorder à des enfans tels que vous et lui. Mais vous voilà, je l'espère, devenu plus calme. Tenez, vous venez d'avoir un accès de fièvre, vous avez été pris d'un de ces vertiges passagers qui montrent les personnes et les choses sous une trompeuse apparence. Maintenant vous êtes guéri, j'en suis sûre; guéri sans danger d'une rechute... pour laquelle je devrais être sévère. — Amédée balbutia quelques paroles inintelligibles. — Nous restons amis, n'est-il pas vrai? — interrompit l'aimable dame en lui tendant la main. — Ecoutez, Amédée, personne ne doit soupçonner ce qui vient de se passer; nous serions la fable du pays. Soyez discret avec tout le monde; de mon côté je vous promets qu'on n'apprendra jamais de ma bouche... Nous nous entendons; laissons ce sujet; vous me trouverez toujours indulgente et bonne, si vous vous montrez raisonnable. Allons, — ajouta-t-elle d'un ton différent, — ces messieurs sont déjà sans doute au pavillon du parc; il est temps de les rejoindre. Le mouvement, le grand air, dissiperont ces fâcheuses idées. — Elle mit son chapeau, qui se trouvait sur un meuble du salon, et fit ses préparatifs de départ. Amédée restait immobile et sombre; mais la comtesse sourit, prit le bras de son malencontreux adorateur, et ils sortirent du château. Ils traversèrent d'abord un beau jardin d'agrément, puis un vaste potager, et ils entrèrent dans une allée de haute futaie. A l'extrémité de cette allée, sur une hauteur d'où l'on dominait tous les alentours, s'élevait un pavillon blanc, aux encoignures de brique; c'était là que se trouvaient Gérard et le baron de Bermondet. Tout en marchant, la chanoinesse cherchait à faire causer Amédée sur des sujets indifférens; mais ses efforts n'avaient pas grand succès. Le jeune homme conservait son air abattu; parfois un soupir convulsif soulevait sa poitrine; il répondait seulement par monosyllabes, encore les plaçait-il tout de travers. L'atmosphère lourde et chargée d'électricité, le silence des bois, l'o eur enivrante de la verdure et des fleurs, ne devaient pas contribuer à calmer ses esprits. On atteignit ainsi le pavillon. Il était construit sur la limite du parc et percé de deux portes, dont l'une donnait sur la forêt. De la sorte il pouvait servir à la fois de rendez-vous de chasse et de promenade aux habitans du château. Au moment où madame de Bermondet et son hôte approchèrent de ce bâtiment isolé, il en sortait une sorte de piétinement, accompagné d'un cliquetis d'épées. — Ah! — dit la comtesse, — Achille aura voulu connaître la force de monsieur Gérard dans l'art de l'escrime. Vous savez que le baron a fait sa salle d'armes de ce pavillon? — Elle touchait déjà le bouton de la porte. Avant d'entrer, elle se retourna. — Amédée, — reprit-elle à voix basse, — soyez homme. — Gérard et le baron se trouvaient en effet dans le pavillon. Pour passer le temps, ils avaient jeté leurs habits bas, et, le visage couvert d'un masque, le fleuret à la main, ils

échangeaient des tierces et des quartes avec dextérité. — Bravo, messieurs, bravo! — s'écria madame de Bermondet en paraissant tout à coup; — vous êtes de valeureux champions, et, par cette chaleur accablante, la valeur a double mérite. — Ainsi surpris, Gérard laissa tomber son fleuret, arracha son masque, et s'élança vers un fauteuil de canne où se trouvait son habit. — Quoi! vaillant chevalier, — dit la comtesse d'un ton de plaisanterie, — craindriez-vous donc d'être battu devant une dame?

— C'est plutôt pour ménager mon amour-propre que monsieur Gérard refuse de continuer, — s'écria le baron; — croiriez-vous, ma tante, que j'ai été boutonné huit fois contre lui cinq? Je suis pourtant un élève de Grisier. — Comme Gérard balbutiait quelques mots de politesse, monsieur de Bermondet le prit par la main et l'obligea de se retourner vers la comtesse. — Regardez-le, ma tante, — continua-t-il; — maintenant qu'il est animé, monsieur Gérard ne vous rappelle-t-il pas les traits d'une personne que vous avez connue?

— Et qui donc, Achille? — demanda la chanoinesse.

— Eh! parbleu! le colonel de Versac... un des plus beaux et des plus braves officiers de son temps, ce qui ne l'a pas empêché d'être tué à je ne sais quelle bataille... Nous devons encore avoir son portrait dans un coin du château, quoique je n'aie pu le retrouver. J'étais bien jeune, presque enfant, quand le colonel venait au château; mais, si j'ai bonne mémoire...

— En vérité? — interrompit la comtesse. — Quant à moi, j'ignore... je ne me souviens plus... il y a si longtemps! Mais laissons cela, mon cher Achille. Voici la journée qui s'avance, et ce pauvre Amédée souffre d'une violente migraine, occasionnée par la fatigue et la chaleur; je suppose qu'il ne serait pas fâché de retourner au Prieuré, et nous lui donnerons congé quand il voudra.

— En effet, madame, — dit Surin, — qui trouva dans cette explication une excuse de sa taciturnité, — je ne me sens pas bien... D'un autre côté, mon père et ma sœur sont sans doute très impatiens d'avoir de vos nouvelles. Avec votre permission donc, nous retournerons sans retard à la manufacture. — En conséquence de ces arrangemens, on revint au château, et les deux jeunes gens partirent. Il suivaient maintenant la grande route, et le tilbury, qui glissait légèrement sur le sol droit et uni, ne pouvait gêner en rien une conversation confidentielle. Néanmoins ils firent la moitié du trajet sans prononcer une parole. Enfin Amédée releva la tête, respira bruyamment, et s'écria d'un ton résolu: — Ah bah! au diable!... n'y pensons plus. Tu m'avais bien prévenu, mon pauvre Gérard, et ce n'est pas ta faute si j'ai reçu cette humiliante leçon.

— Elle a donc été bien sévère pour toi, cher Amédée? — demanda Gérard.

— Non, non, elle s'est montrée vraiment bonne femme, je dois en convenir; mais c'est de moi-même que je me plains, Gérard; c'est contre moi-même que je suis furieux. Croirais-tu que je n'ai rien su dire et que je me suis mis à pleurer comme un nigaud, sans retrouver une seule des jolies phrases que j'avais préparées à tout hasard! Elle a dû me prendre pour un sot, pour un véritable écolier. J'étais convaincu ce matin que le docteur Chardin seul avait le pouvoir de me casser bras et jambes rien qu'en me regardant; eh bien! imagine-toi que la comtesse m'impose encore davantage; je n'ai pu prononcer un seul mot qui contint une parcelle de sens commun.

— Ne te reproche pas, — dit Gérard, — ce qui peut être la cause de l'indulgence de la comtesse pour ta folle démarche: la verve éloquente d'un séducteur l'eût certainement trouvée plus sévère... Ainsi donc, mon cher Amédée, te voilà guéri de cet amour d'insensé?

— Ma foi! je crois que oui, Gérard. Sans doute il ne faut jamais prendre une femme à son premier mot, mais comment espérer qu'elle m'aimera jamais, quand j'ai la certitude qu'elle en aime un autre?

— Serait-il possible? Et connais-tu...

— Je ne sais si je dois te dire cela... mais bah ! pourquoi non ? Celui qu'aime la comtesse, c'est toi, Gérard.

— Moi ! — s'écria le jeune homme ébahi.

— Eh ! comment expliquer autrement l'intérêt extraordinaire qu'elle te porte ? Elle ne parle plus que de toi. D'ailleurs, n'as-tu pas entendu les plaisanteries du baron au sujet de ta ressemblance avec ce colonel dont le souvenir a tant ému madame de Bermondet ? Tu lui rappelles peut-être les traits d'une personne qui jadis avait une grande part dans ses affections.

— Assez, Amédée, assez, de grâce ! — interrompit Gérard avec une sorte de honte ; — tu t'es mépris certainement sur les sentiments de la comtesse de Bermondet ; en douter serait lui faire injure. Quant à moi, cette idée me semble monstrueuse, et je ne sais pourquoi je me la reprocherais comme un crime.

— A ton aise, mon cher, — répondit insoucieusement Amédée ; — quant à moi, je vais porter mon amour ailleurs, puisqu'on n'en veut pas de ce côté. Depuis ce matin une idée m'est venue... Cette petite Léonie est vraiment ravissante.

— Quoi ! tu voudrais...

— Ma foi ! c'est ce qu'on trouve de mieux dans le pays après cette fière comtesse ; je ne sais même pas si Léonie n'aurait pas l'avantage dans la comparaison. Elle est jeune, simple ; elle n'est pas gâtée par les flatteries...

— Amédée, que dis-tu ? Mais tu ne l'aimes pas ?

— Qui te l'a dit ?... Ah çà ! Gérard, à ton tour, en serais-tu donc amoureux ?

— Moi, mon ami, — répliqua Gérard, — je ne peux, je ne dois aimer personne.

VII

COALITION.

Huit jours s'écoulèrent sans événemens importans. Au château, comme à la fabrique, on s'occupait uniquement des préparatifs du prochain mariage. Les couturières et les modistes affluaient au Prieuré ; chaque jour des ballots arrivaient du chef-lieu du département ou même de Paris ; monsieur Surin s'enquérait des plus petits détails relatifs à cet événement, s'en remettant pour les affaires de la manufacture à ses employés et à ses commis. Cependant jamais peut-être la direction de l'usine n'avait eu si grand besoin de sa prudence et de sa sagacité. Des symptômes alarmans se manifestaient parmi les ouvriers ; on remarquait des allées et des venues, des chuchotemens mystérieux ; certains travailleurs montraient des velléités d'insolence à l'égard des contre-maîtres et des surveillans. Plusieurs fois on avait essayé d'appeler l'attention de monsieur Surin sur le danger de cette fermentation croissante, mais il répondait avec insouciance : « Bon, bon, nous verrons cela plus tard... après le mariage de ma fille. » Et il n'avait pas cherché la cause de cette agitation toute nouvelle au Prieuré.

Pendant ce temps, Gérard vivait d'une manière très sédentaire ; soit par discrétion, soit par des motifs connus de lui seul, il s'était abstenu de multiplier ses visites au château de Bermondet et à la maison du docteur. Il laissait son ami, toujours remuant, parcourir le pays à cheval avec les dames et le baron ; il préférait se promener seul dans les environs pittoresques du Prieuré, s'arrêtant de temps en temps pour lire ou pour dessiner. Souvent encore il allait trouver monsieur Surin dans les bureaux ou les ateliers, et l'interrogeait avec intérêt sur les divers procédés de fabrication de la porcelaine, sur la destination spéciale de chaque espèce de produit, sur les prix de

vente et de revient. Il s'amusait même parfois à dessiner des modèles de vases que son hôte se proposait de faire exécuter. Ce goût précoce pour les choses sérieuses ravissait le bon manufacturier. Il répondait à toutes les questions avec une inépuisable complaisance ; et une fois, à la suite de ses prolixes explications, il avait dit à Gérard en lui frappant sur l'épaule :

— On peut tirer un excellent parti de toi, mon garçon. Eh bien ! attends seulement que ma fille soit baronne, et nous causerons.

Le digne homme n'avait plus qu'une pensée : l'univers eût été menacé d'un cataclysme qu'il eût craint seulement de ne pas vivre assez pour voir sa fille baronne.

Le huitième jour était un samedi, jour de paye pour les ouvriers. Aussi monsieur Surin avait-il travaillé jusqu'à l'heure du dîner pour vérifier les comptes de son immense personnel. Ce travail terminé, il se rendit au salon et se mit à lire le journal. Amédée était en visite chez des propriétaires du voisinage, et ne devait rentrer que dans la soirée. Gérard, assis au piano, déchiffrait avec mademoiselle Louise un morceau de musique fort difficile que la future baronne désirait jouer à son fiancé. Le vacarme continuel de l'instrument empêchait d'entendre une sourde rumeur qui venait de la cour voisine. Tout à coup, Michelet, nu-tête et l'air bouleversé, se précipita dans la salle.

— Eh bien ! qu'y a-t-il, Michelet ? — demanda le manufacturier, selon sa formule habituelle ; — a-t-on payé les hommes ?

— Oui, monsieur ; mais...

— Mais parlez donc !

— Dame ! monsieur, c'est que je suis si troublé... Les ouvriers se révoltent, monsieur.

— Que dites-vous ? — demanda monsieur Surin avec un sourire d'incrédulité. — Puis, s'adressant à sa fille : — Paix donc, Louise ! paix, mon enfant... ! Voici de singulières nouvelles. — Le piano se tut ; mademoiselle Surin, ainsi que Gérard, prêta l'oreille. — Ah çà ! voyons, Michelet, — reprit le manufacturier ; — j'ai mal entendu sans doute : vous prétendez que les ouvriers...

— Les ouvriers, monsieur, ont une attitude qui ne me plaît pas du tout. Pendant la paye, ils ont assailli de réclamations le caissier, monsieur Duvert, et comme il ne pouvait les satisfaire, ils l'ont injurié, menacé ; puis ils se sont à causer dans la cour avec une extrême vivacité. A la suite de tous ces pourparlers, ils ont délégué vers lui quatre d'entre eux, parmi lesquels se trouve ce vaurien de Petit-Jean, le plus mauvais sujet de la fabrique, et le nouveau venu, qu'on appelle le Parisien, cet ouvrier de Sèvres que vous avez admis par bonté d'âme, malgré la perte de son livret. De pareils choix sont de mauvais augure. Ces délégués se sont présentés à l'administration ; j'ai tenté vainement de savoir ce qu'ils voulaient, ils m'ont répondu d'un air arrogant qu'ils ne le diraient qu'à vous.

— C'est bon ; j'y vais. Et vous ne devinez pas, Michelet, quel peut être l'objet de cette démarche ?

— Ces délégués savent que l'ouvrage presse en ce moment, que nous avons un grand nombre de commandes ; ils veulent profiter de la circonstance pour faire la loi, j'imagine.

— Oui-dà ! — murmura Surin en pinçant ses lèvres ; — nous allons voir cela... Venez, Michelet.

Et il se dirigeait vers la porte. Louise, qui n'avait pas perdu le moindre mot de cette conversation, le retint dans ses bras.

— Mon père, — dit-elle d'un ton suppliant. — de grâce ! soyez prudent ; ne les irritez pas ; vous êtes si vif !

— Allons donc, petite folle ! n'ai-je pas dû bien des fois déjà repousser de pareilles prétentions ? Je reviendrai tout à l'heure ; occupe-toi de ton piano, je te laisse Gérard pour te tenir compagnie.

— Pardon, monsieur Surin, — dit Gérard avec résolution, — ma présence, dans ce moment de crise, pourra vous être plus utile qu'à mademoiselle Louise. Permettez-moi donc de vous accompagner.

— Oui, oui, vous avez raison, — s'écria la jeune fille chaleureusement; — suivez-le, ne le quittez pas!

— Et quel diable de besoin veux-tu que j'aie de toi, mon garçon? — dit le manufacturier avec impatience.

— Je l'ignore, monsieur Surin; mais si votre fils était ici, je suis sûr qu'il ne voudrait pas vous quitter. Permettez-moi donc de le suppléer de mon mieux.

— Allons, fais comme tu voudras; viens ou reste, mais dépêchons.

Et il sortit avec Michelet. Gérard, après avoir dit quelques mots rapides à Louise, afin de la rassurer, les rejoignit dans le corridor qui conduisait aux bureaux de la manufacture.

Les délégués des ouvriers se trouvaient dans une pièce du rez-de-chaussée qui s'ouvrait dans la grande cour et servait de comptoir. Ils étaient au nombre de quatre; deux appartenaient au pays et paraissaient assez inoffensifs. Assis modestement dans un coin, ils gardaient le silence. Mais Petit-Jean et surtout le Parisien avaient une attitude insolente et provocatrice; ils arpentaient le bureau à grands pas, en chuchotant d'un air animé.

Nous connaissons déjà le Parisien, ce personnage sombre et audacieux que Gérard avait rencontré sur la route du Prieuré. Son camarade Petit-Jean avait un aspect non moins repoussant: c'était un drôle à cheveux rouges, de petite taille, à figure protubérante comme le museau d'un chien dogue, au front bas, aux yeux enfoncés: du reste beau parleur et sachant passer à propos de la persuasion à la menace. Le Parisien l'avait choisi pour compagnon de bouteille, et tous les deux inspiraient aux ouvriers pacifiques un véritable sentiment de terreur. La meilleure et la plus juste cause eût été compromise par de pareils avocats.

Ces deux personnages ne firent aucune démonstration de politesse à l'arrivée de monsieur Surin. En revanche, les autres délégués se levèrent précipitamment et ôtèrent leurs casquettes. Ce fut vers ceux-là que le manufacturier marcha d'abord.

— Ah çà! Pierre Léveillé, et toi, Jean Picot, — dit-il de sa voix brève, — je vous trouve donc toujours mêlés aux mauvaises affaires? Je vous ai déjà pardonné quelque chose en ce genre, et vous y revenez?

Léveillé et Picot baissèrent la tête avec embarras. Petit-Jean s'empressa d'intervenir.

— Ecoutez, bourgeois, — dit-il hardiment, — nous sommes venus pour avoir celui de vous exposer...

— Que veux-tu, toi? — interrompit Surin en le toisant avec fierté, — qui te parle?... Et cette casquette, qu'en faisons-nous?

Il saisit la casquette de Petit-Jean et la jeta par terre. Petit-Jean devint pâle de colère, mais il alla ramasser sa coiffure en murmurant:

— Vous gardez bien la vôtre, vous!

— Ah çà! bourgeois, — dit le Parisien en se posant à son tour devant le patron sans toutefois se placer à portée de sa main, — c'est ainsi que vous traitez les députés des ouvriers... car nous le sommes... députés!

— Je n'ai pas affaire à toi, — répliqua sèchement monsieur Surin; — si mes ouvriers ont quelque chose à me dire, ils peuvent s'approcher librement; il n'est pas besoin d'employer pour intermédiaires des chenapans de ton espèce ou de l'espèce de Petit-Jean. Tournez-moi donc les talons, et vite! Quand aux honnêtes gens, je vais les voir: nous traiterons nos affaires en personne. — Et il marcha vers la porte. Les délégués, même l'insolent Petit-Jean et le farouche Parisien, n'osèrent insister; ils suivirent en grommelant le manufacturier dans la cour. Tous les ouvriers s'y trouvaient réunis, sauf les chauffeurs de garde, ui continuaient leur rude labeur dans les fours. La plupart étaient convenablement vêtus, comme il arrive après le travail, surtout la veille d'un jour de repos. Dès que monsieur Surin parut, ils accoururent tous. Le manufac-

turier s'arrêta sur le perron avec Gérard et Michelet. En un instant il fut entouré par une masse compacte, dont les quatre délégués formaient le premier rang. L'assemblée fit silence d'elle-même. — Eh bien! mes enfants, quelle mouche vous a donc piqués? — demanda monsieur Surin d'un ton affectueux, — ne sommes-nous plus bons amis? Voyons, parlez sans crainte, exposez vos griefs, je suis là pour les réparer, si c'est possible... Vous m'avez envoyé, — continua-t-il avec un peu de dédain, — quatre délégués, parmi lesquels deux au moins sont fort peu dignes de votre confiance; je n'ai pas voulu les entendre, car...

— Il nous a flanqué des claques! — interrompit Petit-Jean avec violence.

Un murmure sourd s'éleva dans la foule, que les premières paroles de monsieur Surin avaient pourtant prévenue d'une manière favorable.

— J'ai châtié Petit-Jean, — s'écria le manufacturier avec force, — parce que Petit-Jean avait été grossier, et que je ne souffre pas la grossièreté... Mais finissons-en... Avez-vous réellement quelque chose à me dire? En ce cas, que l'un de vous s'avance et parle nettement. Je suis prêt à l'écouter. Je ne refuserai même pas maintenant d'entendre vos délégués, car je n'ai plus à redouter qu'on ne vous rapporte pas ou qu'on dénature mes réponses.

On se taisait. Enfin Petit-Jean s'écria:

— Pardieu! il n'est pas nécessaire de prendre des gants blancs. En deux mots, bourgeois, voici la chose: vous êtes riche à millions; la preuve, c'est que vous allez en donner un pour la dot de votre demoiselle, et qu'il vous en restera pas mal encore. Peut-être direz-vous: « Cela ne te regarde pas! » C'est vrai; mais ce qui nous regarde, c'est que nous autres, pauvres diables, nous avons sué cette fortune-là; c'est sur notre travail que vous avez gagné votre manufacture, vos terres, vos maisons, votre argent et votre or, puisque vous avez commencé par être ouvrier comme nous. Faut donc pas être trop dur, faut se montrer bon enfant; vous êtes de temps en temps, j'en conviens, mais faut l'être toujours... Hein! bourgeois, — continua l'orateur d'un ton satisfait, — vous ne me reprocherez pas cette fois de vous manquer de respect! Les camarades sont là pour dire si je ne parle pas comme quelqu'un de comme il faut qui connaît le savoir-vivre et le bon genre.

En effet, un murmure flatteur témoigna que ce morceau d'éloquence avait valu l'approbation de l'assemblée.

— C'est bon, c'est bon! — dit monsieur Surin en hochant la tête, — mais viens au fait; nous perdons du temps.

Petit-Jean, encouragé par la sympathie de ses camarades, reprit avec assurance:

— Les choses étant ainsi, bourgeois, comme l'ouvrage ne manque pas, comme les commandes arrivent de partout, et comme vous gagnez l'argent à ne savoir qu'en faire, on peut sans se permettre de vous demander une petite augmentation de salaire. Pourquoi ne profiterions-nous pas aussi des bonnes aubaines? Vous avez trop et nous pas assez, soit dit sans vous offenser... Ainsi donc, voici ce que nous voulons: En l'honneur du mariage de votre demoiselle, vous accorderez une augmentation de cinq sous par journée à tous les ouvriers de la fabrique, modeleurs, tourneurs, chauffeurs et journaliers; de plus...

— Ah! voyons le de plus, — interrompit Surin d'un ton sarcastique.

— De plus, — continua Petit-Jean, — la journée devra commencer une demi-heure plus tard le matin, et finir une demi-heure plus tôt le soir... N'est-ce pas cela, vous autres? — ajouta-t-il en s'adressant aux assistants.

— Oui, oui, — s'écrièrent un grand nombre de voix.

— Voyons, est-ce bien tout, Petit-Jean? — ajouta monsieur Surin. — N'oublies-tu rien? Il ne faut pas te priver de demander.

— Mais je ne vois pas...

— Eh bien! j'ai quelque chose à demander aussi, moi! — s'écria le Parisien en se campant effrontément au milieu du cercle : — c'est d'empêcher les contre-maîtres et les commis de molester les *artiss*, comme ils ne se gênent pas pour le faire. D'abord, moi, j'aime pas les commis, et s'ils m'échauffent trop la bile, je cogne... voilà !

Quelques applaudissemens et des éclats de rire accueillirent la motion du Parisien. Le manufacturier conserva sa gravité.

— Voyons, c'est bien tout, n'est-ce pas ? — reprit-il ; — mais vous ne m'avez pas dit, messieurs, ce qui résulterait si je refusais de céder à vos injonctions ?

— Ce qui résulterait ? — répondit Petit-Jean d'un ton goguenard : — nous quitterions la manufacture, et nous vous laisserions seul vous dépêtrer de vos commandes.

— Commencez donc par la quitter tout de suite ! — s'écria monsieur Surin d'une voix tonnante et en éclatant. — Parisien, Petit-Jean, sortez de chez moi sur-le-champ ! je vous chasse ! Mon tort est de n'avoir pas plus tôt débarrassé mes ateliers de mauvais sujets comme vous, qui corrompent les travailleurs honnêtes !... Mes amis, — continua-t-il en se tournant vers la foule, — c'est à vous seuls que je veux répondre. Avez-vous réellement autorisé ces drôles à me présenter de pareilles propositions ? Je suis riche, il est vrai ; mais cette richesse, depuis trente-cinq ans je la travaille à l'acquérir, et je ne consentirai pas à la compromettre, et je la compromettrais si j'acceptais le tarif qu'on veut m'imposer. La concurrence ne me permet pas de hausser le prix de mes produits ; la moindre circonstance qui dérangerait l'équilibre de mes opérations commerciales me constituerait en perte. S'il en est parmi vous à qui les conditions présentes ne conviennent pas, ils peuvent aller chercher de l'ouvrage ailleurs. Ils sont payés, la porte est ouverte, qu'ils partent ; je ne retiens personne de force.

— Alors nous partirons tous ! — s'écria Petit-Jean ; c'est convenu.

— Oui, partons, et plus vite que ça ! — s'écria le Parisien ; — les flandrins qui caponneront me passeront par les mains. Adieu donc, bourgeois, — continua-t-il d'un ton railleur et sinistre ; — vous avez des connaissances avec lesquelles je ne serais pas fâché de causer un tout petit brin, mais je les repincerai quelque part... suffit, je m'entends... Allons, les autres, quittons cette cassine d'enfer et pied gauche, en avant, marche !

Pendant que ces événemens se passaient, le jour baissait rapidement. La flamme qui sortait de la cheminée des fours à porcelaine éclairait les hautes murailles et les sombres bâtimens du Prieuré ; mais la cour restait dans l'ombre : on ne pouvait voir ni les mouvemens des coalisés ni l'expression de leurs visages. Néanmoins on devinait, à la fermentation extrême qui régnait dans les groupes, combien les passions étaient vivement excitées. Monsieur Surin attendait avec un calme apparent, mais non sans de secrètes angoisses, le résultat de cette scène. Gérard et Michelet ne le quittaient pas, quoique un grand vide se fût formé subitement autour d'eux. Les ouvriers, réunis au milieu de la cour, continuaient à délibérer dans une confusion inexprimable.

Gérard s'alarma de l'isolement profond où se trouvait le manufacturier.

— Les laisserez-vous partir, monsieur Surin ? — demanda-t-il. — Vous serait-il absolument impossible de les apaiser par des concessions ?

— Les concessions ne me sont pas permises ; d'ailleurs le danger n'est pas où tu le crois : je suis bien sûr que *tous* les ouvriers ne quitteront pas la manufacture, et cependant... Quel est votre avis, Michelet ?

— Que vous dirais-je, monsieur ? — répondit le commis tristement. — Sans doute il est de braves gens sur lesquels nous pouvons compter, mais il en est d'autres... Ça ne finira pas bien, j'en ai peur.

Comme il achevait ces mots, une grande rumeur s'é-

leva. La foule s'entr'ouvrit tout à coup, et deux ou trois hommes s'en dégagèrent en gesticulant.

— Allez au diable ! — cria Jean Léveillé, l'un des délégués, — les étrangers, ceux qui ne connaissent pas monsieur Surin et ne sont pas ses obligés depuis quinze ans, comme moi, peuvent partir s'ils le veulent ; mais je ne bougerai pas et je travaillerai, si cela me convient. On ne me mènera pas par le bout du nez, entendez-vous ?

— Oui, — continua Picot avec non moins de véhémence, — les Parisiens et les autres iront chercher de l'ouvrage au diable, s'ils le veulent... mais qu'on nous laisse tranquilles, nous autres qui sommes du Prieuré, sans quoi nous taperons ferme, je vous en avertis... Allons, à moi les amis du bon papa Surin, quoiqu'il soit dur à la desserre, hâ-â-â-â-ou !

— Hâ-â-â-â-ou ! — répétèrent un certain nombre de voix.

Et une cinquantaine d'ouvriers environ, se détachant des autres, vinrent se ranger autour de Picot et de Léveillé.

Des menaces, des imprécations, des huées, s'élevèrent du groupe des coalisés.

— Ah ! comme ça, lâches ! — s'écria Petit-Jean en montrant le poing aux ouvriers fidèles ; — vous abandonnez vos camarades ?

— Bah ! nous les avalerons d'une bouchée ! — dit le Parisien.

En effet, les forces des deux troupes étaient très-inégales. Le parti de monsieur Surin se composait de gens du pays, dont la plupart avaient contracté des obligations personnelles envers le manufacturier. L'autre, formé d'ouvriers nomades, étrangers à la localité, paraissait trois fois plus nombreux. Sans doute ils n'étaient pas tous disposés à pousser les choses jusqu'aux dernières extrémités ; mais, comme il arrive d'ordinaire en pareille circonstance, les plus violens et les plus passionnés donnaient l'impulsion ; les hommes paisibles pouvaient être entraînés par l'intimidation ou la contagion de l'exemple. Un conflit devenait donc imminent.

Monsieur Surin comprit le danger ; il se tourna vers Gérard et Michelet.

— Il va peut-être arriver de grands malheurs, — dit-il à demi-voix ; — Michelet, courez à l'écurie et prenez le premier cheval qui vous tombera sous la main. Vous sortirez par la grille du pavillon sans être vu, et vous vous rendrez ventre à terre à P***, la petite ville la plus voisine. Vous requerrez le maire de réunir la garde nationale et les brigades de gendarmerie disponibles. Sur votre chemin, donnez l'alarme ; demandez secours dans les communes que vous traverserez... Moi, pendant ce temps, je tâcherai, par tous les moyens, d'éviter une lutte ; mais qu'on se hâte de nous venir en aide, car Dieu sait si je pourrai longtemps contenir ces diables incarnés.

— J'obéis, monsieur, — répliqua Michelet ; — mais, en votre qualité de maire, ne pourriez-vous donner un ordre écrit... ?

— C'est inutile ; vous êtes connu comme premier commis de la manufacture, et l'on ne doutera pas de vos paroles... D'ailleurs le temps presse. D'un moment à l'autre, la pensée peut leur venir de fermer les portes, et nous serions complètement à leur discrétion... Partez, partez tout de suite. — Michelet allait s'éloigner. — Un mot encore, — ajouta monsieur Surin ; — Amédée ne peut tarder à rentrer ; si vous le rencontrez en route, dites lui de se rendre, soit à Fontbasse, soit à Bermondet, pour y passer la nuit. Il est si bouillant ! je craindrais un coup de tête de sa part, sans compter par l'émotion, la colère... Allons, c'est tout maintenant... Partez donc ! De votre diligence peut dépendre la vie d'un grand nombre de personnes. — Le commis rentra précipitamment dans la maison. Gérard avait songé d'abord à réclamer pour lui-même cette importante mission ; mais il ne voulait pas perdre de vue l'excellent homme qui, dans cet effroyable désordre, pouvait courir des dangers personnels. Il se tut donc et attendit une autre occasion de prouver son dévouement.

Cependant la querelle s'envenimait entre les deux camps. Des menaces et des défis on paraissait bien près d'en venir aux actes. Déjà même un certain nombre d'ouvriers s'étaient élancés vers un hangar voisin, qui servait d'atelier aux emballeurs, et s'étaient emparés de planches, de maillets, d'outils de menuiserie pour s'en faire des armes; d'autres, rangés autour d'un tas de pierres qu'on destinait à des réparations, menaçaient de répondre par des projectiles aux attaques de leurs ennemis. — Essayons des bonnes paroles, — murmura le manufacturier.

Et il se rapprocha de la foule, sans s'apercevoir que Gérard le suivait comme son ombre.

Ce ne fut pas sans peine que monsieur Surin, toujours si respecté de ses inférieurs, parvint à se faire écouter. Enfin le silence se rétablit, et il tenta de démontrer aux récalcitrans l'inutilité, le danger de pareilles manifestations. Il promit d'examiner plus tard certains griefs secondaires qui n'avaient pas été formulés par les délégués, mais qu'il savait être des causes de mécontentement pour des corps d'état spéciaux. Enfin il déclara que, si les assistans voulaient se retirer tranquillement chez eux, il oublierait le passé, sauf toutefois en ce qui concernait les deux mauvais sujets dont il voulait débarrasser la manufacture à tout prix.

Cette allocution ne manquait pas d'habileté; malgré les interruptions fréquentes des dissidens, elle paraissait avoir produit une impression favorable. Le parti de l'ordre s'était même recruté d'un certain nombre de déserteurs. Mais Petit-Jean et le Parisien, qui n'avaient rien à perdre, puisqu'ils se trouvaient en dehors de l'amnistie, vinrent encore se mettre à la traverse d'un arrangement amiable.

— Tout ça c'est des bêtises! — s'écria le Parisien; — on cherche à nous amuser avec des balivernes... Le bourgeois veut-il ou ne veut-il pas accorder l'augmentation? Voilà toute l'affaire.

C'est juste, — ajouta Petit-Jean, son acolyte; — l'augmentation... ne sortons pas de là. Voyons, monsieur Surin, une fois, deux fois, trois fois, êtes-vous décidé?

— Laissez-moi du moins le temps de réfléchir, d'établir mes calculs; demain, je vous dirai...

— Demain! — s'écria le Parisien en ricanant; — et demain, quand nous viendrons ici pour savoir la réponse, nous trouverons une légion de gendarmes et de mouchards qui nous arrêteront par douzaines... Merci, mon vieux, pas de ça!

— Eh bien! laissez-moi deux heures... deux heures sont bien vite passées; mais je ne puis prendre une détermination si grave pour mes intérêts sans m'être rendu compte du résultat.

— Mille tonnerres! c'est encore un piége, je le parierais! — dit le Parisien.

Mais cette fois l'immense majorité n'était pas disposée à partager ces défiances. La demande de monsieur Surin paraissait tout à fait raisonnable et son hésitation de bon augure. La masse de ces pauvres gens égarés n'était réellement pas méchante; elle regrettait l'espèce de violence imposée au patron de la fabrique. Aussi cent voix couvrirent-elles l'exclamation du Parisien, et il fut convenu d'un commun accord que deux heures seraient laissées à monsieur Surin pour réfléchir à la requête de ses ouvriers.

Cette concession était une grande victoire. Le manufacturier ne pouvait espérer qu'en si peu de temps les secours attendus arrivassent au Prieuré; mais il savait combien tombent vite les passions populaires, et il comptait sur ces deux heures d'attente pour apaiser les têtes les plus exaltées. Après avoir exhorté l'assemblée à la patience et à la concorde, il rentra dans la maison, en apparence pour méditer sur les prétentions des coalisés, mais en réalité pour aller rassurer Louise, livrée à des transes mortelles.

Gérard et quelques employés de l'usine restèrent en observation dans un coin de la cour, avec ordre de prévenir monsieur Surin au moindre incident nouveau qui viendrait à se produire. Ce n'était en effet qu'un moment calme entre deux tempêtes.

VIII

UNE CATASTROPHE.

La nuit était tout à fait venue. Les ouvriers, partagés en groupes nombreux, écoutaient des orateurs au geste animé. Le plus apparent de ces groupes avait pour centre Petit-Jean et son ami le Parisien, les deux plus redoutables ennemis du bon ordre.

— Parbleu! — vociférait le Parisien d'un air gouailleur, — vous êtes encore de fameux ânes bâtés! On n'a que quatre mots à prononcer, et vous vous laissez piper comme des sots. Aussi, vous allez voir!... le patron va vous servir quelque plat de son métier.

— Mais enfin, Parisien, — demanda timidement un des assistans, — on ne pouvait pas lui refuser le temps de la réflexion, à cet homme. Que fallait-il faire?

— Il ne fallait pas tant écouter, mais agir. Règle générale: quand un ouvrier écoute son bourgeois, il est sûr d'être entortillé; c'est dans la nature, vu l'éloquence. Aussi, moi qui connais ça, j'écoute jamais; c'est trop chanceux.

— Mais alors, quel parti prendre? — demanda l'autre.

— C'est bien malin! On ferme les portes et on annonce qu'on va tout casser, tout brûler, tout démolir, si le tarif n'est pas accordé. Avez-vous rien fait de cela? On entre, on sort comme on veut, et c'est très commode pour les poltrons... Tenez, pendant que nous défendons les intérêts communs, ne voyez-vous pas ces fainéans de chauffeurs attiser leur feu comme s'ils gagnaient quarante-cinq mille francs par journée?

En effet, dans l'intérieur des bâtimens où se trouvaient les fours, une demi-douzaine d'hommes actifs s'agitaient autour des flammes sans partager les passions de leurs camarades.

— Tenez, vous n'entendez rien aux affaires, — conclut le sombre Parisien. — Les maîtres sont avares; ils ne lâchent que ce qu'on leur prend. Voyez-les quand ils sont chez eux, au coin de leur feu, les pieds sur les chenets; vous n'obtiendrez rien. Faites-leur peur et parlez haut; ils mettront les pouces. C'est clair comme bonjour, cela. Vous attendez la réponse de monsieur Surin? eh bien attendez avec patience, vous l'aurez bientôt... et bonne, je vous le garantis!

Ces coupables incitations ne pouvaient manquer de frapper vivement les auditeurs.

— Ma foi, — reprit Petit-Jean toujours en admiration devant son modèle, — le Parisien a diablement raison: on se moque de nous!

— Il ne faut pas se souffrir, — dit un exalté; — fermons les portes et ne permettons à personne d'entrer ni de sortir que le patron n'ait accepté notre tarif!

— Et empêchons les chauffeurs de travailler, — dit un autre.

— Mais, — objecta quelqu'un du pays, — si le feu se ralentit, les fournées seront perdues.

— Tant mieux, — répliqua Petit-Jean; — le bourgeois mérite bien cette leçon... Il deviendra plus doux quand nous le mènerons un peu rondement.

— A la bonne heure! — s'écria le Parisien avec une joie farouche; — je commence à croire que l'on ferait quelque chose de vous, si vous étiez convenablement stylés... A la besogne donc et ne musons pas tant!

Pour se rendre compte de la gravité de la détermination qui venait d'être prise, il est bon de connaître une circonstance particulière à la fabrication de la porcelaine.

Ces élégantes poteries sont cuites à des températures

très élevées, mais toujours égales, dans de vastes fournaises qu'enveloppe nuit et jour une ceinture de flammes. Si la chaleur, par l'inadvertance d'un ouvrier ou par toute autre cause, s'élève ou s'abaisse subitement pendant la cuisson, ne fût-ce que d'un petit nombre de degrés, la porcelaine entre en fusion ou se brise. Empêcher les chauffeurs de travailler jusqu'au retour de monsieur Surin, c'était donc sacrifier, sans profit pour personne, une immense quantité de marchandises et causer au fabricant un dommage considérable.

Gérard n'avait pas entendu les odieux conseils du Parisien ; — mais il vit la foule s'agiter tout à coup et s'élancer vers les fours. Il résolut de s'opposer de tout son pouvoir à cet acte d'aveugle brutalité.

Déjà bon nombre d'ouvriers, restés fidèles à monsieur Surin, accouraient dans le même but ; mais les insurgés n'en arrachèrent pas moins les chauffeurs à leur pénible tâche. Ces pauvres gens, nus jusqu'à la ceinture, le front ruisselant de sueur, protestaient de toutes leurs forces. On ne répondit à leurs doléances que par des plaisanteries et des huées.

Gérard s'avança résolûment au milieu de la foule.

— Mes amis, — dit-il d'un ton fermé, — songez-vous aux graves conséquences qu'aura certainement l'abandon des fours ? Ne pouvez-vous attendre, pour interrompre vos travaux, que monsieur Surin vous ait au moins donné sa réponse ? Voulût-il accepter vos conditions, cet acte de sauvagerie seul serait capable de l'en détourner... Allons, — continua-t-il en s'adressant aux chauffeurs, — retournez sans retard à votre poste. Voyez, voyez ! la flamme s'abaisse déjà... dans quelques minutes, le mal sera sans remède.

Ces sages paroles pouvaient déterminer une réaction parmi ces hommes égarés dont, comme toujours, la grande majorité était honnête. Le Parisien, le génie du mal de cette terrible soirée, se hâta d'en détruire l'effet.

— Que personne ne bouge ! — s'écria-t-il. — Si la fournée est perdue, ce sera du travail de plus pour les ouvriers... Mais, — ajouta-t-il en toisant Gérard d'un air insultant, — est-ce que cela vous regarde, vous ? Êtes-vous directeur, ou commis, ou simplement contre-maître, pour commander ici ? Allons, mon petit, laissez-nous en paix, et ne nous échauffez pas la bile !

— Je suis un ami de monsieur Surin, — répliqua Gérard avec force, — et je parle au nom de la raison, de la justice. Allons, braves gens, — poursuivit-il en s'adressant aux ouvriers dont la plupart étaient muets et découragés, — vous laisserez-vous imposer la loi par deux ou trois coquins ? Vous êtes les plus forts, les plus nombreux. Vous ne voudrez pas causer un grave préjudice à cet excellent patron, qui pour beaucoup d'entre vous est un bienfaiteur et un père...

— Te tairas-tu, blanc-bec ! — s'écria le Parisien furieux en lui portant le poing au visage ; — nous avons un compte à régler ensemble, et si tu ne tais pas...

— Prenez garde, mon cher enfant, — dit un vieil ouvrier avec bienveillance en se penchant à l'oreille de Gérard, — ils sont montés ; ils ne ménagent plus rien... D'ailleurs, — ajouta-t-il en soupirant, — il est trop tard maintenant.

En effet, les flammes qui dominaient le toit avaient fini par disparaître ; une obscurité complète régnait dans la cour.

Cependant Gérard n'allait pas en rester là, quand des cris retentirent à la porte principale de la manufacture et attirèrent l'attention générale de ce côté.

Suivant l'avis de leurs chefs, les coalisés s'étaient avancés pour fermer cette porte et ses lourds battants, par l'habitude de rester ouverts nuit et jour, ne cédaient pas facilement à leurs efforts. Néanmoins, on était sur le point d'y parvenir, lorsqu'un homme à cheval arrivant au galop se présenta pour entrer. Les insurgés ne pouvaient, à cause de l'obscurité, reconnaître les traits du cavalier ; d'ailleurs, ils avaient leurs raison pour être sur leurs

gardes et ils hésitaient à le laisser passer. Alors le nouveau venu poussa son cheval dans l'ouverture de la porte, renversa deux ou trois hommes et pénétra dans la cour en s'écriant :

— Comment ! êtes-vous déjà les maîtres dans la maison de mon père ? Attendez, bandits, on va vous mettre à la raison !

— C'est le muscadin ! — s'écrièrent plusieurs voix. *Muscadin* était le nom que dans la fabrique on donnait au jeune Surin. En revenant de la maison de campagne où il avait passé la journée, le jeune Amédée avait appris par la rumeur publique le désordre dont la manufacture était le théâtre. Trop brave pour décliner sa part de péril dans ce moment de trouble, il était accouru de toute sa vitesse, et il arrivait plein de colère. Les cris que l'on entendait étaient poussés par les malheureux qu'Amédée venait de renverser et dont l'un paraissait grièvement blessé. Les comploteurs, exaspérés de cette blâmable agression, se ruaient de toutes parts sur l'imprudent cavalier. Quelques-uns même de ceux qui jusqu'alors avaient montré de la modération devinrent furieux en voyant leurs camarades blessés. Une grêle de pierres tomba sur le cheval, qui, se cabrant, renversa deux ou trois personnages encore. Amédée, de son côté, faisait siffler autour de lui sa cravache plombée, et s'écriait écumant de rage :

— Ah ! misérables ! vous voulez donc m'assassiner ? Mais vous ne serez pas longtemps triomphans, allez ! L'alarme est donnée dans le pays ; le tocsin sonne à tous les clochers, les gardes nationales s'assemblent, les gendarmes sont en campagne, dans moins d'un quart d'heure vous allez être empoignés et conduits en prison, je vous le promets.

— Hein ! que vous disais-je ? — s'écria le Parisien. — Le vieux madré de bourgeois s'est moqué de nous. Pendant qu'il nous leurrait de belles promesses, il envoyait chercher des secours, et nous allons être pris au traquenard. Ah çà ! ne casserons-nous pas quelqu'un ou quelque chose, à cette seule fin de prouver que nous ne sommes pas des jobards ?

— C'est juste, on nous a trompés... Enfonçons les portes des magasins, jetons les marchandises par les fenêtres...

— Et assommons le muscadin ! — s'écria Petit-Jean ; — il a renversé plusieurs des nôtres, avec son damné cheval, Allons, aidez-moi à pincer le muscadin !

— Non, mes amis, — s'écria Gérard éperdu, — ne lui faites pas de mal ! Amédée n'est pas méchant, je vous jure. — On ne l'entendit pas. Les émeutiers, irrités d'avoir été pris pour dupes, ne se connaissaient plus. Si le plus grand nombre étaient encore disposés à rétablir l'ordre, leurs efforts ne pouvaient guère être paralysés par les tapageurs. Une portion de coalisés, sous la conduite du Parisien, se dirigea vers les magasins et les bureaux, afin de les saccager par représailles. Heureusement les employés de la manufacture, prévoyant le cas, venaient d'en fermer les portes, ainsi que les grilles de la cour intérieure. Les assiégeans s'armèrent de grosses poutres qui se trouvaient sous un hangar, et les balançant comme des béliers, ils attaquèrent les clôtures avec un bruit semblable à celui du tonnerre. Petit-Jean, à la tête d'une autre bande, poursuivait Amédée en l'accablant d'injures et de pierres. Le jeune homme, troublé par leurs cris menaçans, semblait pris de vertige ; il enfonçait les éperons dans le ventre de son cheval, qui bondissait et se dressait sur ses pieds de derrière. Resserrés dans un cercle de plus en plus étroit, cavalier et monture tournaient sur eux-mêmes, épuisant leurs forces en mouvemens rapides et désordonnés. Cependant cette lutte inégale ne pouvait être longue. Bientôt Amédée se vit acculé contre la muraille et entouré d'ennemis. Il poussait encore son cheval sur eux pour les disperser, quand Petit-Jean bondit comme un tigre et saisit par les naseaux le pauvre animal. Celui-ci, déjà fatigué par le voyage et par ses évolutions étranges, se débattit, essaya de se dresser encore sur ses pieds de derrière, et tomba lourdement avec son cavalier, dont la jambe se trouva prise sous lui. Les assaillans poussèrent des cris de joie et s'élancèrent pour assouvir leur haine contre Amédée. Mais, si prompts qu'ils fussent, Gérard avait eu le temps de se jeter entre eux et le malheureux enfant. — Braves gens, — s'écria-t-il d'un ton suppliant, en faisant à son camarade un rempart de son corps, — vous n'aurez pas l'infamie de le frapper par terre!... D'ailleurs, il est blessé peut-être, et son imprudence lui coûte cher. Aidez-moi donc à le dégager.

— Otez-vous de là, — répliqua Petit-Jean, en portant à Surin un coup de bâton qui s'amortit sur la selle;—ceci ne vous regarde pas... Otez-vous de là, vous dis-je, ou si-non...

Par un mouvement rapide, Gérard saisit le bâton de Petit-Jean, et, le maniant avec une adresse qu'expliquait son habileté consommée dans l'art de l'escrime, il s'écria d'un ton énergique :

— Osez approcher pour frapper le fils de votre patron, de celui qui vous donne votre pain, et je vous fends le crâne!

Son air de résolution intimida les énergumènes pendant quelques secondes.

— Bah! — dit enfin Petit-Jean avec mépris, — serons-nous arrêtés par un morveux?

— Il ne manque pas de courage,—dit un autre;—mais tant pis... Pourquoi vient-il nous empêcher de venger nos blessés!

Ils fondirent tous à la fois sur Gérard, qui se défendait avec une dextérité merveilleuse. Le mauvais bâton dont il s'était emparé semblait se multiplier dans sa main pour parer les coups qu'on lui portait; en même temps il frappait à droite et à gauche ses adversaires les plus acharnés. Néanmoins son désavantage était trop grand. Un des combattans se glissa furtivement derrière lui; un coup violent lui fut asséné sur la tête. Gérard voulut se raidir contre la douleur, mais la force lui manqua, le sang qui jaillissait avec abondance lui couvrit les yeux, et il tomba sans mouvement à côté d'Amédée, qui lui-même ne remuait plus.

Les vainqueurs, dans leur aveugle rage, allaient sans doute abuser de la victoire, quand des lumières parurent tout à coup, et de grands cris annoncèrent un nouvel événement. La grille de la cour intérieure venait de s'ouvrir; monsieur Surin, accompagné de sept ou huit personnes, employés et domestiques, portant des fusils et des flambeaux, parut sur le théâtre de la lutte. Les hommes armés restèrent près de la grille, leurs fusils en joue, pour empêcher d'approcher; mais Surin courut tête nue à travers la foule, en s'écriant avec un accent déchirant :

—Ne le tuez pas, mesamis; je vous en conjure, épargnez mon fils... J'accepte votre tarif; je peux même vous promettre qu'aucun de vous ne sera poursuivi pour cette malheureuse affaire. Mais, de grâce, ne faites aucun mal à mon cher Amédée, à mon fils unique, à l'enfant chéri de sa pauvre mère!

Le retour inattendu de monsieur Surin et l'éclat des lumières surprirent les coalisés; ils cessèrent leurs démonstrations menaçantes. Seulement le Parisien et une demi-douzaine de chenapans poursuivaient impassiblement leur projet d'enfoncer la porte des bureaux. Mais le père d'Amédée, dans ce moment terrible, ne songeait pas à les en empêcher; il arriva, comme par instinct, à l'endroit où le jeune homme était renversé, la jambe prise sous le corps de son cheval. Petit-Jean, encore échauffé de la lutte, barra le passage en brandissant le bâton:

— Que demandez-vous? — dit-il d'un ton farouche. — Votre fils, avec son infernale rosse, a fort maltraité cinq ou six personnes... Nous voulons nous venger... Voyons, laissez-nous tranquilles; fussiez-vous le diable, nous rendrons coup pour coup!

— Petit-Jean, mon garçon, écoute-moi, — reprit le manufacturier d'un ton suppliant; — les accidens seront réparés, les blessés seront soignés à mes frais, on les indemnisera, on payera une pension aux familles... Je vous rendrai tous riches et contens... mais laissez-moi voir mon fils, mon cher Amédée! — Cet accent de douleur et peut-être aussi ces promesses de réparation frappèrent les révoltés. Ils se mirent à chuchoter. Le père profita de ce moment d'incertitude. — Amédée, mon enfant, — reprit-il en élevant la voix, — où donc es tu?

— Ici, — répondit une voix faible; — mais je ne puis bouger.

— Quoi! serais-tu blessé?

— J'espère que non, quoique je souffre horriblement de ma jambe... Mais ne vous occupez pas de moi, songez plutôt à ce pauvre Gérard; les misérables l'ont presque assommé pendant qu'il me défendait!

— Ce brave enfant! — s'écria le manufacturier ; — est-il donc avec toi?

— N'ayez aucune inquiétude à mon sujet, monsieur Surin, — dit Gérard qui revenait de son étourdissement et se soulevait avec effort; — le coup a porté sur la tête, mais elle est dure, et ce ne sera pas mortel... Tenez, c'est fini, — poursuivit-il en se relevant tout à fait et en épongeant avec son mouchoir le sang qui souillait son visage.

Il tenta de remettre Amédée sur pied; mais le corps du cheval, qui pesait de tout son poids sur la jambe du cavalier, rendait cette entreprise inexécutable pour une seule personne. Ces efforts n'eurent d'autre résultat que d'augmenter les tortures de son ami, qui poussait de sourds gémissemens. Le manufacturier voulait venir à leur secours, mais on lui barrait toujours le passage.

— Que nous promettez-vous? — dit Petit-Jean d'un ton cynique. — Nous vous rendrons votre fils et son camarade sans autres avaries, si vous êtes bon enfant.

— Fixez vous-même les conditions, — s'écria le manufacturier; — je ne marchanderai pas...! mais, je vous en supplie, hâtez-vous...! Amédée souffre... sa jambe finirait peut-être par se rompre... Entendez-vous comme il se plaint?

— Eh bien! voyons... D'abord, vous jurez qu'aucun de nous ne paraîtra devant la justice à cause de ce qui s'est passé?

— Je le jure.

— Et vous donnerez des indemnités ou des pensions aux blessés et à leurs familles?

— C'est un devoir, cela, puisque mon fils est cause du mal.

— Il suffit, — reprit Petit-Jean. — Et maintenant...

Mais à coup de coup des voix effrayées s'écrièrent:

— Sauvons-nous! voici la gendarmerie!

En effet, une douzaine de gendarmes appartenant aux brigades les plus rapprochées du Prieuré venaient d'apparaître à la grille. La présence de ces soldats redoutés allait donner à la révolte un caractère nouveau. D'ailleurs ils étaient suivis d'une bande armée de bourgeois et de paysans du voisinage qui accouraient pour rétablir l'ordre, et sans doute, dès que l'alarme aurait eu le temps de se répandre, on allait voir toutes les populations des alentours affluer à la fabrique.

Aussi la panique s'empara-t-elle des insurgés. Ils se précipitèrent en foule vers la grand porte, qui, malgré sa pesanteur, s'ouvrit comme par enchantement. Le Parisien avait ses raisons pour ne pas se trouver en contact immédiat avec la justice; il fut donc le premier à donner le signal de la fuite, et Petit-Jean, qui se fiait médiocrement à la parole extorquée par violence à monsieur Surin, s'empressa de l'imiter. Au bout d'un instant, il ne resta plus dans la cour que les ouvriers les moins compromis, ceux que leur conscience rassurait sur les suites possibles de la rébellion, et quelques blessés incapables de fuir.

Mais monsieur Surin, dans ce revirement subit de fortune, ne songea qu'à secourir son fils, dont les douleurs devenaient intolérables. Avec l'aide de Gérard et de deux ou trois hommes qui proposèrent obséquieusement leurs services, il parvint enfin à dégager la jambe d'Amédée du poids énorme qui pesait sur elle. Heureusement elle n'était point fracturée, et, malgré les souffrances atroces causées par une compression prolongée, le jeune imprudent put se tenir debout.

Son premier mouvement fut de se jeter dans les bras de son père; mais, se dégageant bientôt, il vint embrasser Gérard, qui s'occupait de bander tant bien que mal, avec un mouchoir, son front entr'ouvert.

— Gérard, — lui dit-il, — je n'oublierai jamais ta conduite généreuse pendant cette affreuse soirée. Sans toi, j'eusse été tué par ces scélérats; tu m'as sauvé la vie... Remerciez-le aussi, mon père; il n'était que mon ami, maintenant il est mon frère.

— Il est mon fils! — s'écria monsieur Surin. — Ah! Gérard, je t'avais bien jugé!

— Pourquoi ces remercîmens, Amédée? — répliqua Gérard avec simplicité. — N'aurais-tu pas agi de même pour moi?

En ce moment les employés et les domestiques de l'usine s'avancèrent avec des flambeaux. Quand on trouva monsieur Surin sain et sauf, ainsi qu'Amédée, on poussa de grands cris de joie. Les bourgeois du pays, parmi lesquels se trouvait Achille de Bermondet, qui venait d'arriver avec tous les gens du château pour secourir son futur beau-père, leur prodiguaient les témoignages de sympathie. Louise elle-même, les vêtemens en désordre, perça tout en larmes le cercle qui les entourait, et se suspendit à leur cou. Gérard eut son tour dans les remercîmens et les éloges; tous les hommes voulaient lui serrer la main, et mademoiselle Surin l'embrassa.

Cependant le plus grand désordre régnait dans la fabrique. Les agens de la force publique demandaient qu'on les dirigeât dans la recherche des perturbateurs; plusieurs blessés étaient gisans sur le pavé de la cour; on réclamait à grands cris le concours de monsieur Surin.

— Me voici, messieurs, je suis à vous, — dit le manufacturier, revenant enfin au sentiment de ses devoirs. — Mon cher baron, chargez-vous de reconduire Louise; tout danger est passé maintenant; elle n'a plus qu'à se tenir tranquille dans sa chambre. Toi, mon pauvre Amédée, tu vas rentrer, car tu ne pourrais pas nous être d'une grande utilité. Gérard voudra bien te soutenir jusqu'à la maison. Je vous rejoindrai dans un moment; nous examinerons vos contusions et vos blessures. Ou je me trompe fort, ou c'est le docteur Chardin que j'aperçois là-bas en train de panser un de ces malheureux; il sort de dessous terre dès qu'on peut avoir besoin de lui. Je vous l'enverrai tout à l'heure.

Et il rejoignit le brigadier de gendarmerie, qui l'attendait pour prendre ses ordres. Louise s'était éloignée avec monsieur de Bermondet; Amédée s'appuya sur l'épaule de Gérard et se dirigea, tout en boitant vers la maison.

A peine remis de cette violente secousse, il renouvelait ses remercîmens à son ami d'un ton cordial et empressé. Quand ils arrivèrent dans une pièce intérieure servant de bureau particulier à monsieur Surin, Amédée cessa tout à coup de parler et s'arrêta.

— Qu'as-tu donc? — demanda Gérard avec inquiétude, — est-ce ta jambe te fait toujours souffrir?

— Non, non, ce n'est pas ma jambe... Je ne sais ce qui se passe en moi... sans doute la fatigue, l'émotion... je ne me sens pas bien.

A la lueur d'une bougie oubliée dans cette pièce solitaire, Gérard se mit à l'examiner avec anxiété. Les traits du jeune Surin s'étaient subitement décomposés; ses joues prenaient des teintes livides; il devenait méconnaissable. En même temps il éprouvait un tremblement étrange et il chancelait.

— Amédée! — s'écria Gérard épouvanté, — mon pauvre Amédée, est-ce que tu te trouves mal? — Amédée ne répondit pas et tomba de sa hauteur sur le plancher. Tout son corps était agité par des tressaillemens convulsifs; ses cheveux se dressaient sur sa tête; sa poitrine haletait; aux coins de sa bouche apparaissaient quelques flocons d'écume blanche et comme savonneuse. — Au secours! mon Dieu! au secours! — s'écria Gérard éperdu. Mais

aussitôt je ne sais quel horrible soupçon l'avertit qu'il devait se taire. Il cessa d'appeler et tenta de relever son malheureux camarade. Mais la crise semblait s'accroître de minute en minute; Amédée n'avait plus aucune connaissance et les spasmes redoublaient. Les soins d'un médecin paraissaient de la plus absolue nécessité. Gérard, presque fou de douleur, court chercher le docteur. On ne remarqua pas sa présence au milieu du tumulte qui régnait encore dans la cour. Chardin était en train de panser un blessé. — Venez, — lui dit Gérard à voix basse;

— Amédée éprouve un mal effrayant et subit... il paraît mourant; venez dans le cabinet de monsieur Surin.

Le docteur se redressa vivement.

— Un mal effrayant et subit! — répéta-t-il; — oui, oui, les événemens de cette soirée ont pu déterminer dans son organisation un ébranlement fatal. — Il ajouta : — Avertissez son père... je vous rejoins à l'instant.

Gérard aperçut monsieur Surin au milieu d'un groupe, à quelque distance. Il alla prendre le manufacturier par la main et l'invita tout bas à le suivre. Son air bouleversé faisait prévoir une grave nouvelle. Aussi le père d'Amédée s'excusa-t-il auprès de ses interlocuteurs et se laissa conduire vers la maison.

— Qu'est-ce donc, mon bon Gérard? — demanda-t-il avec inquiétude tout en marchant.

— Préparez votre courage, monsieur Surin, — répliqua Gérard d'une voix étouffée; — je crois que les plus grands malheurs de la soirée ne sont pas ceux que vous connaissez...

— Que veux-tu dire, mon garçon? Est-ce qu'Amédée...

Gérard lui montra par un geste de désespoir le pauvre enfant étendu sur le plancher.

Surin se pencha vers son fils et le contempla d'un air farouche :

— Oui, oui, — s'écria-t-il enfin d'un ton qui faisait frémir, — je les reconnais ces épouvantables symptômes qu'éprouvait aussi sa malheureuse mère! Oh! jusqu'ici j'avais espéré... Mon Dieu! mon Dieu! ne m'avez-vous donc pas assez cruellement frappé?...

— Quoi! monsieur, — demanda Gérard glacé de terreu, — ce serait....

— C'est une attaque de nerfs, — interrompit Surin en lui posant une main sur la bouche; — ne dis pas que c'est autre chose, Gérard. N'est-ce pas, docteur, — ajouta-t-il en s'adressant à Chardin qui parut en ce moment, — n'est-ce pas, docteur, que c'est une attaque de nerfs?

Le docteur ne jeta qu'un coup d'œil sur le malade, et ses traits prirent l'expression d'une triste certitude.

— Je ne m'étais pas trompé, — murmura-t-il; — Gérard, monsieur Surin, aidez-moi; nous allons le transporter dans sa chambre.

— Ainsi donc, — demanda le manufacturier éperdu, — plus de doutes, plus d'espoir, plus rien?

Le docteur ne répondit pas.

Surin fit entendre un sourd gémissement et s'évanouit.

— Eh bien! Gérard, — dit Chardin d'un ton solennel, en montrant les deux corps privés de sentiment, — envierez-vous encore le bonheur de cette famille?

IX

AMOUR ET AMITIÉ.

Le matin qui suivit cette nuit si pleine d'événemens, le calme le plus profond régnait à la manufacture du Prieuré. Les travaux étant interrompus, on n'entendait plus dans les ateliers ce bruit imposant qui s'en élevait d'ordinaire. La cour principale restait déserte; seulement les bottes éperonnées d'un gendarme en faction retentissaient de temps en temps sur le pavé, car la force publique avait cru nécessaire d'occuper l'usine, par crainte de quelque nouvelle tentative des coalisés.

Le jour était déjà grand quand Amédée Surin, à la suite d'un sommeil assez calme, ouvrit les yeux et regarda curieusement autour de lui. Une demi-obscurité régnait dans sa chambre et l'empêchait de distinguer les objets. Mais au premier mouvement qu'il avait fait, une personne assise dans l'ombre s'était levée tout à coup et s'était avancée sur la pointe du pied.

— Qui est là ? — demanda le malade avec étonnement.

— C'est moi, mon cher Amédée, — répliqua Gérard d'un ton affectueux; — comment te trouves-tu maintenant ?

— Mais pas mal, quoique un peu brisé. Ah çà ! Gérard, que diable fais-tu chez moi ? — Son ami, sans répondre, ouvrit les volets et laissa pénétrer dans la chambre un éblouissant rayon de soleil. Le plus grand désordre régnait dans cette pièce, qui, nous devons le dire, ne présentait pas habituellement un aspect de régularité parfaite; mais, en ce moment surtout, c'était une confusion de meubles et de vêtemens à ne pas se reconnaître. Des sièges étaient renversés; les habits qu'Amédée portait la veille et qu'on avait arrachés avec effort jonchaient le plancher. Les rideaux de l'alcôve pendaient en lambeaux. Un guéridon, sur lequel brûlait encore une veilleuse, était surchargé de fioles étiquetées, de tasses et de cuillers. — Ai-je donc eu là fièvre ? — s'écria-t-il.

— Oh ! presque rien. Un accès était inévitable après cette violente attaque de nerfs qui nous a tant effrayés.

— Une attaque de nerfs !... En vérité, Gérard, je ne sais trop ce qui s'est passé depuis le moment où je suis tombé dans le bureau de mon père... Gérard, — continua-t-il, — où donc est mon père maintenant ?

— Un magistrat vient d'arriver du chef-lieu pour commencer une enquête sur les événemens d'hier, et monsieur Surin est allé le recevoir...

— C'est bizarre ! — répétait Amédée, — c'est bien bizarre !... Ma pauvre mère avait aussi des attaques de nerfs !

— Hein ! qu'y a-t-il ? — demanda Gérard avec inquiétude; — est-ce que tu souffres ?

— Moi, pas du tout, — répliqua Surin en s'efforçant de sourire, — sans cette maudite jambe que j'ai peine à remuer, je me lèverais et j'irais voir en bas ce qui se passe.

— Il n'y faut pas songer pour aujourd'hui, mon garçon; le docteur Chardin a commandé le repos le plus absolu jusqu'à son retour.

— Eh bien ! alors, raconte-moi les nouvelles. Maintenant sans doute tout est calme à la manufacture ?

Gérard lui donna les explications qu'il demandait. Petit-Jean, l'un des principaux meneurs, était arrêté. Un mandat d'amener était lancé contre cet insolent drôle qu'on appelait le Parisien, que on supposait qu'il avait d'anciens comptes à régler avec la justice; mais il avait trouvé moyen de s'enfuir.

En ce moment quelqu'un frappa doucement à la porte; Gérard s'empressa d'aller ouvrir. C'était mademoiselle Louise.

— Est-ce que tu n'es pas encore guéri ? — demanda-t-elle à son frère d'un air d'anxiété.

— Si fait ! rassure-toi, — dit Amédée, en souriant avec malice, — ce ne sera pas moi qui retarderai ton mariage d'une heure. Par exemple, je doute que ma maudite jambe me permette d'ouvrir le bal avec toi. Mais ne t'inquiète pas, tu seras baronne au terme fixé par les grands parens, lors même que je devrais assister à ta noce avec deux béquilles.

— Méchant ! — répliqua mademoiselle Surin toute confuse, — qui pense à la noce maintenant ? Rétablis-toi bien vite, et le mariage aura lieu quand il pourra. Néanmoins, il fut facile de voir que mademoiselle Louise était soulagée d'un grand poids; sa gaieté revint tout à coup. —

Tiens, — ajouta-t-elle, — le docteur t'envoie ceci. Son ordonnance t'en expliquera l'usage.

En même temps, Louise tira de sa poche une fiole qu'elle remit à Gérard.

— Au diable ses drogues ! — s'écria Amédée d'un ton boudeur; — jetez cela par la fenêtre et faites-moi servir quelque chose de plus appétissant. Mais qui donc t'a remis cela, petite sœur ?

— Une personne qui prend un vif intérêt à ta santé, car elle avait ses jolis yeux tout rouges en demandant de tes nouvelles... C'était Léonie.

— Mademoiselle Chardin ! — s'écria Gérard.

— Léonie ! — dit le jeune Surin à son tour avec un transport de joie; — bonne et charmante enfant ! Eh bien ! je prendrai cette potion. Gérard, donne-m'en une cuillerée, donne-m'en une tasse, et tout de suite !

— Mais, mon ami, tu n'y songes pas; ce remède est destiné à panser ta jambe malade !

Louise partit d'un éclat de rire.

— Vraiment ? — reprit Amédée avec enthousiasme, sans se déconcerter; — alors prépare-moi vite des compresses, mon bon Gérard, puisque tu veux absolument être mon garde-malade... Et tu dis donc, ma sœur, — continua-t-il en s'adressant à Louise, — que mademoiselle Chardin prend intérêt à moi ?

— Je le crois bien !... A son arrivée, elle était toute tremblante, elle balbutiait; elle n'a repris un peu d'assurance qu'en acquérant la certitude de ton prochain rétablissement... Ah çà ! mon frère, — poursuivait-elle d'un railleur, — j'ai remarqué depuis longtemps tes gros yeux blancs tournés vers le ciel, et tes soupirs lancés vers les nuages, et tes poses de saule pleureur; mais j'avais cru que toutes ces grimaces sentimentales n'étaient pas à l'adresse de...

— Taisez-vous, petite fille ! — interrompit Amédée; — il ne vous appartient pas de remarquer ces choses-là... Quand vous serez baronne, je ne dis pas... Mais où est mademoiselle Chardin maintenant ?

— En bas, au salon. Avec la permission de mon père, nous allons déjeuner ensemble; puis elle retournera chez elle, en compagnie de son garde du corps, de son porte-respect, vous savez ? ce gros vilain chien qui la suit partout.

— Comment ! Léonie est encore ici — s'écria le jeune Surin ;—que ne me disais-tu plus tôt, Louise ? Je vais m'habiller, je vais descendre; je la reconduirai moi-même à Fontbasse... Allons, sauve-toi bien vite, que je m'habille ! —Il voulut se soulever avec vivacité, la douleur le fit retomber en arrière.—Coquine de jambe ! — murmura-t-il. Les instances de sa sœur et de son ami le déterminèrent enfin à se tenir tranquille.—Eh bien ! alors, — dit le pauvre garçon vaincu par la souffrance, — Gérard me suppléera; il doit avoir besoin de respirer un peu d'air pur et de se dégourdir les jambes; il se chargera d'accompagner mademoiselle Chardin à Fontbasse. Cela te convient-il, Gérard ?

Celui-ci consentit en rougissant.

Louise les observait l'un et l'autre à la dérobée et souriait avec malice. Enfin elle se pencha vers son frère.

— Tu es un sot, — lui dit-elle en l'embrassant.

Puis elle s'enfuit, légère comme un oiseau.

Mais Amédée ne l'avait pas écoutée. A peine eut-elle disparu, qu'il s'écria transporté :

— Félicite-moi, Gérard; je suis au comble de mes vœux... Elle m'aime, Gérard, elle m'aime ! j'en suis sûr maintenant. Léonie !... divine Léonie !... Imagine-toi, mon ami, que, la dernière fois que je l'ai vue, j'ai trouvé l'occasion de lui *déclarer ma flamme*. Nous étions seuls dans le jardin de Fontbasse, et je ne suis pas montré stupide comme l'autre jour. J'étais en verve; je dis à Léonie les plus belles choses du monde. Bref, je fus content de moi.

— Et... que te répondit-elle ? — demanda Gérard d'une voix altérée.

— Pas grand'chose... Elle riait... Je me tus quand j'entendis sa mère qui venait nous joindre. Pendant le reste de ma visite, il me fut impossible de me retrouver seul avec elle; mais sa démarche actuelle, l'inquiétude que lui cause une légère indisposition qui sera finie demain, prouvent suffisamment que ma témérité ne l'a pas offensée, qu'elle partage mes sentimens, qu'elle m'aime enfin... Gérard, est-ce que cela ne te paraît pas clair comme à moi?

Ces illusions juvéniles, ces riantes espérances si naïvement exprimées navraient le cœur de Gérard.

— Je ne sais que te dire, Amédée, — répliqua-t-il avec embarras.

— Tu connais mes projets, — poursuivit l'impétueux jeune homme : — pour cette fois j'irai bon jeu bon argent, j'épouserai cette charmante fille. On a parlé d'obstacles, mais l'or de mon père les aplanira tous, j'en suis sûr. Oui, j'ai fait mes réflexions; depuis trois jours je pense à ce mariage. J'épouserai Léonie... Quelle ravissante petite femme j'aurai là! Elle est si gentille, si gracieuse, si bonne! Je serai bien heureux, Gérard! Oh! tu verras, tu verras! — Et comme Gérard se taisait.—Allons, — reprit le malade, — va bien vite retrouver ma Léonie, et, si l'occasion se présente, parle en ma faveur. Dis-lui combien je suis reconnaissant de son intérêt pour ma santé; peins-lui mon amour dans les termes les plus chaleureux; fais enfin comme pour toi... De mon côté, je te promets de te rendre la pareille auprès de la belle comtesse, à la première occasion.

— Amédée,—répliqua Gérard avec effort,— je t'ai prié de ne pas prendre le nom d'une femme respectable pour sujet d'une injurieuse plaisanterie.

— Mais ce n'est pas une plaisanterie; je t'affirme sérieusement que la comtesse te manifeste un bon vouloir... Allons, allons, — ajouta-t-il en voyant Gérard faire un geste de mécontentement, — n'en parlons plus, puisque tu te fâches, et va bien vite t'acquitter de ta commission auprès de ma chère Léonie.

Gérard s'empressa de sortir; mille sentimens tumultueux remplissaient son âme, et la force lui manquait pour les contenir plus longtemps.

Il s'arrêta dans le corridor qui précédait la chambre, afin de se calmer un peu et de donner un libre cours à ses larmes. Une personne, qui s'était approchée sans bruit le pressa convulsivement dans ses bras. C'était monsieur Surin qui, se dérobant à ses graves occupations, accourut pour voir son fils.

— Mon bon Gérard, — demanda-t-il à voix basse, — est-il vrai que le cher enfant aille mieux ce matin? — Gérard répondit affirmativement. — C'est là l'effet de cette horrible maladie; l'accès passé, il n'y paraît plus. Mais demain, dans huit jours, dans dix ans, l'accès reviendra; il reviendra pour frapper au moment le plus inattendu, tant que mon malheureux fils comptera parmi les vivans; et si Dieu lui donnait des enfans à son tour... Ah! Gérard, Gérard, je suis maudit!

— Silence, monsieur, silence, de grâce! — dit Gérard; — ce pauvre garçon soupçonne peut-être déjà la vérité; il questionne sur son état avec une instance alarmante. Oh! cachons-lui ce funeste secret.

— Ce secret, je le crains, ne saurait maintenant demeurer inconnu,—répliqua monsieur Surin avec un sombre désespoir. — Mais tu dois avoir vu ce matin sa bien-aimée Louise dans la chambre de son frère; paraissait-elle se douter...

— Je ne le crois pas. Mademoiselle Louise, comme tous les gens de la maison, ne juge que sur les apparences, et, en voyant Amédée si calme, elle ne conserve aucune inquiétude.

— Tant mieux, tant mieux! car si son imagination était frappée... O mon Dieu, épargnez du moins celle-là! C'est ma dernière consolation, ma dernière espérance.

En ce moment une voix impatiente s'éleva dans la pièce voisine.

— Ah çà! Gérard, avec qui diable chuchotes-tu donc là-bas? — s'écria le malade en s'agitant sur sa couche.

— Vous voyez, — dit Gérard — il se défie... soyez prudent.

Et il descendit l'escalier, tandis que le manufacturier, après s'être essuyé les yeux avec grand soin, entrait dans la chambre de son fils.

A l'issue du déjeuner, Gérard s'offrit à reconduire Léonie chez elle, comme Amédée l'en avait prié. Mademoiselle Chardin voulait refuser, prenant pour excuse la blessure à peine fermée de Gérard et ses fatigues récentes. Mais le jeune homme insista tant qu'elle finit par céder. Donc, après avoir pris congé de la famille Surin, elle quitta la manufacture en compagnie de Gérard et du robuste Pollux, son défenseur en titre, qui semblait fort irrité de la concurrence.

Bientôt ils s'engagèrent dans ces chemins tortueux et couverts qui conduisaient à Fontbasse. C'était une matinée d'automne fraîche et brumeuse; cependant le soleil, perçant le brouillard, faisait chatoyer des gouttes brillantes sur les feuilles jaunies par les premières approches de l'hiver. La campagne était silencieuse; on n'entendait d'autre bruit que les petits cris des grives dans les pruneliers ou les châtaignes déjà mûres qui, se détachant du sommet de leur arbre natal, tombaient de branche en branche sur le gazon.

Léonie était protégée contre la fraîcheur de la matinée par une mante en mérinos vert, dont le capuchon rabattu laissait voir sa belle tête blonde encadrée d'un petit bonnet de gaze. Gérard, en redingote noire boutonnée jusqu'au cou, s'efforçait, par une coquetterie bien naturelle, de dissimuler sous son chapeau le bandage de sa blessure. Tous les deux avaient une expression de mélancolie et d'embarras naïf qui témoignait d'une parité d'émotions, de caractères et d'idées.

En sortant du Prieuré, Léonie avait accepté le bras de Gérard; mais, sitôt qu'on eut perdu de vue les bâtimens de la fabrique, elle se dégagea doucement.

— Excusez-moi, monsieur,—dit-elle d'un air timide en indiquant Pollux, qui ne cessait de gronder, —cette maudite bête est si jalouse! Nous ne pourrons échanger une parole tant qu'elle vous verra si près de moi.—Ils se mirent donc à marcher côte à côte; le chien, apaisé par cette concession, ne grondait plus et courait en avant, non sans retourner fréquemment la tête. L'observation de Léonie prouvait que la jeune fille était toute disposée à causer. Néanmoins, Gérard demeurait silencieux. Au bout de quelques pas, mademoiselle Chardin reprit : — Vous ne sauriez croire, monsieur Gérard, combien tout à l'heure la gaieté de Louise me faisait mal! Elle croit son frère guéri; elle me parlait des belles robes, des diamans, des cachemires qu'on va lui donner pour son mariage... je ne savois quelle contenance garder... Pauvre amie, elle ne se doute de rien!

— Quoi! mademoiselle, — demanda Gérard avec étonnement, — votre père vous aurait-il dit quelle est la maladie d'Amédée?

— Non, non, monsieur, mais mon père était bien triste ce matin; il ne répondait pas à nos questions et nous l'entendions seulement répéter : « Pauvre Surin! pauvres enfans! » Lorsqu'on est venu le chercher pour aller voir une bonne femme de Faye qui se mourait, ma mère et moi nous avons voulu lui rappeler qu'il était attendu chez monsieur Surin. « Eh! qu'y ferais-je! » a-t-il dit d'une voix sombre, « laissez-moi d'abord soigner ceux que j'ai l'espoir de guérir; j'irai plus tard au Prieuré; rien ne presse. » Puis il est parti; quand mon père agit et parle ainsi, monsieur Gérard, c'est que son malade est perdu.

En même temps, la bonne jeune fille porta son mouchoir à ses yeux. Gérard ne songea pas à la détromper, car la réalité était à peine moins effrayante que les suppositions de Léonie.

— Peut-être l'affection du docteur pour cette famille l'aura-t-elle trompé sur la gravité du mal, — répliqua-t-i les yeux baissés ;—quoi qu'il en soit, mademoiselle, Amédée, sachant votre obligeante démarche, m'a chargé de vous en exprimer ses remercîmens.

— Des remercîmens ! Et pourquoi donc ? Nous n'avions personne ce matin pour apporter cette potion au Prieuré, car notre domestique est à la ville. Devais-je donc laisser souffrir ce pauvre Amédée ?

— Un motif particulier, — reprit Gérard avec effort, afin de remplir héroïquement sa tâche, — fait qu'il attache une grande importance à cette visite. Il craignait de vous avoir offensée lors d'une conversation récente à Fontbasse, et il croit voir dans votre vif intérêt pour lui des preuves.

— Des preuves de quoi ? — demanda Léonie en relevant la tête avec une adorable innocence.

— Il supposait... il espérait... — balbutia Gérard, le visage inondé de sueur.

— Allons, monsieur Gérard, — dit mademoiselle Chardin en souriant, — laissons ces enfantillages. Amédée et moi nous avons été élevés ensemble ; avant son départ pour le collège, nous étions comme frère et sœur. Je puis donc lui pardonner ce que je ne pardonnerais volontiers à nul autre. Il a voulu s'amuser en m'adressant des galanteries, qui dans sa bouche n'ont aucune importance ; je serais fâchée cependant qu'on se souvînt de ces propos en l'air que j'avais oubliés déjà moi-même.

Gérard écoutait, ne sachant si cette réponse était suggérée par une candeur réelle ou par cette duplicité dont la plus naïve créature féminine n'est jamais complètement dépourvue. Mais il y avait tant de naturel dans le ton de Léonie, que le doute paraissait impossible.

On fit quelques pas sans parler.

— Ainsi donc, mademoiselle, — reprit enfin Gérard,— vous n'aimez pas Amédée ?

— Je ne l'aime pas ! — s'écria la jeune fille chaleureusement ; — pouvez-vous penser pareille chose ? Moi ne pas aimer mon ami d'enfance, le frère de Louise, le fils de cet excellent monsieur Surin ! Mais, tenez, monsieur Gérard, — continua-t-elle d'un ton boudeur, — vous voulez vous railler de ma simplicité... De pareilles folies ne m'étonneraient pas de la part de cet étourdi ; mais vous, si raisonnable et si bon, vous dont mon père dit tant de bien, vous que tout le monde aime déjà dans le pays et que l'on cite comme modèle aux jeunes messieurs du voisinage, c'est mal de me tourmenter ainsi... c'est bien mal, je vous assure !

Et la pauvre enfant fit une petite mine comme pour retenir ses larmes.

— Pardonnez-moi, mademoiselle, — répliqua Gérard fort ému lui-même, — j'accomplissais une mission dont j'avais été chargé par un ami malheureux... Je suis d'autant plus excusable que, pour la remplir, j'avais dû faire violence à des sentimens... personnels...

Il s'interrompit. Léonie le questionna du regard ; mais il baissa la tête sans rien ajouter.

Pendant cette conversation, ils étaient arrivés à la croix du carrefour où Gérard avait vu Léonie pour la première fois, quelques jours auparavant. Sur les landes plates et arides qui l'environnaient, on n'apercevait qu'une volée de corbeaux s'ébattant au soleil et poussant des croassemens sinistres. Les deux jeunes gens marchaient en silence, lui tremblant et agité, elle pensive et timide. Pollux bondissait autour d'eux, le nez au vent et l'oreille dressée, comme si quelque chose eût éveillé sa défiance dans ce lieu désert.

Tout à coup Léonie s'arrêta.

— Qu'avez-vous, monsieur Gérard ? — demanda-t-elle avec épouvante ; — d'où vient ce sang ? Grand Dieu ! votre blessure se serait-elle rouverte ?

Gérard porta la main à son visage. En effet, soit que le mouvement de la marche eût dérangé le bandeau qui ceignait sa tête, soit que l'agitation morale, en imprimant à son sang une activité nouvelle, eût détruit le travail de cicatrisation, sa blessure venait de se rouvrir ; de légers sillons rouges couraient sur sa figure.

— Ce n'est rien, mademoiselle, — répondit-il ; — ne vous effrayez pas. Si seulement j'avais un peu d'eau fraîche...

— Par ici... nous trouverons une source, — dit Léonie en indiquant un léger enfoncement couvert de joncs et de broussailles à quelques pas du chemin ; — venez vite.

— Quoi ! mademoiselle, vous voulez...

— Venez, venez donc !

Et, le prenant par la main, elle l'entraîna vers la source. Gérard se laissa conduire machinalement. Le soupçonneux Pollux parut d'abord prendre en mauvaise part ce changement de direction ; mais bientôt son instinct, qui touchait presque à l'intelligence, l'avertit sans doute qu'il n'avait pas sujet de s'alarmer pour sa jeune maîtresse, et, tournant son attention d'un autre côté, il alla flairer d'un air inquiet les buissons environnans.

La source était une de ces petites fontaines appelées *mouillères* dans le pays, qui proviennent des infiltrations pluviales. Elle distillait à peine quelques gouttes d'eau pendant les chaleurs de l'été ; mais, à cette époque avancée de la saison, le petit bassin était plein d'une eau limpide qui formait un rivelet de huit ou dix pas de longueur, absorbé bientôt par le sable de la lande.

Gérard trempa son mouchoir dans la fontaine et tenta de faire disparaître le sang qui descendait le long de ses tempes. Mais mademoiselle Chardin voulut se charger seule du pansement. Le jeune homme, après s'en être défendu, finit par se soumettre aux exigences de sa jolie sœur de charité. Il se mit à genoux sur l'herbe, afin qu'elle pût plus commodément remplir son office.

Gérard était immobile et retenait son haleine. A chaque instant, les doigts blancs et effilés de Léonie venaient effleurer son visage. Son cœur battait à soulever sa poitrine, mais il ne faisait aucun mouvement et restait muet.

Le bandeau, tout imprégné de sang, était hors de service. Mademoiselle Chardin, ne sachant comment le remplacer, ôta tranquillement son léger fichu de soie et en entoura la tête de Gérard pour maintenir les compresses. Au contact de ce tissu parfumé, tiède encore, Gérard tressaillit ; il leva vers Léonie ses yeux humides en balbutiant :

— Ah ! mademoiselle, que je suis heureux de cette blessure !

Léonie ne parut pas l'avoir entendu. Dès qu'elle eut maintenu le nouveau bandage avec des épingles tirées de sa toilette, elle reprit d'un air satisfait :

— Allons, c'est fini... Levez-vous maintenant.

Gérard n'avait pas la force d'obéir ; l'émotion le suffoquait.

— Mademoiselle ! — dit-il d'une voix éteinte ; — Léonie... Ah ! si vous saviez...

Et comme Léonie, ne comprenant rien à cette apparente faiblesse, lui tendait la main, Gérard, transporté, saisit cette main et la pressa contre ses lèvres.

Plus surprise qu'effrayée de ce mouvement, mademoiselle Chardin recula d'un pas ; au même instant un éclat de rire ironique et saccadé, suivi presque aussitôt des aboiemens furieux de Pollux, retentit derrière un bouquet de broussailles voisin de la croix.

Gérard se releva d'un bond. Un homme venait d'apparaître vêtu d'habits déchirés, une mauvaise casquette enfoncée sur les yeux, un gros bâton à la main. La présence de ce personnage suspect dans cet endroit solitaire était, on en conviendra, peu rassurante par elle-même ; et le jeune homme n'en conçut que plus d'alarmes en reconnaissant le Parisien, cet ouvrier qui la veille avait été le héros d'une insurrection à la manufacture.

Léonie ne put retenir un cri perçant, et se rapprocha de Gérard pour se mettre sous sa protection. Le Parisien, sans s'émouvoir des aboiemens de Pollux, se dirigea vers les deux jeunes gens en ricanant toujours.

— C'est ça, les enfans, — dit-il, — ne vous gênez pas... Voyez-vous ce petit monsieur avec sa figure de papier mâché, et la fillette avec son air de sainte nitouche... Ah! c'est comme ça que vous causez quand maman est sortie?... Merci! on t'en donnera, mon gars, de jeunes poulettes à garder!

Léonie rougit malgré sa frayeur.

— Que dit cet homme? — s'écria-t-elle. — Monsieur Gérard, ne le laissez pas approcher... A moi, Pollux! à moi!

Gérard tira de sa poche un couteau poignard qu'il ouvrit.

Non moins prompt à l'appel de sa jeune maîtresse, le chien vint se placer devant le vagabond et le força par sa contenance menaçante à s'arrêter tout à fait.

— Que nous voulez-vous? — dit Gérard avec fermeté; — qui vous a donné le droit de nous adresser des propos insolens? Passez votre chemin, malheureux! Allons, partez!... Vous voyez bien que vous effrayez cette dame... Et d'ailleurs la gendarmerie, qui vous cherche, ne saurait être bien loin d'ici.

— Tiens, déjà? — répliqua le Parisien en regardant vivement par-dessus son épaule. — Ma foi! mon garçon, si je suis pincé, je me vengerai. J'ai mon idée sur un certain monsieur de ce pays, quoiqu'il porte la tête assez haut pour voir par-dessus les maisons... Mais rappelez votre bête, — ajouta-t-il d'un ton dédaigneux en indiquant Pollux; — dites-lui de se tenir tranquille. Je n'ai pas affaire à vous; j'ai d'autres chiens à fouetter pour le moment... A revoir donc, mes petits anges, et soyez toujours bien sages; vous avez ma permission pour ça.

Il toucha son bonnet d'un air d'effronterie, tourna sur ses talons, et s'éloigna d'un pas égal. Pollux voulut inquiéter sa retraite, mais le vagabond, sans se retourner, fit voltiger son gourdin avec une dextérité tellement imposante, que l'animal jugea prudent à son tour de se tenir à distance. Néanmoins, il ne cessa d'aboyer que lorsqu'il eut vu le Parisien entrer et disparaître dans un taillis.

— Partons, — dit Léonie encore tremblante, — rendons-nous bien vite à Fontbasse. Si cet homme allait revenir!

— Il ne reviendra pas, mademoiselle, — répondit Gérard en remettant son couteau dans sa poche; — mais il a, je crois, des projets contre lesquels d'autres que nous auront à se tenir en garde. En rentrant au Prieuré, je préviendrai monsieur Surin, car c'est à lui, j'imagine, qu'en veut ce misérable.

— N'importe, n'importe... de grâce, marchons vite..! Je mourrais d'effroi si nous faisions encore une pareille rencontre. — Malgré les instances de son compagnon, elle doubla le pas. Ce fut seulement en apercevant de loin les premières maisons de Fontbasse qu'elle parut se rassurer un peu. — Monsieur Gérard, — reprit-elle, — n'allez pas plus loin... Vous voyez là-bas la maison de mon père, et, à moins que vous ne consentiez à venir vous y reposer un moment... — Gérard balbutia quelques excuses.— Adieu donc et recevez mes remercîmens pour l'appui que vous m'avez prêté. si vous m'en croyez, ne prenez pas par la lande, mais gagnez la grande route, là, sur votre gauche; le chemin est un peu long, mais vous ne courrez plus le danger de rencontrer cet homme affreux qui m'a fait tant de peur.

— Ah! mademoiselle, — s'écria Gérard avec entraînement, — je ne redouterais pas mille rencontres de ce genre, au prix d'une minute semblable à celle que j'ai passée tout à l'heure à la fontaine!

Léonie ne parut pas comprendre cette allusion mieux que les autres; elle salua d'un geste amical, et dit encore en s'éloignant:

— Vous rendrez le mouchoir à mon père... Adieu... Ne prenez pas la lande!

Avant de rentrer à la maison, elle se retourna plusieurs fois pour jeter un sourire à Gérard.

Celui-ci restait debout à la même place.

— Je l'aime, mon Dieu! je l'aime! — murmura-t-il en la voyant s'éloigner.

X

AU COIN D'UN BOIS.

Le même jour et à peu près à l'heure où Gérard quittait mademoiselle Chardin pour retourner au Prieuré, on achevait de déjeuner dans la vaste salle à manger du château de Bermondet. Le baron et la chanoinesse étaient seuls. Achille, soit fatigue, soit préoccupation, s'était montré soucieux pendant le repas et n'avait pas touché les mets servis devant lui. De son côté, la comtesse ne paraissait pas jouir de sa sérénité d'âme habituelle; l'œil vague et le front pensif, elle ne songeait pas à relever la conversation, qui tombait à chaque instant, et de fréquens soupirs soulevaient la gaze transparente de sa blanche poitrine.

Cependant, quand le vieux domestique cérémonieux qui servait à table se fut retiré, la chanoinesse parut enfin sortir de sa rêverie.

— Mais vraiment, Achille, — dit-elle en essuyant minutieusement avec sa serviette de Saxe un joli couteau de dessert à manche d'émail et à lame d'or, — nous voilà bien maussades l'un et l'autre... Moi, je souffre de ma migraine, et je suis excusable; mais, vous, que vous est-il arrivé? Voyons, les événemens de la nuit dernière menaceraient-ils votre mariage d'un nouveau retard?

— J'espère que non, ma bonne tante, — répliqua le baron en la remerciant de son intérêt par un sourire; — les actes sont prêts, les effets de noces arriveront de Paris d'un moment à l'autre. Nous pourrons donc signer le contrat à la fin de la semaine prochaine... Mais vous savez combien d'obstacles pourraient rompre ce mariage, le terme en fût-il encore plus rapproché.

Madame de Bermondet fit une petite moue de mécontentement.

— Achille, — reprit-elle, — vous êtes trop ingénieux à vous tourmenter. Monsieur Surin paraît vouloir mettre en oubli ce funeste passé; que souhaitez-vous de plus?

— Tenez, ma tante, s'il faut l'avouer, vos aveux n'ont pas été, je le crains, assez nets, assez précis. Je ne comprends pas que monsieur Surin, cet homme d'une probité sévère, se soit montré si facile. Avant de mourir, mon père m'a pardonné; vous, ma tante, vous prenez chaque jour à tâche de me relever à mes propres yeux, en me comblant d'égards et de tendresse; mais qui pourrait atteindre à la sublime indulgence d'un père, à la charité sans bornes d'une femme telle que vous? Peut-être un jour monsieur Surin, en apprenant la vérité dans toute sa laideur, me reprochera-t-il de l'avoir indignement trompé...

— Et que savez-vous, Achille, — dit la chanoinesse avec un fin sourire, — s'il ne consent pas lui-même à se laisser tromper? Il est probable, à Dieu ne plaise que j'élève un doute à cet égard! mais il est ambitieux comme un parvenu; le désir de voir sa fille entrer dans notre famille peut l'aveugler sur beaucoup de choses. Qui sait s'il n'a pas reculé sciemment devant une explication catégorique? Il semblait avoir, comme nous, un secret de famille à révéler; qui sait si de mystérieuses compensations ne se sont pas établies dans sa tête, et s'il n'a pas jugé convenable de se montrer peu sévère pour nous, afin que nous fussions moins sévères pour lui?

— Il aurait des secrets aussi? Que pourrait-ce donc être, ma tante?

— Il m'a semblé qu'il faisait allusion à quelque maladie

héréditaire dans sa famille ; mais comme Louise et son frère, que nous connaissons depuis leur enfance, ont toujours joui d'une santé parfaite, je n'ai pas cru devoir vous parler de cet excès de scrupules. Allons! mon pauvre Achille, ayez l'esprit en repos. J'en ai dit assez à monsieur Surin pour éveiller en lui le désir d'une révélation complète ; s'il ne l'a pas exigée, c'est qu'il avait ses raisons pour cela. D'ailleurs, pourquoi vous inquiéter désormais? Qui pourrait découvrir en pareil secret dans ce pays retiré? Depuis six ans que vous habitez Bermondet, aucun de ceux qui nous approchent n'a-t-il eu l'ombre d'un soupçon? Enfin, mon ami, monsieur Surin, quoi qu'il apprenne maintenant, ne serait plus en droit de se plaindre et de récriminer. Rassurez-vous donc ; secouez cette tristesse sans sujet ; redevenez vif et joyeux comme d'habitude.

— Ah! ma tante, — répliqua le baron en soupirant, — cette gaieté, vous le savez bien, n'est que superficielle et passagère... Mais je vous remercie de vos consolantes paroles. Je me sens plus calme, j'ai meilleure foi dans l'avenir. J'aime Louise autant que je peux aimer après les agitations de ma vie passée, et cependant, ma tante, je crains fort de ne pas trouver en elle la générosité, l'élévation d'idées et de sentiments que j'admire en vous.

— Prenez garde, Achille, — répliqua la chanoinesse d'un ton mélancolique,— peut-être aussi mon indulgence n'est-elle pas désintéressée... Eh bien! mon neveu, — continua-t-elle d'un ton indifférent en voyant le baron se disposer à sortir, — Ne pensez-vous pas, que je devrais aller moi-même au Prieuré pour avoir des nouvelles de... ces pauvres enfants blessés?

— Comme vous voudrez, ma tante ; cependant...

— Oui, vous avez raison, Achille, — interrompit vivement madame de Bermondet sans lui donner le temps d'exprimer sa pensée ; — cet empressement pourrait éveiller des soupços.... Je n'irai pas ; j'enverrai quelqu'un.

— Des soupçons? — répéta le baron avec étonnement ; — quels soupçons pourrait exciter cette démarche toute naturelle?

— Ai-je dit des soupçons? — balbutia madame de Bermondet en rougissant un peu ; — la langue m'a tourné sans doute. Enfin, je n'irai pas... Mais je ne vous retiens plus, Achille ; adieu... soyez raisonnable, et, croyez-moi, votre pauvre tante a bien aussi ses ennuis.

Elle tendit la main au baron et regagna précipitamment sa chambre.

Un instant après, Achille de Bermondet traversait le jardin et le parc ; puis, ouvrant, au moyen d'une clef qu'il portait toujours sur lui, le pavillon de chasse, il s'engagea dans la forêt.

Sa conversation avec la chanoinesse avait disposé son esprit aux idées douces ; son humeur noire se dissipait, l'avenir se montrait à lui maintenant sous un riant aspect. Il se confirmait dans l'espoir qu'un voile impénétrable couvrirait à tout jamais les fautes de sa première jeunesse. Alors, que lui manquerait-il? Riche, bien portant, héritier d'un nom ancien et respecté, il allait épouser une jeune fille charmante, dont la fortune, jointe à la sienne, le rendrait le plus opulent propriétaire du département. Sans doute la carrière des honneurs devait lui rester fermée par suite de sa position exceptionnelle ; mais ne trouverait-il pas à ce désavantage, qui l'inquiétait peu, du reste, de larges compensations? Il aurait des haras splendides ; son chenil exciterait l'envie de tous les véneurs ; il ajouterait une aile à son château. Enfin, tout en marchant,

il rêvait d'or ; et, sans qu'il s'en aperçût, il chantonnait un joyeux refrain.

Bientôt il quitta la grande allée pour prendre une route de chasse qui devait le conduire à sa destination. Cette partie de la forêt paraissait très solitaire ; mais que pouvait-il craindre sur ses propres domaines, dans un lieu que ses gardes-chasse battaient jour et nuit pour surprendre les braconniers et les voleurs de bois? D'ailleurs, le baron était robuste, adroit, et dans le jonc à pomme d'or qu'il tenait à la main se trouvait une courte épée dont il saurait faire usage en cas de nécessité.

Il atteignit un petit vallon ou plutôt un ravin qui s'enfonçait entre deux collines boisées. Quoique le soleil fût alors à son midi, la lumière et la chaleur ne pénétraient que faiblement dans ce ravin, où le brouillard, formé la nuit précédente, n'avait pu disparaître encore tout à fait. Le fond était embarrassé de rochers et d'inextricables ronces qui n'eussent pas permis de s'écarter du sentier tracé.

Un ruisseau d'eau vive se frayait passage à travers ces obstacles ; mais on le voyait à peine sous les broussailles et les plantes parasites. Un petit pont délabré, rongé de mousse et de lierres, était jeté sur le courant de l'eau. Le tout formait l'idéal d'un coupe-gorge.

Le baron allait franchir distraitement le pont, quand un frôlement dans les branchages lui fit retourner la tête. Aussitôt le Parisien, avec ses vêtements délabrés et son énorme bâton sortit du bois et vint se placer au milieu du chemin. Cette figure de bandit semblait être le complément de ce lieu sauvage et s'harmonier parfaitement avec lui.

Monsieur de Bermondet eut un mouvement de crainte ; mais cette impression dura peu ; plein de confiance en lui-même, il surmonta son trouble aussitôt. S'arrêtant à quelques pas du vagabond, il dégagea le dard de sa canne et dit avec assurance :

— Eh bien! drôle, prétendrais-tu me disputer le passage? Que demandes-tu?

Mais le Parisien ne bougeait pas et le regardait fixement.

— Oui, oui, c'est bien ça! — murmura-t-il comme à lui-même. Puis, touchant légèrement sa casquette du bout des doigts, il dit avec un mélange d'insolence et de politesse :

— Pardon, excuse, mon bourgeois; c'est à seule fin d'avoir un bout de conversation avec vous... On m'avait bien dit que je vous rencontrerais par ici. Je payerai quelque chose au brave garçon qui m'a si bien renseigné.

— Parbleu! l'ami, — reprit le baron avec un sourire méprisant, — si tu veux me parler, tu choisis singulièrement le lieu!

— Dame! que voulez-vous, bourgeois, on n'a pas un beau salon pour y recevoir les gens comme il faut ; et m'est avis que si j'avais eu le toupet de me présenter dans le vôtre, vous m'auriez joliment secoué... hi! hi! hi!

Et le coquin se mit à rire en se tordant la bouche d'un air narquois.

Achille ressentait un malaise étrange, sans pouvoir se rendre compte du motif, car dans une lutte corps à corps il se croyait sûr d'avoir l'avantage. Cependant il fit bonne contenance et reprit d'un ton résolu :

— Ah çà! vas-tu me retenir longtemps ici? Je n'ai rien de commun avec toi. Si tu veux me parler, viens au château demain, et je t'écouterai ; pourvu que j'en aie le loisir... Maintenant laisse-moi passer, ou j'appelle un de mes gardes-chasse ; au besoin même je n'aurais besoin de personne pour te mettre à la raison.

Ces menaces et cette contenance fermes n'imposèrent nullement au Parisien, qui continua de ricaner sans changer de place.

— Ma foi! bourgeois, — dit-il, — si vous appeliez les gardes, vous seriez plus attrapé que moi. Quant à votre dard, je m'en soucie comme de l'aiguillon d'une guêpe...

Voyons, ne nous fâchons pas, que diable! nous sommes d'anciennes connaissances.

— Ah çà! mon cher, vous voulez plaisanter, je crois? — reprit le baron d'un ton déjà moins résolu; — où donc aurais-je pu connaître un drôle de votre sorte?

— Pas d'injures, ou je me mets en colère, — répliqua le Parisien d'un air de fierté blessée. — Voyons, la main sur le côté gauche de la veste, est-ce que tu n'es pas l'Habit-Noir? Ose donc dire un peu que tu n'es pas l'Habit-Noir?

Achille de Bermondet pâlit légèrement; néanmoins il répondit d'une voix ferme:

— Je ne vous ai jamais vu.

— Oh! pour le coup, c'est trop fort! — s'écria le vaurien avec indignation; — renier ainsi les amis! Quand je dis amis, c'est vrai que nous n'avons jamais été compère et compagnon ensemble; tu faisais le fier; pas moyen de manger au plat avec toi. Mais tout de même nous nous sommes trouvés là-bas.... tu sais.... au Marché-aux-Veaux.

— Au Marché-aux-Veaux! — répéta le baron machinalement.

— Eh oui! c'est ainsi que nous appelons Poissy et la grande maison où le gouvernement engraisse une bande de bons garçons... Tu ne te souviens pas de moi? On m'appelait le Parisien, j'avais le numéro 147. Les curieux m'avaient envoyé là pour quelques misères que j'avais faites à la manufacture de Sèvres... Mais, bête que je suis! — ajouta le misérable en se frappant le front, — j'oublie une chose: tu pouvais bien me voir en allant et venant dans les préaux, mais tu ne savais pas mon nom; c'est qu'on te protégeait fièrement toi! D'abord, tu logeais à part et tu ne descendais pas dans la cour aux mêmes heures que nous; ensuite tu ne portais pas l'uniforme de la maison, et c'est pour ça que nous t'appelions l'Habit-Noir. Et puis, tu n'es pas resté longtemps dans la mue. On t'avait condamné pour trois ans, et voilà qu'au bout de deux mois on t'a fait filer... Sans te vanter, camarade, tu devais avoir dans la manche quelqu'un dont le bras était diablement long pour t'en tirer comme ça.

Le descendant de l'illustre famille des Bermondet rougissait et pâlissait tour à tour; son visage ruisselait de sueur, ses jambes fléchissaient sous lui. Néanmoins il reprit avec effort:

— Que m'importent toutes ces infamies! Vous me prenez pour un autre; je suis le baron de Bermondet.

— Minute! mon vieux, ça ne prend pas! — dit le Parisien d'un ton railleur; — d'abord, en te retrouvant là-bas, à la cassine du père Surin, je m'ai dit: « Ça peut pas être l'Habit-Noir, quoiqu'il lui ressemble comme un œil à l'autre quand on a l'œil pas borgne. » Étant à Poissy, j'avais eu l'idée de savoir ton véritable nom; je payai donc à boire à certain gratte-papier qui me permit de lire dans les registres d'écrou: c'est une bonne précaution à prendre quand on connaît en prison quelqu'un comme il faut; on en profite plus tard pour faire chanter les jobards... Eh! eh! c'est une ruse de l'état. — Donc, — continua-t-il, — voyant qu'ici tu passais pour un véritable baron, j'étais d'abord tout interloqué. J'avais lu sur les registres d'écrou: Bernard-Louis-Achille Gonthier, et tu t'appelais maintenant baron de Bermondet; c'était embarrassant, et je me disais toujours: « Faut que ce ne soit pas ça! » Mais l'autre jour, en flânant à la manufacture, j'avise par hasard une grande affiche sur laquelle on avait griffonné les noms de ceux qui se marient. Je m'approche sans penser à mal, et qu'est-ce que je vois? l'annonce du mariage de monsieur Bernard-Louis-Achille Gonthier, baron de Bermondet, avec la fille du père Surin... Pour le coup j'ai compris le tour... Mon farceur avait deux noms, un pour là-bas, l'autre pour ici, et c'était ce qui m'avait blousé... Mais t'es connu maintenant, petit; on n'est pas si bête qu'on en a l'air, et je suis un trop vieux merle pour qu'on me prenne deux fois à même glu.

En présence de ces explications si claires et si péremptoires, le malheureux Achille était atterré. Jamais, depuis six ans qu'il s'était confiné dans ses terres, la possibilité d'une rencontre pareille ne s'était présentée à son esprit. Il croyait toutes les précautions prises pour assurer son secret, et voilà que tout à coup s'ouvrait à ses pieds un effroyable abîme dont il n'avait pas même soupçonné l'existence. Cependant il reprit avec volubilité, comme impatient de connaître son sort:

— Eh bien! quand même je serais le malheureux dont vous parlez, qu'attendriez-vous de moi?

Sa contenance exprimait tant de douleur, de désespoir et de honte, que le Parisien lui-même, cet habitué des prisons et des tapis-francs, ressentit une sorte de pitié.

— Voyons, te chagrine pas trop, l'Habit Noir, — dit-il avec un mélange de grossière bienveillance et de protection; — t'as eu des malheurs; qui n'en a pas? Mais les amis ne sont pas des Turcs; je serai pas méchant avec toi... D'autres, pas grand'chose, des mal élevés, te demanderaient ceci, puis cela; l'un voudrait ton château, l'autre tes forêts, ou ton argenterie, ou tes écus; moi, je suis artiss et bon enfant, je te demanderai des bagatelles, presque rien, le moyen de me tirer tant seulement de la débine où je suis tombé momentanément. — Et comme le baron se taisait toujours, attendant la conclusion de ces prémisses, le Parisien reprit en s'appuyant nonchalamment sur son gourdin: — Écoute, je te parlerai de bonne amitié... Je suis en rupture de ban, et depuis l'affaire de Poissy d'autres affaires me sont survenues. À vrai dire, la justice et moi nous ne nous sommes jamais beaucoup aimés, si bien que je suis obligé de me cacher et de ne pas trop faire la roue au soleil. Ne sachant que devenir, j'ai voulu tirer parti de mon ancien état, et je suis venu demander de l'ouvrage à ce vieux bêta de Surin, qui m'en a donné, quoique je n'eusse pas de papiers. C'était à merveille; mais la poussière de la pâte à porcelaine m'offense la poitrine, et puis c'est pas amusant de travailler... Aussi j'ai tenté de manigancer quelque chose avec ces jobards d'ouvriers de la fabrique, parce que dans la gabarre j'avais l'espoir de poser la griffe sur le magot du bourgeois... Mais, bah! ces ouvriers de campagne, c'est si lourd, si bouché! Ils n'étaient pas à ma hauteur, et le coup a manqué... Si bien que me voilà sur le pavé, crevant de faim, avec la perspective d'être happé par un gendarme sitôt que je montrerai mon nez quelque part. — Le Parisien se taisait toujours; mais l'expression de la terreur avait fait place sur son visage à celle d'une réflexion profonde. — Tu vois donc ce qu'il te reste à faire, en bon camarade, — continua le repris de justice avec assurance; — comme depuis hier je n'ai mangé que des mûres de buisson et des châtaignes crues, tu vas me conduire là-bas à ton château, tu commanderas qu'on me serve quelque chose de chaud avec un coup à boire. Ensuite tu me compteras dix mille balles, soit en or, soit en billets de banque, à ton choix, et tu me passeras un écrit par lequel tu t'engageras à me servir, ma vie durant, une rente de douze cents balles par an, payable où je voudrai... Tu le vois, je suis accommodant. Qu'est-ce que de pareilles misères pour un homme aussi riche que toi? Sans compter que la petite Surin, ta future, va t'apporter des millions dans son tablier. Ah! j'oubliais... Tu diras encore au père Surin, maire de la commune, de dire à ses gendarmes de me laisser tranquille, et puis je crois que c'est tout.

Achille frémit. Ces exigences dépassaient tout ce qu'il avait pu craindre de plus terrible. Les sommes qu'on demandait ne lui paraissaient pas exorbitantes; il eût donné sa fortune entière pour acquérir une parfaite sécurité; mais la rente viagère, condition principale de cet abominable marché, devait le mettre pour toujours sous la dépendance du scélérat, et il redoutait plus que la mort les angoisses auxquelles, en acceptant, il serait désormais condamné.

— Et dites-moi, mon cher, — reprit-il avec une colère factice qui ne pouvait tromper son interlocuteur, — qu'ariverait-il si je refusais de satisfaire à vos insolentes prétentions?

— Allons donc, l'Habit Noir, tu ne serais pas niais à ce point... Tu sais bien qu'en demandant si peu je suis généreux comme un prince et que j'y mets du mien... La petite ne te déplaît pas, mon vieux, et tu fais les yeux doux à la dot; tu t'exécuteras sans marchander.

— Cependant...

— Préfères-tu que j'aille trouver le papa Surin et que je lui glisse dans le tuyau de l'oreille en quel endroit nous nous sommes rencontrés pour la première fois?

— Il ne vous croira pas.

— Et pourquoi non? Je lui dirai seulement de s'informer, et il s'informera. Un bout de lettre est bien vite écrit. Quand la réponse arrivera tu recevras ton sac, et la petite avec son minois sera pour un autre, sans compter que moi, de mon côté, j'aurai soin d'apprendre à tes amis et connaissances la cause véritable de cette brouille. Dame! tu comprends bien, mon cher Habit Noir, si nous sommes en guerre, je te la ferai bonne!

— Mais vous oubliez qu'en vous présentant chez monsieur Surin ou chez toute autre personne du pays, vous serez infailliblement arrêté.

— On pourrait user de précautions; mais, si le cas arrivait, vogue la galère!... Un peu plus tôt, un peu plus tard, qu'importe! Je n'ai pas le sou, pas de ressources; les gendarmes vont me pourchasser comme un chien enragé; j'aime autant aller en prison de suite. En prison, le gouvernement vous nourrit; et puis on ne fait rien tant qu'on est en prévention : ça vaut mieux que de coucher dans les bois et de vivre comme j'ai vécu depuis hier au soir... Tiens, l'Habit Noir, j'ai pris mon parti; tâche aussi de prendre bien vite le tien, car c'est assez causé pour le quart d'heure.

Le baron se voyait perdu; il comprenait qu'en effet ce coquin ne reculait devant aucune extrémité pour assurer le succès de son ignoble spéculation. Sans doute Achille n'avait plus à redouter de poursuites judiciaires depuis longtemps; néanmoins l'exécution des menaces du Parisien devait entraîner pour lui les conséquences les plus funestes. Il serait déshonoré; le respect séculaire que l'on avait pour son nom dans le pays s'effacerait à jamais devant la qualification flétrissante de *repris de justice*. Les os de son père tressailleraient d'horreur dans leur tombe; sa bonne et généreuse tante mourrait de honte; ses amis s'éloigneraient de lui; monsieur Surin le repousserait avec indignation; et Louise, cette charmante Louise, dont la gracieuse image lui souriait encore au milieu de ses souffrances de réprouvé, n'aurait plus pour lui que du dégoût et de la haine.

Pendant qu'il calculait ainsi la profondeur du gouffre où l'on voulait le pousser, une pensée infernale traversa son cerveau. Ses yeux se tournèrent tout à coup vers le Parisien, qui se dandinait avec complaisance, comme un homme sûr du filet dans lequel il vient d'enlacer sa proie; mais cette fois son regard n'était plus abattu, morne, presque suppliant; il était acéré, brillant comme cette épée nue qu'il tenait à la main.

— Eh bien! — reprit Achille d'une voix brève et saccadée, — supposons un moment que, pour imposer silence à ces propos injurieux, je puisse accepter vos conditions; qui me garantit que d'autres individus de votre sorte, sachant la spéculation lucrative, ne viendraient pas bientôt me menacer aussi de leurs révélations?

— Oh! pour ça, pas de danger, — répliqua le Parisien avec empressement; — les autres de là-bas n'avaient pas eu l'idée de l'affaire, car certainement ils auraient tenté de me la souffler; tu peux être tout à fait tranquille de ce côté... moi seul je connais ton secret.

— Alors il va mourir avec toi, — dit le baron d'un ton énergique; — défends-toi, scélérat!

Et, par un sentiment de loyauté qui ne l'abandonnait pas, même dans sa frénésie, il se recula, afin de laisser à son ennemi le temps de se mettre en garde, quand il reçut un violent coup de bâton sur la tête.

Le Parisien n'était pas homme à se laisser prévenir. Devinant au geste, au regard, au son de voix d'Achille ce qui le menaçait, il s'était empressé de frapper le premier.

Heureusement la force du coup fut amortie par l'épais chapeau de feutre que portait monsieur de Bermondet, et un mouvement rapide fit glisser la pesante massue le long de son épaule. Cependant le baron eut un éblouissement, il faillit tomber; la colère, l'orgueil blessé, le sentiment de la propre défense lui rendirent sa présence d'esprit; tandis qu'il parait avec son jonc le nouveau coup que lui portait le Parisien, il attaquait à son tour avec la courte lame dont sa main droite était armée.

La lutte fut ardente et silencieuse. Nous savons déjà qu'Achille, comme Gérard, était habile dans l'art de l'escrime; le Parisien de son côté maniait le bâton avec une dextérité qui témoignait d'une grande habitude dans ce genre d'exercice. Néanmoins il eut bientôt le dessous, et le dard de son adversaire s'enfonça tout entier dans sa poitrine.

Le malfaiteur était grièvement blessé; mais, d'une constitution vigoureuse, il ne tomba pas sur le coup. Bermondet, épouvanté déjà de sa victoire, ne songeait pas à la poursuivre, quand son adversaire, réunissant toutes ses forces, le frappa d'un coup de pointe au visage; le sang jaillit avec abondance.

Alors Achille perdit la tête; tous les instincts féroces qui se trouvent parfois à l'état latent dans le cœur de l'homme le plus doux, le plus civilisé, se réveillèrent en lui. Jetant son arme, il se rua sur son ennemi, le prit corps à corps, et tâcha de le terrasser. Quoique perdant lui-même beaucoup de sang, le Parisien ne faiblissait pas; ils parurent chercher mutuellement à s'étouffer. Enfin le Parisien devint livide, ses bras se détendirent, ses jambes fléchirent. Une rude secousse le jeta d'abord sur le chemin; puis glissant le long du talus raboteux contre lequel s'appuyait le petit pont, il alla rebondir contre les grosses pierres qui jonchaient le lit du ruisseau.

Dans le premier moment, Achille n'eut même pas conscience de son triomphe. La campagne tournait autour de lui, quelque chose le serrait à la gorge, sa vue se troublait. Il tomba sur un genou; sa main tremblante cherchait un appui dans le vide. Au bout d'une minute, l'étourdissement cessa; la vie reprit son cours, la pensée lui revint.

Il se souleva péniblement et promena son œil hagard autour de lui; un profond étonnement se peignit sur son visage en ne retrouvant plus son adversaire.

Sa première pensée fut que le Parisien s'était enfui. Il se redressa sur ses pieds, comme un ressort, et saisit son épée. Un faible gémissement, qui semblait sortir de dessous terre, attira son attention. Les cheveux hérissés, les traits décomposés, il se pencha sur le parapet du pont; alors il aperçut au-dessous de lui le corps du Parisien renversé sur le dos. La partie inférieure s'était engagée dans les orties et les ronces, mais le buste et le visage demeuraient parfaitement reconnaissables. La mauvaise veste du malfaiteur, déchirée pendant la lutte, laissait voir sa chemise inondée de sang sur la poitrine. Le visage était blême, la bouche béante; les yeux, à demi ouverts, avaient une fixité farouche. L'extrémité de la tête baignait dans les eaux limpides qui s'enfuyaient insouciantes à travers les menthes parfumées et les boutons d'or.

Monsieur de Bermondet contemplait en silence cet horrible tableau. Le faible gémissement qu'il avait entendu fut suivi d'un second plus faible encore. Le cadavre eut quelques tressaillements convulsifs; les paupières battirent, les doigts se crispèrent; puis ces derniers indices de la vie disparurent à leur tour.

Cependant Achille ne bougeait pas; à son exaspération fébrile succédait une sombre torpeur. Enfin il se releva lentement et fit quelques pas en arrière, les yeux toujours tournés vers le cadavre.

— Il est mort!... — murmura-t-il.

Tout à coup un soupçon affreux surgit dans son esprit: si quelqu'un avait été témoin de la lutte, si quelque garde, caché dans le taillis, avait entendu cette conversation, surpris ce terrible secret! Achille se mit à parcourir d'un air égaré les alentours, sondant les cépées, écartant les touffes de feuillage. Quelques lézards s'enfuirent sur les feuilles sèches, quelque rouges-gorges s'envolèrent dans les buissons, et ce fut tout. Il revint sur le petit pont; sa victime semblait l'attirer par une force magnétique irrésistible. Toujours même pâleur, même immobilité, même silence; un essaim de moucherons aquatiques bourdonnait déjà sur le corps inanimé.

Alors le meurtrier fut pris d'une frayeur extraordinaire. Abandonnant sa canne et son chapeau sur le théâtre de la lutte, il s'enfuit à toutes jambes dans la direction du château. Où courait-il? quel était son projet? il l'ignorait lui-même. La pensée bouillonnait dans son cerveau, ses oreilles bourdonnaient, un voile sanglant passait devant ses paupières, et il fuyait, il fuyait toujours, en proie à cette terreur folle que l'homme brave lui-même éprouve souvent dans ses rêves, quand, poursuivi par des ennemis invisibles, il croit tomber dans le vide d'un précipice sans fond.

XI

VERTIGE.

Le baron atteignit en peu de minutes la cour du château de Bermondet. Quel chemin avait-il pris? comment avait-il ouvert le pavillon de chasse, traversé le parc et le jardin? Il ne put s'en rendre compte plus tard. Il entra dans une écurie destinée aux chevaux de main, et se mit en devoir de seller lui-même son cheval favori.

Un domestique, effrayé de son désordre, accourut et lui offrit ses services.

Achille ne parut pas avoir entendu cette demande, et continua sa besogne.

— Monsieur veut-il me permettre d'harnacher son cheval? — reprit le domestique après un moment d'attente. Même silence farouche de la part du maître, qui cependant ne repoussa pas l'aide qu'on lui proposait. Quand le cheval fut prêt, il le conduisit dans la cour. — Monsieur le baron désire-t-il que je l'accompagne? demanda le valet; — j'aurai bridé *Jacquette* en deux tours de main.

Mais il semblait que la moindre parole dût coûter un cruel effort au malheureux Bermondet. Il se tut encore et se mit en selle; puis, faisant signe au domestique stupéfait de s'écarter, il poussa son cheval vers la grille qui par hasard se trouvait ouverte.

Comme il était sur le point de la franchir, un cri perçant lui fit retourner la tête. La chanoinesse venait d'apparaître à la fenêtre de sa chambre. Voyant son neveu partir ainsi, tête nue, le visage ensanglanté, elle leva les mains au ciel et s'écria d'un ton d'angoisse:

— Achille, mon cher Achille, que vous est-il arrivé? — Le baron parut avoir un moment d'hésitation; son regard s'attendrit en se tournant vers la comtesse. Mais aussitôt le souvenir lui revint; il fit un geste de désespoir et s'élança dans l'avenue de toute la vitesse de son cheval. — Suivez-le! dit madame de Bermondet en appelant les domestiques à grands cris;—que tout le monde le suive!... Allons, hâtez-vous!... Mon Dieu? que s'est-il passé, que va-t-il se passer encore?

Une minute après, tous les gens du château partaient

dans diverses directions, à l'effet de retrouver leur maître qu'ils affectionnaient pour ses manières affables et sa libéralité.

Cependant le baron parcourait la campagne avec une rapidité frénétique. Il n'avait ni cravache ni éperons; mais de pareilles incitations n'étaient pas nécessaires avec sa généreuse monture. Il suffisait à la noble bête de sentir contre ses flancs musculeux les talons désarmés de son maître pour qu'elle dévorât l'espace. Elle semblait donc prise de vertige elle-même, parcourant tantôt les chemins frayés, tantôt les champs en friche et les pacages, franchissant buissons et fossés. Son cavalier ne songeait pas à la diriger; ce qu'il voulait, c'était d'aller vite, c'était de s'éloigner du théâtre de cette scène de meurtre, toujours présente à ses yeux. Cette course effrénée, ces obstacles qu'il croyait mettre entre sa victime et lui semblaient rassurer son imagination malade, et il ne s'inquiétait pas d'atteindre un but déterminé.

Cependant, si vigoureux que fût le cheval, il ne pouvait conserver longtemps cette allure; épuisé, hors d'haleine, son ardeur ne tarda pas à diminuer. Comme Achille le pressait toujours, il gagna le grand chemin, où sa course devait rencontrer moins de difficultés. Son maître ne l'en détourna pas, car l'immobilité, le silence, étaient les seules choses qu'il redoutait. Il ne voyait rien, ne sentait rien; il ne vivait plus que par la pensée et la souffrance intérieure; il avait le délire, il était fou.

Enfin les sabots du pauvre animal retentirent sur un pavé, puis il s'arrêta brusquement. Alors seulement le baron parut recouvrer l'usage de ses facultés. Il releva la tête et promena les yeux autour de lui d'un air d'étonnement. Il se trouvait dans la cour du Prieuré. Le cheval, rencontrant au milieu de sa course vagabonde le chemin qu'il parcourait le plus fréquemment, avait porté son cavalier à la manufacture, en face du pavillon habité par monsieur Surin et sa famille.

Achille fit un mouvement comme pour revenir sur ses pas; mais aussitôt sa volonté subit un nouveau revirement. Sautant à bas de sa monture couverte d'écume et de sueur, il dit d'une voix sourde:

— Allons, Dieu le veut... que mon sort s'accomplisse!

Il s'avançait en chancelant vers le pavillon, quand Louise, toute joyeuse et sautillante, accourut au-devant de lui sur le perron.

— Hé quoi! c'est vous, monsieur de Bermondet? — s'écria-t-elle. — Vous venez voir nos pauvres malades? Vous les trouverez tous sur pied... Mais, sainte Vierge! ajouta-t-elle en l'examinant avec épouvante, — dans quel état vous voici!... Du sang!... Vous êtes blessé?

Achille n'eut pas pour elle un regard de tendresse, et ne répondit pas à ses questions.

— Mademoiselle, — dit-il d'un ton sombre, — je veux parler à monsieur Surin en particulier.

— En vérité, monsieur, vous me faites trembler?.. Mais, attendez, je vais prévenir mon père.—En même temps elle le précéda pour le conduire au salon. Le baron s'assit et resta le front penché, les bras pendans, dans un état de prostration complète. Louise, debout en face de lui, l'observait en silence. — Monsieur le baron... Achille, reprit-elle d'une voix altérée et les larmes aux yeux, — vous n'avez donc rien à me dire?

— Rien, — répondit monsieur de Bermondet.

En ce moment, monsieur Surin, qu'on avait prévenu de l'arrivée du baron, accourut avec empressement. Il fit entendre dès le seuil de la porte sa demande ordinaire:

— Eh bien! eh bien! qu'y a-t-il?

Achille resta muet.

— Mon père, — dit Louise, qui contenait à peine ses sanglots, — monsieur de Bermondet désire vous parler seul à seul... Je me retire donc.

Et elle sortit en se cachant le visage dans ses mains.

Le manufacturier ne comprenait rien à la désolation de sa fille, à l'attitude morne de son futur gendre.

— Par grâce! mon cher Bermondet, — dit-il enfin, — m'expliquerez vous...?

— Monsieur Surin, — répliqua le baron avec effort et lentement, — ce n'est plus à mon ancien ami, c'est au magistrat de cette commune que je m'adresse... Je viens me constituer prisonnier.

— Prisonnier! vous? et pourquoi?

— J'ai commis un meurtre.

Le digne bourgeois fit un soubresaut.

— C'est impossible! — s'écria-t-il. — Voyons, voyons, mon cher enfant, vous avez la tête perdue, vos idées ne sont pas nettes; remettez-vous, je vous en prie. D'où vient ce trouble? qui vous a mis dans ce déplorable état?

— Je vous répète, monsieur, que je viens me constituer prisonnier, car j'ai commis un meurtre...

— Mais où? quand? de quelle manière? quelle est la victime?

— Tout à l'heure, au pont de Chantelauve, dans les bois de Bermondet. La victime est un ouvrier qui s'est enfui de la manufacture à la suite de l'émeute d'hier; on l'appelait, je crois, le Parisien.

— Comment! c'est le Parisien que vous avez tué! — s'écria monsieur Surin, qui parut tout à coup soulagé d'un grand poids; — attendez, attendez donc... Ce matin Gérard l'a rencontré rôdant dans les bois; le coquin avait l'air de méditer quelque mauvais coup, et nous pensions d'abord que c'était à moi qu'il en voulait. Ainsi donc, il est allé vous attendre au pont de Chantelauve, l'endroit le plus mal famé du canton, et il vous a fait des menaces, il vous a demandé de l'argent?

— Il m'a menacé, il m'a demandé de l'argent, — répéta le baron.

— Alors vous vous êtes défendu, comme j'en juge à vos vêtemens déchirés, à cette balafre sanglante que vous avez au visage, et vous vous êtes trouvé le plus fort...?

— Je me suis trouvé le plus fort et je l'ai tué... Il est étendu mort en bas du pont de Chantelauve... Voilà pourquoi je viens me constituer prisonnier.

— Mais à quoi pensez-vous? — s'écria le manufacturier. — Comment! un scélérat, un voleur de profession, traqué par la justice et condamné peut-être dix fois déjà, vous tend un guet-apens, vous attaque au coin d'un bois, vous vous défendez, vous le tuez, et vous vous croyez coupable pour cela? En vérité, mon pauvre Achille, votre conscience est par trop timorée! Vous étiez dans le cas de légitime défense, et tous les juges de la cour d'assises agiraient de même en pareil cas.

Ces réflexions parurent ouvrir un nouvel horizon au malheureux Bermondet; un rayon d'espérance pénétra dans son âme, et il reprit après une pause, d'un air moins égaré:

— Je ne sais plus ce que je dis ni ce que je fais... La vue de ce cadavre sanglant...

— Et voilà ce qui vous trouble à ce point! — s'écria monsieur Surin. — Quel excellent cœur vous avez, baron, et quel digne garçon vous êtes! Ce scélérat de Parisien ne doit pas plus vous laisser de regrets que le loup enragé ou le sanglier féroce contre lequel vous déchargez votre carabine dans une battue; ce sont également des bêtes malfaisantes. Néanmoins, votre déclaration m'impose la nécessité d'aller lever le corps au pont de Chantelauve et de dresser procès-verbal. Naturellement vous devez m'accompagner, et nous nous ferons suivre par deux gendarmes. Justement la brigade a pris poste ici depuis la nuit dernière, quoique nos ouvriers soient maintenant aussi doux que des moutons. En attendant, reposez-vous, mon cher baron; remettez-vous tout à fait... Je vais vous envoyer Louise; la chère enfant est toute bouleversée, car elle ne comprend rien à ce qui se passe; un mot suffira pour faire votre paix avec elle. Peut-être aussi verrez-vous quelqu'un de nos jeunes gens, car ce pauvre Amédée n'a pu tenir au lit et marche avec le secours d'une canne... Ah! mon cher baron, — ajouta monsieur Surin, à qui le nom de son fils venait de rappeler un cruel souvenir, —

nous serions trop heureux si nous n'avions jamais de chagrins plus sérieux que les vôtres!

Il soupira, puis il serra la main d'Achille et sortit brusquement.

Le baron demeura donc seul pendant quelques minutes, et cet instant de solitude lui fit grand bien. L'horreur de l'acte qu'il avait commis diminuait depuis qu'il pouvait en envisager de sang-froid les causes et les conséquences. Après tout, n'avait-il pas été, comme le disait monsieur Surin, dans le cas de légitime défense? La mort d'un scélérat n'était-elle pas un bienfait pour les honnêtes gens? Un guet-apens n'avait-il pas été tendu? Achille n'avait-il pas été frappé le premier et par surprise? A la vérité sa conscience lui reprochait ses intentions hostiles à l'égard du Parisien avant le commencement de la lutte; mais une sorte de fatalité, supérieure à sa volonté même, n'avait-elle pas dirigé toutes les péripéties de ce drame lugubre? Enfin, la réaction une fois commencée dans son esprit, le baron se jeta dans l'extrême opposé; il ne vit bientôt plus dans cet événement qu'une faveur de la Providence qui voulait le dispenser d'une nouvelle expiation pour ses fautes de jeunesse.

Pendant qu'il se livrait à ces réflexions, quelqu'un entra doucement: c'était Louise Surin. Elle portait sur un plateau des rafraîchissemens qu'elle posa devant lui.

— Louise, — dit le baron d'un ton suppliant, — excuserez-vous ma singulière brusquerie de tout à l'heure? Je n'avais plus ma raison, et...

— Pas d'explications, monsieur Achille, — interrompit mademoiselle Surin en lui tendant la main; — mon père m'a tout appris... Je sais que ce trouble provenait d'une exquise délicatesse de sentimens... Laissons cela. Puis-je avoir une autre pensée que celle du danger auquel vous venez heureusement d'échapper?

La conversation des deux fiancés était établie sur ce ton affectueux quand Gérard et Amédée entrèrent dans le salon. Amédée s'appuyait d'un côté sur une canne, de l'autre sur l'épaule de son ami, et le front était toujours entouré d'un bandeau.

— Eh bien! mon cher Achille, — dit le jeune homme gaiement, en s'avançant vers son futur beau-frère, — il paraît donc qu'il pleut des horions et des coups de massue dans ce maudit pays! Hier, c'était mon tour et celui de ce pauvre Gérard; aujourd'hui c'est le vôtre, à ce que l'on m'a dit... Mais vous, du moins, vous êtes sûr que la main qui s'est levée sur vous ne se lèvera plus, et cela console.

Gérard s'aperçut que monsieur de Bermondet n'était pas encore assez remis pour supporter ce ton léger sur un pareil sujet. Il se hâta de donner à la conversation une tournure plus sérieuse. Il parla de sa rencontre du matin avec le Parisien et de la frayeur qu'il avait causée à Léonie. Achille écoutait en silence.

— Oui, oui, — dit-il enfin avec effort, — cet homme avait les plus mauvais desseins; et mon droit comme mon devoir était de faire ce que j'ai fait.

Louise lui présenta du madère, qu'il ne pouvait refuser de sa main et qui ramena quelque rougeur sur ses joues décolorées. Au même instant, monsieur Surin rentra; il était tout de noir habillé, comme il convenait aux graves fonctions qu'il allait remplir. Les gendarmes attendaient dans la cour, avec deux hommes de peine chargés de porter le corps sur une civière.

A cette nouvelle, le baron fut sur le point d'éprouver une rechute; ses joues blêmirent de nouveau; mais, se raidissant contre ce reste de faiblesse, il annonça d'un ton assez calme qu'il était prêt. Mademoiselle Surin désirait panser elle-même la contusion qu'il avait reçue au visage; mais il n'y voulut pas consentir et accepta seulement un chapeau d'Amédée, car on se souvient qu'il avait laissé le sien sur le théâtre de la lutte; puis la troupe se mit en marche pour la forêt.

Le jour baissait au moment où l'on quitta le Prieuré, la campagne se couvrait d'une brume légère. Monsieur

Surin et le baron étaient à cheval, ainsi que les deux gendarmes, qui se tenaient discrètement à quelques pas. Mais, en arrière, les hommes qui portaient la civière suivaient à pied. Aussi, quoiqu'on marchât un bon pas, était-il nuit close quand on approcha du lieu fatal, et l'obscurité ne devait pas permettre de procéder aux investigations légales. Heureusement Surin avait prévu le cas. L'un des assistants était muni d'une botte de paille dont on fit des torches. Les deux hommes de peine précédèrent alors la troupe en agitant ces lugubres flambeaux, et l'on atteignit bientôt cette gorge solitaire où se trouvait le pont de Chantelauve.

Arrivé là, monsieur de Bermondet mit péniblement pied à terre et commença de nouveau le récit du tragique événement.

La canne à dard et le chapeau du baron se trouvaient encore sur le gazon, au bord du sentier, comme pièces probantes. Un des gendarmes, en abaissant sa torche, distingua les nombreuses gouttes de sang qui souillaient le sol. On pouvait même suivre de l'œil, sur le talus du pont, la trace du corps au milieu des herbes sauvages toutes froissées et brisées par sa chute.

Un homme descendit au fond du ravin avec un flambeau ; mais vainement chercha-t-il le cadavre du Parisien. Dans les broussailles, dans le lit du ruisseau, sous l'arche du pont, il ne découvrit rien, quoique la torche projetât une lueur éclatante. Les traces de sang devenaient plus visibles sur les grosses pierres du ruisseau ; on trouva même la mauvaise casquette du Parisien dans les branches d'un vergne ; mais le corps avait disparu.

Monsieur Surin fit part de cette circonstance au baron de Bermondet, qui, le front appuyé contre un arbre, attendait, dans un morne accablement, le résultat des recherches. Achille s'avança vers le pont et vint se placer exactement au point d'où, le meurtre commis, il avait regardé le cadavre ; mais quoiqu'un homme tenant un flambeau se trouvât à deux pas de l'endroit où, pour la première fois, il avait vu la figure pâle et inanimée de son adversaire, cette image effrayante, encore présente à son esprit, n'existait plus dans la réalité.

— Mon cher baron, — demanda monsieur Surin, — je ne puis douter de la vérité de votre récit, mais êtes-vous bien sûr d'avoir tué cet homme ?

— Serait-il donc possible, — s'écria monsieur de Bermondet avec une véhémence extraordinaire, — que je ne l'eusse pas tué ? oh ! Dieu m'en est témoin, au risque de ce qui pourrait arriver, je remercierais de m'avoir épargné ce remords !

— Au risque de ce qui pourrait arriver ? — répéta le manufacturier avec étonnement. — Mais, je comprends, — ajouta-t-il aussitôt, — vous voulez dire que le drôle, s'il en réchappe, pourrait bien, pour se venger, rec m-mencer le coup, et je l'en croirais très capable. Ainsi donc, vous n'êtes pas bien sûr vous-même de l'avoir frappé mortellement ?

Achille réfléchit.

— J'en suis sûr, — répondit-il enfin ; — à la vérité je n'ai vu ce malheureux que du haut du pont ; mais ces convulsions, ces traits décomposés, ces yeux éteints, puis cette immobilité, cette bouche expirante, tous ces effrayants détails ne pouvaient mentir.

— Comment alors expliquez-vous la subite disparition du cadavre ?

— Que sais-je ? un passant peut-être l'aura recueilli.

— Un passant ! et que diable pourrait faire un passant d'une pareille...? mais on doit du respect aux morts. Seulement, baron, vous ne connaissez guère les gens du pays : si quelque passant avait aperçu le corps, au lieu d'en approcher il serait bien vite accouru pour me prévenir. C'est un préjugé parmi ces pauvres gens que personne ne peut toucher, hors de la présence de la justice, une personne ayant péri de mort violente sans s'exposer à des poursuites comme auteur du meurtre ; on a beau leur

dire le contraire, ils n'en démordent pas, et ils se croiraient perdus s'ils agissaient différemment.

— Avec votre permission, messieurs, — dit respectueusement un des gendarmes, qui paraissait avoir acquis une certaine expérience dans ces sortes de matières, — il arrive parfois que l'on confond la *petite mort* avec la grande, et que le plus fin y est pris. Monsieur le baron de Bermondet (et le militaire porta la main à son chapeau) a très bien pu croire que le Parisien en question avait définitivement tourné de l'œil quand il n'était que pâmé ; les deux choses se ressemblent à s'y méprendre. Mais plus tard, après le départ de monsieur le baron, le drôle a très bien pu reprendre connaissance et se donner de l'air au plus vite.

— On voit en effet des exemples de pareilles résurrections, — répliqua le baron tout pensif ; — mais si tel est le cas actuel, cet homme ne peut être allé bien loin, car sa blessure paraissait dangereuse : la perte de son sang, cette chute au fond du ravin...

— Aussi serait-il possible, — continua le gendarme, encouragé par cette approbation, — que notre gaillard se fût traîné dans les broussailles et qu'il se fût blotti, comme un lapin, sous quelque cépée. Si donc monsieur le maire y consentait, nous pourrions battre les buissons environnans, et j'ai dans l'idée que nous trouverions quelque chose.

— C'est notre devoir d'essayer de ce moyen, — répliqua monsieur Surin. — Allons, messieurs, à l'œuvre tous ! et hâtons-nous, car nous ne pouvons passer ici la nuit.

Les chevaux furent attachés aux arbres voisins ; on se partagea les torches qui restaient, et chacun s'éloigna lentement dans une direction différente, les yeux tournés vers la terre. L'effet de ces flammes errantes, qui paraissaient et disparaissaient derrière le feuillage, éclairant la blanche densité de la brume, était pittoresque et triste. Le faible frémissement de la brise, les craquements des branches sèches sous les pieds des promeneurs, troublaient seuls le morne silence de la forêt.

Bientôt les chercheurs se réunirent de nouveau sur le pont ; ils n'avaient rien trouvé. La provision de paille était épuisée, les torches allaient s'éteindre ; il fallait renoncer pour le moment à ces infructueuses perquisitions. Cependant, avant de s'éloigner, tous, sur l'invitation de monsieur Surin, poussèrent à la fois un grand cri.

Puis on prêta l'oreille ; on espérait entendre au milieu du calme de la nuit une plainte, un gémissement, un soupir du blessé ; mais cette attente fut vaine. Un écho lointain répéta, comme en se jouant, cette clameur subite ; quelques oiseaux, réveillés en sursaut, voltigèrent avec effroi dans les branchages du taillis, et tout redevint silencieux.

— Allons ! — dit monsieur Surin, — nous ne pouvons rien de plus pour ce soir. Notre coquin se sera glissé dans quelque gîte inconnu pour y mourir en paix. Demain nous ferons une battue plus complète, et sans doute nous serons plus heureux.

En même temps on se mit en marche d'un bon pas, afin d'atteindre la grande route avant que la dernière torche se fût éteinte. Le baron était toujours rêveur et se taisait ; Surin causait avec les gendarmes de la disparition inconcevable du Parisien.

— Ma foi ! monsieur le maire, — dit l'un d'eux, — puisque monsieur le baron de Bermondet est positivement sûr d'avoir tué le malfaiteur, une seule explication reste possible...

— Et laquelle, mon brave ?

— C'est que le diable s'est emparé du corps, et, pour ma part, je le lui donne volontiers.

Un éclat de rire des assistants accueillit cette boutade. On se trouva bientôt sur la limite du bois.

Le lendemain, les recherches recommencèrent activement. On fit une battue générale dans la forêt, à grand renfort de paysans et de gens de justice ; mais on ne fut pas plus heureux que la veille ; le Parisien avait disparu sans laisser de traces. On demeura donc convaincu qu'il n'était pas mort, et qu'il avait pu s'enfuir au loin, ou que vraiment, comme l'assurait le bon gendarme, le diable, son patron, l'avait emporté.

XII

LA FOSSE AUX MOINES.

A quelque distance de Fontbasse, au pied d'une chaîne de collines stériles, s'étendait un vaste étang dépendant des terres de Bermondet. Les étangs ne sont pas rares dans cette partie du Limousin et du Berri; on utilise ainsi des terrains incultes et de nul rapport. Celui dont nous parlons était un des plus remarquables de la contrée, il formait un immense lac d'un aspect imposant. Une chaussée de quarante pieds de hauteur, et construite en granit, contenait cette énorme masse d'eau. Quelques logettes de gardes, disséminées d'une manière pittoresque sur les coteaux, permettaient de surveiller à toute heure ce beau réservoir et de protéger contre les maraudeurs les magnifiques poissons qu'il contenait en abondance.

La pêche de cet étang était un des divertissemens que le baron voulait offrir à sa fiancée et aux bourgeois du voisinage, en attendant le jour prochain du mariage. Nous allons donc transporter le lecteur sur le bord de la fosse aux Moines, comme on appelait cette belle pêcherie, trois jours environ après les événemens que nous venons de raconter.

Pour les gens du canton, habitués à voir en cet endroit une paisible et brillante nappe d'eau, le paysage avait changé d'aspect. Le lac avait presque entièrement disparu; à sa place, l'œil trouvait un sol noirâtre et vaseux, des joncs, des glaïeuls, penchés et flétris, des mousses aquatiques qui répandaient une odeur marécageuse en se desséchant au grand air. Depuis trois jours, en effet, de puissantes pelles de bois, qui fermaient l'entrée d'un large déversoir pratiqué dans la chaussée, avaient été levées; et les eaux, s'échappant avec un bruit sourd, roulaient comme un torrent dans une prairie basse, pour aller rejoindre la rivière voisine. Il ne restait plus au fond du bassin qu'une petite flaque d'eau, encore s'épuisait-elle de minute en minute. Dans cette mare s'agitait une si prodigieuse quantité de poissons qu'elle semblait animée. Des carpes monstrueuses, menacées de voir l'élément natal leur manquer tout à coup, frétillaient avec inquiétude; des tanches et des brochets, surpris par la retraite rapide des eaux, sautillaient sur la vase pour atteindre au plus vite le courant, tandis qu'au contraire les anguilles, plus rusées, gagnaient la rive et se glissaient en silence dans les roseaux.

Au-dessous de la chaussée, en face du déversoir, une fosse profonde devait recevoir le poisson dès que l'étang serait complètement à sec; un peu plus loin, des claies en branchages, appelées ramiers, livraient passage au courant, tout en arrêtant les fuyards à nageoires. Autour de la fosse se pressaient des gardes à la livrée de Bermondet, et grand nombre de paysans qui, connaissant la libéralité du baron, étaient accourus pour avoir leur part de cette superbe proie. Sur le gazon, à quelque distance des claies, s'élevait un élégant pavillon, où devaient se réunir les personnes invitées à cette solennité. Des fourneaux étaient allumés déjà pour préparer une chaudronnée, c'est-à-dire pour faire cuire vivans et sortant de l'eau les plus beaux poissons de l'étang. Mais les hôtes de monsieur Bermondet ne devaient pas être condamnés à l'ichthyophagie exclusive : de vastes tables étaient chargées de pâtés, de volailles et d'autres viandes froides; une formidable rangée de bouteilles champenoises et bordelaises promettait au festin de l'animation et de la gaieté.

Vers midi, comme l'étang allait, suivant l'expression locale, tomber en pêche, les invités commencèrent à paraître, les uns en voiture, les autres à cheval ou même à pied. On était à cette époque de l'année où parfois quelques derniers beaux jours viennent récréer la nature prête à prendre ses vêtemens d'hiver: Le temps était doux et tiède; le soleil voguait sans nuages dans un océan bleu, dardant ses rayons encore chauds sur la campagne. Aussi les dames avaient-elles leurs toilettes légères de la belle saison, leurs écharpes éclatantes et leurs ombrelles de soie, dont les couleurs vives tranchaient d'une façon pittoresque sur la verdure déjà ternie.

Bientôt les familles Surin et de Bermondet arrivèrent. Amédée, à qui sa jambe malade ne permettait pas encore d'exercices violens, était en calèche avec Louise et la comtesse. Surin, le baron et Gérard suivaient à cheval. Monsieur de Bermondet avait un air riant et ouvert pour accueillir ses hôtes; mais tout le monde remarqua ses traits tirés, son teint maladif, ses yeux cernés, qui contrastaient avec la joie de cette fête dont il était l'instigateur et le héros.

Le docteur Chardin et sa famille arrivèrent à leur tour, mais à pied, vu la proximité de leur habitation. Léonie, en robe blanche et en chapeau de paille, paraissait toute joyeuse d'assister à cette réunion, qui rompait d'une manière agréable la monotonie de son existence. Gérard mourait d'envie de les accoster, mais il se contint, et ce fut seulement quand le docteur eut échangé quelques paroles de politesse avec les principaux personnages de l'assemblée qu'il s'avança pour le saluer.

L'accueil de monsieur Chardin fut glacial; sans répondre aux complimens du jeune homme, il écarta les cheveux bouclés de Gérard pour examiner sa récente blessure.

— Allons, voilà qui va bien,—dit-il sèchement;—la cicatrice est fermée, vous n'aurez plus besoin du médecin. Vous pourrez donc vous dispenser désormais de faire aussi fréquemment que par le passé le voyage de Fontbasse. D'ailleurs vous n'êtes pas embarrassé pour vous faire panser, à ce que l'on dit... J'ai bien l'honneur de vous saluer.

Il tourna sur ses talons et s'éloigna rapidement.

Gérard était déconcerté. Cependant, attribuant cette boutade à quelque caprice de cet homme singulier, il joignit les dames Chardin, qui se dirigeaient seules vers la fosse aux poissons. Elles s'arrêtèrent, et la mère répondit avec sa douceur habituelle aux complimens de Gérard; mais Léonie détourna la tête avec embarras.

— Maman,—balbutia-t-elle timidement au bout de quelques minutes de conversation,—monsieur Gérard nous excusera... mais voici que la pêche va commencer, et j'ai grande impatience de voir cette carpe monstrueuse, âgée, dit-on, de cent trente ans, qui porte un anneau de cuivre à la queue; c'est la curiosité de l'étang. Venez vite, ou nous risquons fort, au milieu de tout ce monde, de ne pouvoir approcher.

Elle fit une petite révérence, sans lever les yeux, et entraînant brusquement sa mère, qui paraissait la gronder tout bas de sa vivacité, elles se perdirent dans la foule.

Gérard ne songea pas à les suivre; ce dernier coup l'avait accablé. Il ne pouvait lui rester aucun doute maintenant sur l'inimitié du père et de la fille.

— Quel est donc mon crime?—pensait-il en se frappant le front; — Léonie aurait-elle répété ma conversation avec elle le jour où je la reconduisis à Fontbasse? Quoi de plus innocent!... Oui, oui, ce doit être cela. Monsieur Chardin, offensé de mes paroles, bien timides et bien vagues pourtant, aura dit à Léonie de m'éviter. Mais je compte m'en expliquer avec le docteur à la première occasion.

Comme il se livrait à ses réflexions, le froufrou d'une robe de soie se fit entendre près de lui; se retournant avec vivacité, il vit madame de Bermondet.

La chanoinesse avait cette élégance simple qui n'abandonne jamais la femme distinguée, même à la campagne. Un mantelet de taffetas se drapait sur ses épaules; une

capote de satin blanc encadrait son visage, où s'épanouis-
sait en ce moment un sourire plein de finesse.

— Eh bien ! beau rêveur, pourquoi donc rester à l'é-
cart ? — dit-elle. — Pourquoi bouder ainsi tout seul, quand
on s'amuse là-bas ? — Puis remarquant l'émotion que Gérard essayait vainement de cacher à son œil pénétrant : —
Monsieur Gérard, — reprit-elle d'un ton plus sérieux, —
vous paraissez contrarié. Je n'ai sans doute aucun droit à
votre confiance, mais mon âge, l'estime que vous m'avez
inspirée, sont des titres... — Le jeune homme s'empressa
de remercier la chanoinesse de cet intérêt. Rien n'était
arrivé qui fût digne de l'attention de madame de Bermondet. Elle le regarda d'un air de doute. — Tenez, monsieur
Gérard, — reprit-elle, — vous ne paraissez pas avoir grande
envie de vous joindre à nos bons amis et voisins qui s'a-
musent là-bas aux évolutions des carpes et des brochets.
Pour moi, l'odeur du poisson m'incommode, et je souffre
à voir les convulsions de ces pauvres bêtes quand on les
retire de l'eau. Je laisserai donc Achille faire seul les honneurs de son étang, et nous nous promènerons un moment
avant le déjeuner. Le voulez-vous, mon ami ? — Et elle
posa sa main admirablement gantée sur le bras de Gérard. Celui-ci balbutia quelques mots de politesse, et tous
les deux remontèrent le talus de la chaussée. Au point
culminant de cette gigantesque maçonnerie, ils s'arrêtèrent pour reprendre haleine, et Gérard jeta machinalement les yeux en arrière. Dans la plaine, Léonie se promenait avec Amédée, qui lui parlait bas avec chaleur, tandis que la bonne madame Chardin s'amusait à voir frétiller
les poissons dans les filets. Gérard soupira ; mais tout à
coup il s'aperçut que le regard de madame de Bermondet
suivait avec curiosité la direction du sien. — Vous paraissez chercher quelqu'un, monsieur Gérard, — lui dit la
comtesse en souriant avec malice.

— Pardon, madame, — répliqua le jeune homme,
qui rougit un peu.

Il se mit en marche vers une prairie solitaire, émaillée
de colchiques et de parnassies, qui longeait le lit de l'é-
tang.

— Il ne faut pas rougir pour cela, mon enfant, — reprit
la comtesse, qui semblait deviner ses impressions les plus
secrètes ; — il serait surprenant qu'à votre âge, avec l'ardente imagination que je vous suppose, vous n'eussiez pas
arrêté votre attention sur quelque jeune fille du voisinage.
Voyons, monsieur Gérard, — continua-t-elle d'un ton encou-
rageant, — vous pouvez bien prendre pour confidente une
bonne vieille femme qui n'abusera pas de vos secrets...
Nommez-la-moi ; je pourrai peut-être vous donner un bon
conseil.

— Madame la comtesse, — murmura Gérard dans un
mortel embarras, — je vous assure...

— Ah ! vous ne voulez pas me dire votre secret. Soit, je
le devinerai. Aussi bien nous n'avons pas un grand choix
de jeunes filles pour lesquelles un garçon romanesque
pourrait se monter la tête... J'en vois deux seulement dans
votre entourage ; mais l'une n'est déjà plus libre, et ce
serait un grand malheur si votre choix s'était fixé sur elle !
— Gérard garda le silence ; madame de Bermondet l'observait toujours à la dérobée, mais elle ne pouvait lire sur
son visage qu'une grande confusion. Tout à coup, elle
s'arrêta devant une touffe de buissons épineux, cueillit une
belle rose d'églantier, la dernière de la saison, qui s'épa-
nouissait à la cime de l'arbuste. Puis, se baissant vers le
gazon qu'elle foulait de son élégante bottine de satin, elle
y découvrit une petite violette parfumée et la cueillit de
même. Alors, tenant une fleur de chaque main, elle se
retourna vers Gérard et lui dit d'un ton enjoué : — Laquelle
préférez-vous, monsieur Gérard, de cette rose fière de ses
parfums, de sa magnificence, ou de cette violette modeste
qu'il faut aller chercher dans sa retraite de verdure ?

— La violette, madame, — répliqua Gérard sans hésitation.

— A la bonne heure ! je sais maintenant qui vous aimez, — dit la chanoinesse en laissant tomber les deux fleurs

à ses pieds. Gérard sourit ; il essaya de répondre à son
tour sur le ton de l'enjouement, mais la tristesse perçait
sous sa fausse gaieté. — Ainsi donc, pauvre Gérard, vos
jeunes et fraîches amours sont déjà traversées par des chagrins et des mécomptes ? N'importe ! il est bien que je sois
prévenue... Ah ! Gérard, Gérard, si votre bonheur ne dé-
pendait que de moi ! — Les suppositions et les plaisanteries d'Amédée revinrent à la mémoire de Gérard, en dépit
de lui-même. Était-il donc possible que cette belle et noble
femme l'aimât d'amour ? Cette pensée révoltait, mais comment expliquer autrement l'intérêt extraordinaire que lui
témoignait madame de Bermondet ? quelle était la cause
de cette préoccupation constante dont il était l'objet de sa
part ? N'osant réfléchir à ce difficile problème, il marchait
en silence à côté de la comtesse. Pendant quelques minutes
elle parut elle-même incapable de poursuivre la conversation. — Gérard, — reprit-elle enfin, — je dois vous paraître
bien bizarre, mais gardez-vous d'aucun jugement témé-
raire envers celle qui vous parle... Gérard, je puis vous
dire dès à présent qu'un secret existe entre vous et moi.

— Un secret, madame ? Ne puis-je savoir...

— Pas maintenant, — répliqua la chanoinesse, qui ne
cherchait plus à retenir ses larmes ; — mais je ne compte
pas vous cacher longtemps ce qu'il faut que vous sachiez...
Bientôt je vous dirai tout... Jusque là n'ayez aucune pensée contraire à l'estime et au respect que je dois attendre
de tous, que je dois attendre surtout de vous, Gérard !

— Madame, — s'écria chaleureusement le jeune homme,
frappé d'un soupçon subit, — ce secret aurait-il rapport à
cette famille inconnue... ?

— Ne m'interrogez pas, — dit madame de Bermondet en
cachant sa figure dans son mouchoir ; — ayez pitié de moi...
laissez-moi le temps de me préparer à des aveux que je
souhaite et qui m'épouvantent... Pas un mot de plus, Gérard, je vous en prie ! — C'eût été une cruauté d'insister
en ce moment. Gérard prit la main de madame de Bermondet et la pressa contre ses lèvres. Ils s'étaient arrêtés dans
un bouquet de bois, au revers d'un des côteaux qui dominaient la fosse aux moines. Tous les habitants du pays as-
sistaient à la pêche. De ce côté, la campagne était complétement déserte. Cependant, on apercevait à quelque distance les deux ou trois maisons qui formaient le hameau
de Fontbasse. L'habitation du docteur, plus rapprochée
que les autres, était particulièrement en vue de ce poste
élevé, mais les fenêtres en étaient fermées, et, comme le
village lui-même, elle semblait abandonnée à la garde de
Dieu. La comtesse parvint enfin à se calmer. — Gérard,
reprit-elle, je dois vous demander une grâce : c'est de ne
parler à personne de ce qui vient de se passer entre
nous, de n'y faire aucune allusion en ma présence,
jusqu'à ce que je juge à propos de m'expliquer plus claire-
ment... Me le promettez-vous ?

— Je sens... je devine... — dit Gérard d'une voix tremblante, — que la comtesse de Bermondet a droit à mon
obéissance comme à mon affection.

— Il suffit, noble enfant ; de mon côté, je ne mettrai pas
votre patience à trop longue épreuve. Eh bien ! maintenant, allons rejoindre la compagnie, — ajouta-t-elle en reprenant son ton enjoué avec une facilité vraiment merveilleuse après ces fortes émotions ; — il ne faut pas vous
faire attendre pour le déjeuner, car, souvenez-vous bien
de ceci, Gérard, des gens affamés ne sont jamais disposés
à énumérer les mérites d'un convive en retard, quel qu'il
soit. — Elle s'appuya de nouveau sur le bras de Gérard,
qui, beaucoup moins habile à tenir en bride ses sentiments
intimes, avait peine à retrouver son calme ordinaire. On
allait donc revenir sur ses pas, quand la chanoinesse éten-
dit le bras vers le hameau de Fontbasse. — Regardez donc,
mon cher Gérard, — dit-elle avec une curiosité réelle ou si-
mulée ; — qu'aperçois-je donc là-bas, à la porte de monsieur
Chardin ? En vérité, si nous n'avions pas laissé le docteur en
nombreuse compagnie devant la fosse aux poissons, je
croirais que c'est lui-même qui vient de sortir de chez
lui !

Un homme ayant le costume bien connu du médecin dans cette saison, grande redingote et feutre à larges bords, venait en effet de sortir de la maison. Après s'être un moment arrêté sur le seuil, il se dirigea vers l'écurie voisine. Il portait sur l'épaule un paquet de forme allongée, qui semblait être un sac de voyage.

— Ce ne peut être que le docteur,—répliqua Gérard avec indifférence;—on sera venu le chercher pour quelque malade, et, avec son zèle ordinaire, il s'empresse de se rendre à son devoir.

— Vous avez raison; cependant, monsieur Chardin aurait dû passer près de nous tout à l'heure pour retourner chez lui; nous sommes précisément sur le chemin de l'étang à Fontbasse.

— Peut-être a-t-il passé près de nous; mais, pour ma part, je n'ai pas toujours été, je l'avoue, en état de remarquer sa présence.

—Et moi de même, Gérard. Du reste, peu nous importe; monsieur Chardin est un homme sûr et discret, c'est la personne du monde à qui je ferais le plus volontiers une confidence, d'abord parce qu'il est plein d'honneur, ensuite parce qu'il semble avoir lui-même des secrets à cacher.

— Des secrets, madame! En effet, son genre de vie, ses paroles, sa conduite envers sa famille, présentent certaines obscurités... Mais les personnes qui le connaissent de longue date n'ont-elles rien pu conjecturer.

—On soupçonne là-dessous un grave intérêt de famille; mais, depuis vingt-cinq ans que monsieur Chardin habite Fontbasse, il s'est montré toujours impénétrable. Pour ma part, je ne crois pas à cette avarice sordide qu'on lui prête, à ces trésors enfouis là-bas dans les caves de sa modeste maison. Le docteur est homme de cœur et de sens; voilà le point de départ; je n'admettrai rien qui soit contraire à ce principe.

— Ainsi donc, madame,—demanda Gérard timidement, vous ne savez pas, par exemple, pourquoi mademoiselle Léonie, sa fille, ne doit pas se marier?

— Ah! ah! vous vous êtes donc informé de cela?—dit la chanoinesse d'un ton moqueur. — Ce seul mot, Gérard, m'apprendrait bien des choses si la violette ne vous avait trahi déjà. Je ne sais que répondre à votre question; seulement, je ne crois pas que les obstacles viennent directement de cette gentille personne, et c'est là l'important. Bon courage donc, Gérard, et ne désespérez jamais de rien. — Le jeune homme remercia par un regard sa gracieuse consolatrice. Pendant cette conversation, les promeneurs avaient remonté le coteau. Parvenus au sommet, ils revirent tout à coup le lit desséché de l'étang, la chaussée colossale et la prairie basse où se faisait la pêche. Mais les invités, qui peu de momens auparavant se pressaient autour des viviers, commençaient à se disperser.—Allons, — dit la comtesse, — nos bons voisins s'aperçoivent enfin que le plaisir de peser et de compter des poissons est un plaisir monotone. Rejoignons bien vite la compagnie, Gérard, ou nous risquons fort d'être déchirés à belles dents par tous ces affamés.—Cependant, avant de s'éloigner, l'un et l'autre regardèrent encore du côté de Fontbasse. Le docteur, ou le personnage qu'ils avaient pris pour lui, venait de tirer de l'écurie le cheval normand que nous connaissons, et après l'avoir enfourché s'enfonçait rapidement dans la partie la plus solitaire du pays. — Le voilà parti, — dit madame de Bermondet, — et il va d'un train à faire croire que son malade est pressé... Il n'espère pas sans doute qu'on l'attendra pour déjeuner; ainsi, mon cher Gérard, si vous m'en croyez, nous doublerons le pas.

— A vos ordres, madame, mais ne vous semble-t-il pas, comme à moi...

— Quoi donc?

— Rien, rien, c'est une folie! — dit le jeune homme en se reprenant aussitôt: — c'est sans doute une illusion causée par l'éloignement.

Peu d'instans après ils se retrouvaient sur la pelouse. Les premières personnes qu'ils aperçurent en arrivant fu-

rent Léonie et Amédée, qui se promenaient à l'écart. Amédée avait un air morose et mécontent, la jeune fille un teint animé. A quelques pas derrière eux, madame Chardin faisait une partie de caquetage avec une commère, et cet entretien paraissait absorber complétement l'attention des deux bonnes dames.

A la vue de Gérard et de la comtesse, Léonie ne put retenir un petit cri de surprise, tandis qu'Amédée fronçait le sourcil.

— Eh bien! qu'y a-t-il, ma belle enfant? — demanda madame de Bermondet; — je vous produis l'effet d'une apparition!

— Madame la comtesse, — balbutia la jeune fille, — on vous attend depuis longtemps, on vous a cherchée partout, ainsi que monsieur Gérard. Mais qu'avez-vous donc? — ajouta-t-elle aussitôt; — on dirait que vous avez pleuré.

Et sous l'apparente naïveté de cette question perçait une pointe d'ironie.

La comtesse ne s'y trompa pas et se troubla.

— En effet, — dit Amédée en lançant à Gérard un coup d'œil oblique, — quelqu'un aurait-il causé du chagrin à madame de Bermondet?

Mais la chanoinesse n'était pas femme à céder le terrain sans combat, le premier moment de surprise passé.

— Voilà des enfans terribles! — dit-elle avec son air et son sourire de grande dame en s'essuyant le visage; ces larmes n'ont d'autre cause qu'une branche de châtaignier qui m'a fouetté le visage pendant notre promenade. Je m'en étais à peine aperçue... Je ne vous remercie pas moins de votre intérêt pour moi.

Ce fut le tour des coupables de se montrer confus. Mais la chanoinesse, trop généreuse pour abuser de ses avantages, quitta le bras de son guide et prit celui de Léonie.

On rejoignit madame Chardin et sa compagne; la conversation devint générale. Amédée et Gérard restèrent en arrière. Gérard voulut soutenir son camarade, qui marchait difficilement à cause de sa foulure à la jambe; Amédée le repoussa.

— Il paraît, mon cher, — lui dit-il avec ironie, — que tu veux accaparer tous les cœurs féminins de la contrée; jeunes et vieilles, tout te convient. Je te félicite de tes succès; seulement je désirerais que tu ne cherchasses pas à les obtenir aux dépens de tes amis.

— Que veux-tu dire? Est-ce que mademoiselle Léonie t'aurait avoué...

— Elle m'a dit nettement qu'elle ne m'aimait pas... et ce n'était pas là ce que tu m'avais annoncé l'autre jour.

— En effet, mon pauvre Surin, te voyant malade, je n'avais pas osé t'enlever toute espérance.

— Fort bien, mais ces ménagemens ne m'ont pas empêché... Ah! Gérard, Gérard, comme tu m'as trompé!

— Moi te tromper, Amédée? Dieu m'est témoin que je n'ai pas dit à mademoiselle Chardin une parole qui pût trahir...

Amédée fit un signe d'insouciance affectée. En ce moment on arrivait à la tente autour de laquelle se pressaient tous les invités. Gérard, en levant les yeux, aperçut le docteur Chardin, en habit noir et en cravate blanche, qui causait paisiblement avec un propriétaire du voisinage.

Madame de Bermondet le reconnut de même et parut partager la surprise du jeune homme. Mais sans doute elle crut que cette circonstance n'avait pas une importance réelle, ou peut-être fut-ce l'affluence des personnes qui se présentaient autour d'elle pour la complimenter détourna-t-il son attention de cet objet; toujours est-il qu'elle ne chercha pas à se rapprocher du docteur pour lui faire part de ce qu'elle avait vu.

De son côté, Gérard avait éprouvé trop récemment les mauvaises dispositions de monsieur Chardin à son égard pour oser l'entretenir d'un incident sans portée peut-être, et qui résultait, selon toute apparence, de quelque méprise. Devait-il profiter d'un prétexte ridicule pour se rapprocher d'un homme qui l'évitait d'une manière si visible? Une mauvaise honte le retint donc, et il se mit à table sans plus s'occuper d'une circonstance qui lui semblait ne pouvoir être que futile.

XIII

LE SECRET DU DOCTEUR.

Les premiers momens du déjeuner furent silencieux; les convives ne pensèrent qu'à satisfaire leur appétit, excité par l'exercice et le grand air. D'ailleurs les principaux personnages de cette réunion n'étaient pas d'humeur joyeuse. Le baron semblait fatigué des efforts qu'il avait dû faire déjà pour recevoir ses hôtes. En dépit de lui-même, les sombres pensées qui l'accablaient depuis quelques jours se trahissaient sur son visage. La chanoinesse, malgré son calme apparent, songeait à sa dernière conversation avec Gérard. Enfin monsieur Surin, qui pouvait aussi prétendre à l'honneur de tenir le dé de la conversation, demeurait silencieux. Depuis que la mystérieuse maladie de son fils s'était déclarée, il avait perdu cette activité de l'esprit et du corps qui le caractérisait autrefois; il était soucieux, inquiet; son front se déridait seulement quand son regard tombait sur la physionomie si fraîche et si mutine de sa fille.

En revanche, Amédée ne donnait pas en ce moment l'exemple de la mélancolie. Il était assis à côté d'une petite dame de médiocre beauté, mais fort évaporée et fort minaudière; elle s'appelait madame de Lussac. C'était la femme d'un hobereau des alentours. Or, Amédée, comme le lecteur a pu déjà le remarquer, se consolait avec une extrême facilité de ses déconvenues amoureuses; repoussé par la brune et la blonde, il s'adressait, sans se décourager, à la nuance intermédiaire. Aussi se penchait-il vers sa sémillante voisine et lui débitait-il à voix basse force joyeux madrigaux qui la faisaient rire aux éclats. Enchanté de ce résultat, l'écolier redoublait d'efforts et de verve, si bien que cette partie de la table offrait l'image de la plus franche gaieté.

Cette gaieté fut communicative. A mesure que le déjeuner avançait, l'animation devenait plus grande parmi les convives. Les conversations particulières élevaient le ton. Le baron lui-même se laissait entraîner à discuter une question de vénerie avec quelques déterminés chasseurs. Les propriétaires et les petits fonctionnaires qui composaient le reste de l'assemblée s'échauffant sous l'influence des vins généreux qu'on versait à profusion, les plaisanteries peu délicates et le gros rire allaient leur train.

Parmi ces invités, qui se retrouvaient toujours les mêmes à toutes les assemblées, il était d'usage que les railleries se tournassent contre ce qu'on appelait la *sordide avarice* du docteur Chardin. Le docteur ne pouvait guère se dispenser d'assister à ces réunions, car un refus eût été pris en fort mauvaise part; mais il ne recevait pas à son tour, de là le mécontentement secret de ses cliens et leurs interminables sarcasmes.

Ce jour-là, particulièrement, les bourgeois campagnards, la tête exaltée par l'excellent vin de l'amphitryon, se montrèrent impitoyables pour le pauvre Chardin, à qui pourtant plusieurs d'entre eux devaient la vie. L'un assurait qu'un particulier fort connu dans la commune avait pour habitude, le soir, afin d'économiser du bois et du charbon, de faire cuire son souper au-dessus de la chandelle. Un autre prétendait qu'un *certain* cheval n'avait jamais vu ni son, ni foin dans son écurie, si bien qu'un beau jour la pauvre bête, enragée de faim, avait mangé son râtelier. Un troisième enfin, affectant un air niais et crédule, demandait au docteur si vraiment les écus de six francs enfouis dans la terre finissaient par s'oxyder et se réduire aux proportions d'un écu de cinq. « On a voulu sans doute se moquer de moi, » continua-t-il avec une apparente simplicité; « mais monsieur le docteur pourra certainement me renseigner à ce sujet. »

Ces plaisanteries stupides, ces absurdes lazzi étaient accueillis par de grands éclats de rire. Monsieur Chardin, cet homme humoriste, à l'esprit satirique et mordant, supportait tout avec une bonhomie stoïque. Un sourire de profond mépris venait se jouer sur ses lèvres fines à chaque *coup de pied de l'âne* qu'il recevait de ces campagnards en belle humeur; mais il restait calme, presque nonchalant, ce qui faisait dire à l'un de ses persécuteurs, par forme de félicitation:

— Ce cher docteur, on peut lui dire ce qu'on veut, il ne se fâche pas, mais il nous attend à notre première maladie!

Cependant si Chardin conservait son impassibilité, il n'en était pas de même de sa femme et de sa fille; toutes les deux paraissaient être au supplice. Trop modestes pour oser se mêler à la conversation, elles ne perdaient pourtant pas un mot de ces allusions blessantes, dirigées contre l'homme qu'elles aimaient le plus au monde. Madame Chardin levait les yeux au ciel comme pour le prendre à témoin de l'injustice de ces attaques, tandis que Léonie, la tête penchée sur son assiette vide, avait de la peine à retenir ses sanglots.

Le déjeuner finit, et quelques convives, usant des priviléges de la campagne, se levèrent pour aller prendre l'air au dehors. Mais les adversaires de Chardin, retenus du reste par un bon nombre de bouteilles encore pleines dont la table était chargée, ne lâchèrent pas ainsi leur victime, et, plus on buvait, plus les anecdotes fantastiques et les moqueries de mauvais goût se succédaient avec rapidité.

Au nombre des convives se trouvait un personnage assez insignifiant, amené par monsieur de Lussac, le mari de la petite dame à qui Amédée *adressait ses hommages*. C'était un jeune homme blond et mince, d'un blond fade, d'un costume excentrique. Français d'origine, il avait habité l'Angleterre dès sa plus tendre enfance, et voyageait, disait-on, pour une maison de commerce de Londres. On ne savait pas trop à quel titre il était venu passer quelques semaines au fond du Limousin, chez madame de Lussac, sinon qu'il avait connu madame de Lussac à Paris, et que cette fringante personne semblait être fort de son goût.

Monsieur Dutillet, c'était le nom de ce convive, affectait la morgue britannique, écorchant impitoyablement la langue française, cette langue de son pays. Ces bizarreries avaient le plus grand succès parmi les bourgeois du cru; n'ayant jamais vu d'Anglais véritable, ils regardaient avec curiosité cette ridicule copie des gentlemen d'outre-Manche, et l'attention particulière dont madame de Lussac honorait monsieur Dutillet n'avait peut-être pas d'autre cause.

Pendant le déjeuner, il avait gardé le silence, buvant et mangeant comme quatre. Il paraissait beaucoup plus occupé des agaceries mutuelles d'Amédée Surin et de la jolie coquette, placés à l'autre extrémité de la table, que des plaisanteries dont on accablait à l'envi le pauvre docteur. Cependant, vers la fin du repas, il prêta l'oreille à la conversation et sembla même y prendre quelque intérêt. Tout à coup il vida son verre et demanda vivement:

— Monsieur *Chardine!* ho! qui s'appelle monsieur *Chardine* dans cette pays?

— C'est moi, monsieur, — répliqua le docteur en inclinant modestement la tête.

— Oh! *yes...* vous êtes monsieur Chardine? — Nouveau signe du docteur, qui commença pourtant à froncer le sourcil. — Eh bien! — reprit l'anglomane d'un air grossier, — puisque vous êtes monsieur Chardine, je veux dire à vous un tout petit chose... c'est que vous avez un nom vilain, un nom abominable, un nom de *coquine...* et voilà ce que j'avais à dire à vous!

Un murmure de réprobation s'éleva de toutes parts; le docteur lui-même se redressa d'un air irrité. Mais aussitôt la voix perçante de madame de Lussac se fit entendre par dessus le bruit général.

— Messieurs! messieurs! — s'écria-t-elle; — excusez, je vous prie, monsieur Dutillet... Certainement vous n'avez pas compris sa pensée. Il a quitté la France à l'âge de cinq ans, et n'est pas encore très fort sur la langue; mais il n'a pu vouloir offenser notre cher docteur.

Ce nom de Dutillet semblait avoir frappé Chardin comme un coup de foudre; il garda le silence.

— Je remercie milady d'avoir parlé pour moi, — reprit Dutillet avec une politesse gourmée en s'inclinant; — elle savoir que je être un parfait gentleman... Ce que je dire ne s'appliquer pas à l'honorable monsieur Chardine, ici présente, mais à son nom, car ce être celui d'*une* scélérat, d'*une* voleur, qui être cause de tous les malheurs de *mon* famille.

Cette explication parut satisfaire les assistans; néanmoins madame de Lussac, désirant se faire honneur de son hôte, demanda d'un air de curiosité :

— Et quel est donc, mon cher monsieur Dutillet, ce Chardin contre lequel vous paraissez si furieux?

— Il être mort depuis bien longtemps, milady; il se punir lui-même de *toutes* ses crimes en se faisant sauter le cervelle d'un coup de pistolet. C'était un notaire d'Orléans à qui mistress Dutillet, ma mère, avoir confié son fortune. Ce fripon se ruiner je savoir pas comment et se tuer; ma mère n'avoir plus rien. Alors elle partir pour l'Angleterre, où se trouvaient ses parens, et nous y demeurer. Tout enfant que je être alors, je me rappeler qu'elle pleurer chaque fois qu'on prononcer devant elle ce nom de *Chardine ;* elle être morte en maudissant le scélérat qui l'avoir ruinée.

— Vous voyez, mon cher docteur, — dit madame de Lussac avec un sourire, — que notre pauvre ami ne manque pas de raisons pour haïr le nom que vous portez.

Chardin semblait extrêmement troublé; sa pâleur se reflétait sur le visage de sa femme et de sa fille, qui restaient haletantes, les yeux fixés sur lui.

— Monsieur Dutillet, — reprit-il enfin, — était bien jeune, à l'époque de la catastrophe dont il parle, pour pouvoir appré ier les événemens si graves; d'ailleurs il devrait songer que les morts méritent quelque indulgence.

— Une *coquine* être-t-il plus respectable mort que vivant? — s'écria Dutillet avec emportement; — ah! s'il exister encore, j'irais trouver lui, je foulerais lui sous mes pieds, je tuerais lui!

— Cette vengeance ne serait légitime qu'autant que les torts de ce malheureux notaire n'auraient pas été réparés.

— Qu'appeler vous malheureux, quand je dis à vous que ce être un *coquine?* Je vouloir pas vous appeler lui malheureux devant moi! Je le défends, entendez-vous?

— Et moi, — s'écria Chardin hors de lui, — je vous défends à mon tour d'insulter la mémoire de cet homme, plus malheureux que coupable, je le répète!

— De quoi vous mêler-vous? — s'écria Dutillet exaspéré; de quel droit vouloir, vous, empêcher moi...

— Eh bien donc, puisqu'il le faut, — s'écria Chardin, — je dirai la vérité... ! Quiconque désormais oserait outrager en ma présence la mémoire d'Isidore Chardin, autrefois notaire à Orléans, deviendrait mon ennemi... Isidore Chardin était mon père.

Deux cris partirent à la fois au milieu du profond silence de l'assemblée.

— Ah! mon ami, — s'écria madame Chardin tout en pleurs en courant à son mari, — veille à tes paroles!

— Mon père, mon père, qu'avez-vous fait! — dit Léonie en se levant aussi.

— Laissez-moi! — reprit le docteur. — Aussi bien je

suis las du ridicule et de la réprobation dont on m'accable... Messieurs, — ajouta-t-il avec un sourire amer en s'adressant aux campagnards stupéfaits, — vous allez connaître enfin la cause de cette avarice que vous m'avez reprochée tant de fois. Mon père, je vous l'ai dit, était ce malheureux notaire qui, désespéré des pertes considérables qu'il avait faites, non par inconduite, mais par suite de circonstances fatales, se suicida pour échapper à la honte. Quand cette catastrophe arriva, j'achevais à Paris mes études médicales. J'accourus à ma ville natale, j'entendis les plaintes et les malédictions que tant de personnes jetaient sur la tombe d'Isidore Chardin. Que pouvais-je alors? je ne possédais rien; cependant je jurai de réparer ses torts, dussé-je consacrer ma vie à cette pénible tâche. J'avais obtenu tous mes grades, mais je n'osais exercer ma profession dans un pays où mon nom était odieux. Je vins m'établir ici, espérant que le cruel préjugé ne m'y suivrait pas. Mon calcul s'est trouvé juste, car jamais jusqu'à présent personne autour de moi n'a soupçonné mon triste secret. Je me mis à l'œuvre avec ardeur, et vous savez tous avec quel zèle, quel dévouement j'ai rempli le devoir de ma profession. Mais l'isolement, le défaut d'affections, laissaient un grand vide dans mon âme ; j'eus le bonheur de trouver une compagne telle que je pouvais la désirer. Je ne lui cachai pas mes malheurs passés et mes projets ; elle me comprit, elle se soumit aux privations, elle accepta les sacrifices. Elle, et plus tard mon excellente fille, ont été pour moi des anges consolateurs ; elles m'ont relevé dans mes faiblesses, soutenu dans mes découragemens. Elles me souriaient, elles me prodiguaient des témoignages de tendresse quand, les voyant se contenter d'une nourriture grossière, de vêtemens indignes de leur condition, je me demandais au fond du cœur si j'avais le droit de leur imposer de pareilles souffrances, de pareilles humiliations. — Tout en parlant, le docteur pressait avec émotion les mains des deux pauvres femmes, qui pleuraient en silence. La plupart des assistans eux-mêmes avaient les larmes aux yeux. — Vous comprenez maintenant, mes bons voisins, — continua le docteur avec une légère ironie, — que ma maison ne regorge pas d'or et d'argent, comme on le croit, comme on le dit partout. Les apparences de misère qu'on aperçoit chez moi ne sont que trop réelles. En revanche, un avoué d'Orléans, chargé de la liquidation des affaires de mon père, reçoit chaque année, depuis vingt-cinq ans, des sommes plus ou moins fortes, destinées à désintéresser les créanciers de la succession. Ces créanciers étaient nombreux ; mais enfin, grâce à la sage administration de l'honnête praticien chargé de ces intérêts, mon œuvre est sur le point d'être achevée. Toutes les dettes ont été intégralement soldées ; et quand j'aurai remis au liquidateur une somme qui se trouve en ce moment chez moi, je pourrai demander hautement la réhabilitation de mon père, exiger indulgence et pardon pour sa mémoire.

Pendant ce récit, les femmes avaient dû recourir plus d'une fois à leur mouchoir, et les hommes eux-mêmes étaient émus.

Monsieur Surin, transporté, courut embrasser le docteur.

— Je savais bien, moi, — s'écria-t-il, — qu'il devait y avoir une belle action derrière votre étrange conduite! Mais pourquoi, cher docteur, avez-vous eu si peu de confiance dans vos amis?

— Il ne m'appartenait pas, — dit Chardin avec simplicité, — de souiller moi-même le nom que je porte; je n'ai laissé voir la faute que lorsque j'ai pu montrer en même temps la réparation. Bien des fois, comme aujourd'hui, je me suis senti profondément blessé par des railleries, des reproches que je n'avais pas mérités; mais le témoignage de ma conscience, l'affection et l'estime de ces deux pauvres créatures (il montrait sa femme et sa fille qui se tenaient modestement à ses côtés) me rendaient la force et le courage. Jamais peut-être ce triste secret ne se serait échappé de mes lèvres, si les grossières injures adressées tout à l'heure au souvenir de mon père n'avaient poussé ma patience à bout.

Dutillet avait écouté, bouche béante, ces explications ; et, comme les convives se pressaient autour du docteur pour lui donner des témoignages de sympathie, il s'écria dans son jargon britannique :

— Oh ! une moment, honorables gentlemen, je pas comprendre du toute, du toute, ce monsieur Chardine... Il disait, à moi, qu'il avait payé les créanciers de son papa ; cependant mistress Dutillet n'avoir jamais reçu une penny pour les sommes confiées autrefois à ce Chardine.

— Cela vient, monsieur, — dit le docteur, — que votre mère, en quittant la France, n'avait pas indiqué le lieu de sa retraite. On l'a vainement cherchée tant à Londres que dans le reste de l'Angleterre. Aussi les sommes qui lui revenaient, plus que doublées aujourd'hui par l'accumulation des intérêts, sont-elles en dépôt entre les mains du liquidateur de la succession de mon père.

L'anglo-français pâlit, puis il devint rouge, comme s'il allait avoir un coup de sang.

— Que dire vous à moi ? — balbutia-t-il d'une voix étranglée ; — je n'avoir pas bien entendu sans doute.

— Je dis, — répliqua le docteur posément, — que monsieur Gaspard, homme d'affaires à Orléans, tient en dépôt une somme de quatre-vingt mille francs ou environ, revenant aux héritiers de la dame Dutillet. Allez le trouver, ou bien écrivez-lui ; cet argent vous sera remis dès que vous aurez fait constater vos droits.

Dutillet était fou de joie.

— Vous être un brave homme, — s'écria-t-il ; — vous être un vrai gentleman... J'aimer vous véritablement, et je vouloir embrasser vous !

Et il se rua sur le pauvre docteur, qui n'esquiva qu'à grand'peine ses accolades.

Tous les invités entouraient les principaux acteurs de cette scène. Pendant que les uns cherchaient à calmer Dutillet, qui se livrait aux démonstrations les plus extravagantes, les autres continuaient d'adresser à monsieur Chardin les complimens les plus chaleureux sur un héroïsme dont ils se sentaient incapables. Gérard vint aussi serrer la main du docteur ; il ne dit rien, mais ses traits exprimaient tant d'admiration, de respect, que Chardin en fut touché. Il parut vouloir adresser un mot amical à son jeune admirateur, mais, se ravisant aussitôt, il se contenta de saluer froidement. Gérard s'éloigna d'un air triste.

Le baron de Bermondet fut le dernier à féliciter le digne médecin de campagne sur son dévouement filial ; c'est que peut-être il en sentait plus vivement que les autres toute la grandeur.

— Monsieur Chardin, — dit-il d'une voix pénétrée, — vous êtes le plus honnête homme que je connaisse !... Heureux ceux qui n'ont à cacher que de pareils secrets !

Et il ne put retenir un soupir.

Ce soupir fut répété, comme par un écho, dans un angle de la tente où se trouvaient monsieur Surin et la comtesse.

En ce moment, un petit paysan déguenillé, nu-pieds et la tête couverte d'un chapeau de paille dont les bords semblaient avoir été rongés par les rats, se glissa parmi les invités en demandant le docteur. Madame Chardin fut la première à reconnaître Tony, son jeune valet d'écurie.

— Que veux-tu, petit drôle ? — dit-elle toute honteuse de l'équipage de son unique domestique. — Pour te présenter ici, n'aurais-tu pas dû mettre tes souliers et ôter ton chapeau ?

Le pauvre diable semblait interdit et ne pouvait parler. Léonie s'en aperçut.

— Ma mère, — dit-elle avec inquiétude, — ne le troublez pas ou vous ne tirerez rien de lui. Je tremble, à son air, qu'il ait à nous annoncer quelque malheur.

— Voyons, de quoi s'agit-il, Tony ? — demanda monsieur Chardin à son tour ; — est-ce qu'on est venu me chercher pour un malade ? Tu sais pourtant bien que je t'avais expressément défendu de laisser la maison seule.

— Oh ! maître, — répliqua le petit paysan d'un air consterné, — la maison n'a plus besoin d'être gardée maintenant. Il est parti !

— Qui donc est parti, imbécile ?

— Bah ! vous savez bien ? le monsieur blessé que vous aviez logé dans le cabinet du jardin. Ce matin, il était encore couché, mais il est guéri, faut croire, puisqu'il a décampé.

Chardin regarda sa femme et sa fille, qui semblaient frappées d'étonnement.

— Quoi ! docteur, — demanda le baron de Bermondet, — vous recevez des pensionnaires chez vous ?

— C'était un pauvre diable que j'avais recueilli par charité, — répliqua le médecin avec embarras ; — enfin, — ajouta-t-il d'un ton insouciant, — nous en voilà débarrassés... Mais tu n'étais donc pas là, drôle, quand ce gaillard est parti ?

— Écoutez, maître, je vais vous dire : il m'avait remis une pièce de deux sous pour aller lui chercher du tabac chez la mère Jérôme, au Prieuré... Comme vous aviez dit de faire ce qu'il commanderait, j'y suis allé, moi.

— Nigaud !... Mais, en effet, comment croire qu'un homme aussi malade pourrait se lever, se mettre en route, sans vêtemens et probablement sans ressources !

— Ce ne sont pas les habits qui lui manquent, maître, ni l'argent non plus, — répliqua le jeune valet en glissant son doigt dans un trou de sa veste ; — et puis il n'aura pas besoin de marcher.

— Que veux-tu dire ? — s'écria Chardin en pâlissant.

— Dame ! monsieur, quand je suis revenu du Prieuré, l'écurie était ouverte et votre cheval...

— Est-il possible !

— Et puis vos habits, que j'avais mis dans votre chambre, après les avoir brossés, avaient disparu de même.

— Mes habits !... Est-ce bien tout ? — demanda le docteur haletant.

— Non, maître, — dit l'enfant en abandonnant le trou de sa veste pour se gratter l'oreille, — il reste le pire, voyez-vous... Quand je suis entré dans votre chambre, j'ai vu votre secrétaire forcé ; la grosse sacoche si lourde, que nous devions demain porter à la ville, ne s'y trouvait plus.

Chardin tomba sur un siège en poussant un gémissement. Sa femme et sa fille s'abandonnèrent à la plus vive douleur.

— Mais qu'est-ce donc ? — demanda Surin, — qui ne comprenait pas encore.

— Je suis volé ! — s'écria le docteur avec un accent de désespoir ; — une somme de dix mille francs que je comptais verser demain chez le receveur général du département, pour solde des dettes de mon père, vient de m'être enlevée !... Cette réhabilitation que je croyais si prochaine, dont je me vantais hautement tout à l'heure, recule encore devant moi... Et l'auteur de ce crime est un homme que j'avais recueilli par bonté d'âme dans ma maison, à qui j'avais sauvé la vie et plus encore peut-être !

Il se cacha le visage en sanglotant ; les assistans étaient stupéfaits. Gérard fendit la foule qui se pressait autour du docteur et sa famille.

— Monsieur Chardin, — dit-il avec agitation, — je regrette bien de ne pas vous avoir fait part plus tôt d'une circonstance dont le hasard m'a rendu témoin, et qui confirme le rapport de votre domestique. Mais si j'ai commis une faute, je suis prêt à la réparer de tout mon pouvoir.

Il raconta ce qu'il avait vu pendant sa promenade avec la comtesse.

— Et combien y a-t-il de temps de cela ? — demanda le docteur.

— Trois heures environ.

— Trois heures! Alors il est trop tard pour poursuivre ce scélérat... Quoique mon cheval n'aime guère à quitter son pas d'amble, il a pu déjà mettre une grande distance entre nous et lui... Ah! jeune homme, que n'avez-vous parlé plus tôt?

— N'importe, monsieur le docteur, — reprit Gérard avec impétuosité, — un accident peut avoir retardé la fuite de ce misérable. Il faut battre le pays, donner l'alarme partout, courir dans toutes les directions. Pour moi, je pars à l'instant.

— Oui, oui, faites cela, — dit Léonie bas, d'un ton suppliant; — ayez pitié de mon pauvre père!

Puis, voyant les yeux de Gérard attachés sur elle avec reconnaissance, elle rougit et se tourna toute confuse d'un autre côté.

— Monsieur Gérard a raison, — dit le baron à son tour, — je vais aussi monter à cheval, et je pense que tous nos bons voisins voudront nous assister dans cette recherche. Mais auparavant, docteur, quel est donc cet homme que vous aviez recueilli chez vous et qui reconnaît si mal votre hospitalité?

— Eh! qui donc serait-ce, — répondit Chardin avec une sorte de colère contre lui-même, — sinon cet abominable chenapan dont on a tant parlé ces derniers temps, et qu'on appelle, je crois, le Parisien?

— Le Parisien! — s'écria-t-on de toutes parts.

— Le Parisien! — répéta le baron de Bermondet, qui devint livide; — je ne l'ai donc pas tué?

— Non, vous ne l'avez pas tué... malheureusement; croyez-vous donc que les vauriens meurent aussi facilement que les honnêtes gens? N'ont-ils pas la vitalité du chat et de la vipère? Quand, pour votre défense, vous l'eûtes frappé de votre canne à dard, il roula dans le ravin; vous le crûtes mort, parce que ce n'est pas votre état de distinguer la mort réelle de la mort apparente. Un quart d'heure après l'événement, je traversais la forêt pour revenir à Fontbasse; j'aperçus quelque chose qui s'agitait en bas du pont de Chantelauve; c'était le Parisien qui commençait à reprendre ses sens. Je mis pied à terre et je courus à lui. Sa blessure était grave, mais non mortelle; je le pansai, puis le plaçai sur mon cheval et je le conduisis chez moi. Je voulais, le soir même, aller faire ma déclaration à l'autorité, mais le blessé m'en dissuada. Il me dit qu'il était un pauvre ouvrier, victime d'une méprise, en danger d'être arrêté. Il me fit remarquer qu'il avait été cruellement puni de sa tentative contre monsieur de Bermondet; enfin il promettait de m'expliquer plus tard la cause de ce funeste accident... Bref, je me laissai toucher comme un niais. Un médecin doit avoir la discrétion d'un confesseur; je ne dis rien et je recommandai le secret aux personnes de ma maison sur cette aventure. Le malade allait de mieux en mieux; cependant il affectait une extrême faiblesse, sans doute pour m'abuser plus sûrement. Les bruits absurdes que l'on a répandus sur mes grandes richesses l'auront tenté sans doute, et il a profité de notre absence pour me dépouiller.

Le baron était déjà plongé dans une sombre rêverie.

— Il est vivant, — murmura-t-il, — il est vivant!

— Partons, — dit Gérard.

— Oui, oui, partons! — répétèrent plusieurs voix.

— Eh bien! soit, mes chers voisins, — dit le docteur; — après tout, le voleur n'est pas bien fort encore; le mouvement du cheval aura pu faire rouvrir sa blessure ou tout au moins l'obliger à ralentir sa course... Tout espoir n'est peut-être pas perdu de le rattraper... mais il faut que je sois en cause un instant à ce sujet avec monsieur Surin.

Le manufacturier s'avança d'un air d'empressement et ils se mirent à se concerter ensemble, tandis que les cavaliers, de leur côté, convenaient des diverses directions que chacun d'eux devait prendre.

Gérard était déjà sorti. Après avoir échangé quelques mots avec Amédée, qui se lamentait de ne pouvoir le suivre, il alla rejoindre son cheval sous un immense châtaignier qui servait d'écurie provisoire.

Comme il se mettait en selle, une voix douce et craintive se fit entendre près de lui.

— Gérard, — disait-on, — soyez prudent, ne vous exposez pas. Par grâce, mon enfant, conservez-vous précieusement... pour ceux qui vous aiment!

C'était la comtesse de Bermondet. Gérard la remercia par un sourire plein de reconnaissance et s'empressa de partir.

XIV

LA POURSUITE.

Gérard avait un excellent cheval, qui ne ressemblait en rien au ridicule locatis sur lequel il avait fait son entrée au Prieuré, quelques semaines auparavant. Avec une pareille monture, il pouvait raisonnablement espérer d'atteindre bientôt le normand robuste mais un peu lourd du docteur, pour peu que le voleur n'eût éprouvé quelqu'un de ces accidens si fréquens en voyage. D'ailleurs le soleil était encore haut, et l'on avait devant soi quatre heures de jour : c'était plus qu'il n'en fallait, le hasard aidant, pour mener à bien l'entreprise de Gérard.

Tout en galopant, il réfléchissait sur quel point il devait diriger ses recherches. Selon toute apparence, le Parisien n'avait pas osé prendre le grand chemin, au risque de faire des rencontres fort dangereuses pour lui. Il était plus probable qu'il avait tenté de gagner par la traverse une petite ville éloignée de plusieurs lieues, où les moyens de se cacher et de mettre en sûreté les produits de son vol ne lui manqueraient pas.

Quand il arriva dans le voisinage de Fontbasse, cette opinion se trouva confirmée. Un cheval, qui semblait être parti de l'habitation du docteur, avait imprimé des traces récentes sur la terre humide; ces traces suivaient un chemin non pavé qui s'enfonçait dans la campagne, à peu près dans la direction que supposait Gérard.

Sûr de ne pas se tromper, le jeune homme suivit cette route sans perdre de vue les traces précieuses. Souvent elles disparaissaient sur le terrain solide et sur les feuilles sèches; mais il les retrouvait bientôt, et il ne ralentissait pas sa course rapide.

Cependant, à mesure qu'il avançait, les difficultés se multipliaient. Des chemins de traverse, piétinés par les bestiaux des fermes voisines, croisaient à chaque instant sa route, et il avait souvent beaucoup de peine à reconnaître l'empreinte de pas qui lui servait de fil d'Ariane au milieu de ce labyrinthe. La campagne, de ce côté, devenait de plus en plus déserte : c'était un sol tourmenté, sablonneux, couvert de bruyères. Le cheval, fatigué par des montées et des descentes continuelles, n'avait déjà plus sa première ardeur. Pour comble de malheur, Gérard atteignit un carrefour où la piste qui l'avait conduit jusque-là s'effaçait complètement. Autour de lui, le sol était rocailleux, couvert de pierres; vainement le cavalier mit-il pied à terre et chercha-t-il à reconnaître au milieu de ces cailloux mobiles une dépression, une légère indication qui servît à le guider; l'instinct merveilleux d'un Mohican eût été lui-même en défaut.

Que faire? Gérard ne connaissait pas le pays; il ne savait même pas exactement dans quelle direction se trouvait la petite ville où le voleur avait pu chercher un refuge. A la vérité, le Parisien peu familier comme lui avec ces localités perdues avait dû se trouver comme lui dans un mortel embarras. Une vieille femme faisait paître quelques moutons chétifs au revers d'un coteau; mais elle était trop éloignée pour qu'il fût prudent d'aller lui demander, inutilement peut-être, les renseignemens nécessaires. Aussi Gérard, sans perdre de temps, lança-t-il son cheval au hasard, et, comme on dit, *au petit bonheur*, dans l'embranchement de route qui se trouvait devant lui. C'était une bonne inspiration, car au bout de quelques instans il retrouva l'empreinte de pas parfaitement visible sur le sable.

Plusieurs heures s'écoulèrent ainsi. Gérard conjectura qu'il devait avoir fait trois ou quatre lieues. Malgré la solitude profonde de cette campagne aride, il avait pu se procurer quelques renseignemens positifs sur le personnage qu'il poursuivait. Un vieux paysan, assis devant la porte d'une ferme isolée, dit à Gérard qu'il avait vu passer une heure auparavant un cavalier dont le signalement se rapportait à celui du Parisien. Le fugitif s'était arrêté pour demander un verre d'eau-de-vie. Comme on n'avait pu le satisfaire, et, pour cause, il avait continué sa route en maugréant. Une demi-lieue plus loin, Gérard aperçut une petite fille déguenillée qui faisait paître sa vache dans une lande maigre, couverte d'ajoncs. Sans doute elle n'avait pas ce droit, car, à la vue du voyageur, elle voulut s'enfuir; mais Gérard parvint à la rassurer en lui disant quelques mots caressans dans la langue du pays, qu'il parlait avec facilité. L'enfant raconta que moins d'une demi-heure auparavant elle avait vu passer *un monsieur à cheval*; le cheval, pauvre bête! était couvert de sueur et paraissait hors d'haleine. Quant au *monsieur*, il était si pâle, si pâle, que la jeune vachère, effrayée, avait couru se cacher derrière une touffe de genêts.

— Il aura trop présumé de ses forces, — pensa Gérard, — et sa blessure se sera rouverte comme le supposait le docteur. Quoi qu'il en soit, il est certain maintenant que je gagne du terrain sur lui; je ne peux tarder à le joindre.

— Il se fit indiquer la route qu'avait suivie le Parisien, jeta quelques sous à la petite fille et repartit aussitôt. Néanmoins le soleil était couché, la nuit approchait, brumeuse et froide, quand il atteignit l'extrémité de cette lande inculte qu'il venait de traverser. Devant lui s'élevait une de ces hautes collines que, dans certains pays moins accidentés, on appellerait des montagnes. Au pied se trouvaient de grands rochers qui conservaient encore des vestiges d'anciennes exploitations. Sur les flancs de la colline, à peine couverte d'un gazon flétri, serpentait le chemin, dont on pouvait apercevoir les nombreuses sinuosités. Gérard pensa qu'un malade monté sur un cheval épuisé n'avait pu franchir aisément un pareil obstacle. Il espérait donc le voir en train de gravir cette pente escarpée; mais le sentier était absolument désert. Aussi loin que la vue pouvait s'étendre, on n'apercevait rien de vivant, et cette nature sauvage semblait prendre un caractère plus sombre et plus menaçant à mesure que les ombres du soir descendaient sur elle. Gérard ne se laissa pas décourager par ce désolant tableau. — Dussé-je passer la nuit ici, — dit-il, — je ne reculerai pas! Sans doute, du sommet de cette hauteur je verrai mon homme de l'autre côté. Encore un effort! je suis sûr qu'il n'a pas dépassé depuis plus de cinq minutes la crête de la colline.

Et il continuait de presser sa monture. Cependant, en arrivant dans le voisinage des rochers dont nous avons parlé, il sentit la nécessité d'avancer avec plus de précautions. Le sol se hérissait de grosses pierres anguleuses; le sentier était resserré tantôt par des blocs de porphyre, dont la teinte rouge était égayée par des plaques de lichen jaune et des panaches de polypodes, tantôt par des excavations irrégulières au fond desquelles croupissait une eau verdâtre provenant des dernières pluies. Comme le voyageur se glissait avec prudence au milieu de ces difficultés, il crut entendre une sorte de piétinement à sa gauche; en même temps, il aperçut du même côté quelque chose qui se mouvait dans l'ombre.

Il fit halte et prêta l'oreille; mais le bruit avait cessé, quoique la forme inconnue continuât de se mouvoir à vingt pas de lui ; on eût dit d'un animal de grande taille errant à l'aventure au pied de ces rochers stériles.

Quoique plein de courage, Gérard était de tempérament nerveux, d'imagination ardente; cette solitude profonde, cette demi-obscurité, la pensée de l'homme terrible qui s'était réfugié peut-être dans cet endroit écarté, lui firent éprouver un frémissement de crainte. Néanmoins, voulant éclaircir à tout prix ses soupçons, il marcha résolûment vers l'objet mystérieux qui venait d'éveiller son attention.

C'était un cheval sans cavalier; les sangles brisées, la bride pendante, il essayait de paître l'herbe fine et drue qui croissait dans les bas-fonds. Du premier coup d'œil Gérard reconnut le normand gris du docteur. Il s'attendait à voir paraître aussi le Parisien; mais le cheval était vraiment abandonné. Au bruit causé par l'approche du voyageur, il releva la tête, renifla bruyamment, et vint en boitant au-devant de Gérard, comme pour se mettre sous sa protection.

Le jeune homme était frappé de surprise ; sur la croupe du normand se trouvait encore la lourde sacoche volée récemment à Fontbasse. Sans hésiter, Gérard s'empressa de détacher le précieux fardeau, de le fixer solidement, au moyen de courroies, sur le devant de la selle de son cheval ; puis rassuré désormais sur le principal objet de son expédition, il essaya de s'expliquer cette circonstance inattendue.

Sa première pensée fut que le Parisien, l'ayant aperçu de loin, voulait acheter son salut au prix d'une restitution; incapable de se défendre, il avait sans doute abandonné le cheval et sa charge, pour se réfugier dans d'épais genêts qui couvraient une partie de la lande. Mais, à la réflexion, Gérard changea d'opinion. Comment supposer en effet qu'un voleur qui, malgré son épuisement et sa blessure avait montré tant de constance, de courage et d'énergie dans la perpétration de son crime, eût pu renoncer volontairement à cette riche proie? D'ailleurs l'état pitoyable du cheval indiquait une autre cause à l'événement. N'était-il pas plus probable que la pauvre bête, brisée de fatigue et pressée outre mesure, avait buté contre une pierre et s'était abattue en entraînant son cavalier? Dans ce cas, le Parisien devait être évanoui, mort peut-être, à peu de distance.

Par un sentiment d'humanité tout naturel dans son âme généreuse, Gérard voulut porter secours au misérable qu'il supposait en détresse. Sans réfléchir qu'il était sans armes, que le Parisien, caché derrière une touffe de broussailles, guettait peut-être le moment de le frapper par surprise, il se mit en devoir de commencer ses recherches. Toutefois, il ne voulut pas se séparer du trésor qu'il avait si miraculeusement conquis; il ne quitta pas la selle et poursuivit sa route au petit pas, tandis que le pauvre normand, grâce à son instinct de domesticité, suivait par derrière.

Les investigations de Gérard ne furent pas longues. Comme il allait dépasser la dernière de ces roches abruptes qui l'entouraient, il aperçut tout à coup un corps humain étendu sans mouvement à quelques pas du sentier. Aux vêtemens dont il était couvert, Gérard, malgré l'obscurité croissante, reconnut le Parisien.

Il mit pied à terre, et, le bras passé dans la bride de sa monture, il approcha sans défiance. Quel fut son étonnement quand, se penchant sur le prétendu cadavre, il vit deux grands yeux brillans fixés sur lui! En même temps il entendit une respiration courte, haletante comme un râle de mourant.

Gérard fit un mouvement en arrière; mais honteux aussitôt de cette apparence de crainte vis-à-vis d'un homme évidemment incapable de nuire, il lui demanda d'une voix émue s'il pouvait le soulager en quelque chose.

Le Parisien regardait Gérard d'un air farouche.

— Ah! c'est vous, petit? — dit-il enfin avec un sourire amer. — Vous ne me feriez pas peur si j'étais encore sur mes pattes... Mais cette fois je crois que j'ai mon compte; laissez-moi donc crever en paix. Vous avez ce que vous voulez; vous pouvez ramener aussi ce gredin de cheval qui m'a joué de si vilains tours; allez donc, et plus vite que ça; pour moi, mon sac est fait... Je pars décidément pour le grand voyage.

Il voulut se retourner afin de ne plus voir l'importun qui troublait ses derniers instans, mais une atroce douleur l'en empêcha; il ne put retenir un sourd gémissement.

— Votre blessure se sera rouverte, — reprit Gérard touché de compassion bien que le Parisien eût mérité son sort : — voulez-vous me permettre d'examiner...

— Ne me touchez pas, mille tonnerres! — dit le mourant avec sa rudesse ordinaire; — au moindre mouvement, je sens que l'âme s'échappera par quelque fêlure ancienne ou nouvelle... Cette dernière chute m'a rompu les reins... Je souffre la peau du diable!

— Eh bien donc! que puis-je faire pour vous?

— Rien... laissez-moi tranquille.

Et le malheureux fut pris aussitôt de ce hoquet sinistre qui précède la mort. Gérard, de plus en plus ému, s'agenouilla près du blessé et lui dit d'un ton solennel :

— Écoutez-moi, Parisien, vous avez mené selon toute apparence une vie coupable, souillée de crimes; maintenant que vous allez mourir, ne voulez-vous pas demander à Dieu pardon de vos fautes passées? Songez qu'une seule pensée de repentir sincère les effacera toutes. — Le moribond fit entendre un effroyable blasphème et agita faiblement la main comme pour imposer silence à Gérard. — Malheureux! quoi! pas un mot de repentir dans ce redoutable moment?... Eh bien! du moins n'avez-vous pas, avant de paraître devant votre maître et votre juge, quelque tort à réparer, quelque bonne action à faire? Cela seul suffirait peut-être pour éveiller en votre faveur la miséricorde divine.

Les traits du scélérat, crispés par d'atroces douleurs, se détendirent; un vague sourire agita ses lèvres bleuâtres.

— Cherchez... dans la poche de ma veste, — dit-il avec effort entre deux convulsions; vous trouverez... une lettre. — Gérard s'empressa d'obéir; il retira de la poche du Parisien un papier grossier, plié sous forme de lettre, et portant une adresse en caractères d'un demi-pied. Le mourant parut satisfait. — Vous remettrez la chose au bonhomme Surin, — reprit-il en réunissant ce qui lui restait de force pour donner ces instructions; — je comptais jeter cette lettre à la première poste que je rencontrerais... mais ce maudit cheval... que l'enfer me...!

Une effroyable crise l'empêcha d'achever. Ses yeux hagards se tournèrent dans leurs orbites, et sa poitrine se souleva dans une dernière convulsion. Gérard contempla un instant ce visage décomposé. Aucun muscle ne remuait plus, les yeux étaient éteints. Gérard appuya sa main sur la poitrine chaude encore; le cœur avait cessé de battre. Cette fois le Parisien était bien mort.

Alors le jeune homme ressentit un léger frisson à songer qu'il était seul avec ce cadavre, dont les ombres de la nuit semblaient faire grimacer les traits sinistres. Après s'être assuré de nouveau, malgré sa répugnance, que tous secours seraient désormais inutiles au Parisien, il se mit en devoir de retourner sur ses pas.

— Peut-être, — murmura-t-il, — ne devrais-je pas abandonner ce corps humain; mais il m'est impossible de le charger sur le cheval du malade, et la pauvre bête est blessée. Je préviendrai la justice et on accomplira les formalités d'usage... Je ne puis rien de plus, sinon d'implorer la clémence de Dieu pour l'homme qui comparait maintenant devant lui. — Il fit le signe de la croix, prit en main la bride du cheval malade, et monta sur l'autre; puis il partit sans retourner la tête, comme s'il eût craint d'être poursuivi. Quand il se trouva dans la plaine, le ciel était encore clair et lumineux au-dessus de sa tête, mais la terre s'enveloppait d'ombres épaisses; la ligne de l'horizon se dessinait d'une manière nette sur les nuages rougeâtres du couchant; le chemin formait comme une raie grisâtre dans la verdure foncée des bruyères. L'esprit tout rempli d'images lugubres, Gérard croyait voir dans chaque touffe d'ajoncs ou de genévriers la figure hideuse du Parisien. Cependant, à mesure qu'il s'éloignait, le calme rentrait

dans son âme, et il appréciait avec plus de sang-froid les circonstances de ce dernier événement. La lettre dont il était porteur lui semblait surtout matière à réflexions. Que pouvait écrire le Parisien à son ancien patron? Ce n'était pas certainement pour implorer le pardon de ses fautes passées : l'endurcissement du malfaiteur au moment de mourir n'annonçait pas de remords, et son sourire ironique, en chargeant le brave jeune homme de cette commission suprême, trahissait un mauvais dessein. Aussi Gérard se demandait-il s'il devait ou non remettre à son adresse ce papier suspect, cause future peut-être de nouveaux malheurs. Pendant qu'il était en proie à ces réflexions, il entendit au milieu du silence des pas de chevaux sur la lande. — On me cherche, — pensa-t-il, — et sans doute je vais être accablé de questions... Dois-je parler de cette lettre mystérieuse? Dois-je la cacher?... Mon Dieu, conseillez-moi !

Quelques minutes après, il était rejoint par deux gendarmes et un domestique du château, qu'on avait envoyés pour l'assister et le secourir au besoin.

XV

SCÈNES DE FAMILLE.

Cependant une extrême agitation régnait au château de Bermondet. Des gens à cheval allaient et venaient sans cesse dans la cour d'honneur. Le grand salon était plein de monde; mais cette pièce somptueuse présentait l'aspect d'un désordre inaccoutumé. Quelques lampes, quelques bougies, comme oubliées sur les meubles, l'éclairaient d'une manière incomplète, et les parties les plus reculées restaient dans l'ombre.

La plupart des bourgeois invités à la pêche de la fosse aux Moines attendaient, malgré l'heure avancée, le résultat des recherches qui se continuaient de tous côtés. Le baron de Bermondet et Gérard n'étaient pas rentrés encore; on ne savait rien d'eux ni de leur mission. Mais, à mesure que la soirée s'écoulait, l'impatience de regagner le logis l'emportait de beaucoup, chez ces campagnards rangés et méthodiques, sur le désir d'apprendre des nouvelles. Les hommes bâillaient à la dérobée; les femmes avaient cessé de chuchoter, et la petite madame de Lussac n'écoutait plus qu'avec distraction les agaceries d'Amédée, qui ne la quittait pas un instant.

La comtesse de Bermondet n'était pas plus tranquille; le moindre bruit du dehors la faisait tressaillir. Quand elle parlait, sa voix était brève, oppressée; son sourire avait quelque chose de douloureux. Léonie Chardin, et même la rieuse Louise, semblaient éprouver, par sympathie sans doute, des impressions analogues; toutes les trois souffraient de cette anxiété fiévreuse qui paraît être le pressentiment d'un malheur prochain et inévitable.

Le docteur Chardin restait à l'écart. Il avait écouté d'un air indifférent les consolations banales de ses cliens au sujet du vol considérable dont il était victime. Il n'en fut pas de même cependant lorsque monsieur Surin vint prendre un siège vide à côté de lui et dit avec cordialité :

— Allons! courage, docteur. Morbleu! plaie d'argent n'est pas mortelle, et vous savez qu'une boutonnière à la poitrine peut n'être pas aussi facile à guérir. Voyons! est-ce une misérable somme de dix mille francs qui vous tourmente pour en finir avec les mauvaises affaires de... là-bas? Venez demain au Prieuré, et nous en causerons. Je vous en veux beaucoup, Chardin, de m'avoir caché si longtemps votre secret; le seul moyen d'obtenir mon pardon, c'est de venir demain chez moi. Voyons, est-ce entendu?

Le docteur lui serra la main avec énergie.

— Mer i, Surin, — dit-il d'une voix sourde, — je n'attendais pas moins de vous ; mais vous vous trompez sur la cause de l'abattement où vous me trouvez. Le travail et l'économie me feront retrouver la somme perdue. Ce qui m'occupe en ce moment est autrement grave et vous touche plus directement que vous ne pensez.

— Moi ? — demanda le manufacturier étonné.

— Vous et beaucoup d'autres personnes encore. Ah ! Surin, Surin, pourquoi faut-il que vous me donniez une pareille preuve d'amitié quand je vais être forcé peut-être de vous affliger cruellement ? Quoi qu'il arrive, souvenez-vous que jamais honnête homme ne s'est trouvé dans de mortels embarras comme j'en éprouve depuis trois jours et surtout depuis quelques heures.

Monsieur Surin, surpris et effrayé, allait demander l'explication de ces paroles ; un grand bruit se fit entendre dans la cour.

— C'est Achille, sans doute, — s'écria la chanoinesse toute haletante en s'élançant vers la porte, — ou peut-être ce pauvre Gérard ! — C'était le baron de Bermondet, couvert de sueur et de poussière. Il se jeta dans un fauteuil et annonça d'un ton laconique qu'il avait fait plusieurs lieues au galop sur la grande route sans avoir pu recueillir des renseignemens relativement au voleur. — Et Gérard ? — demanda la comtesse avec intérêt ; — n'avez-vous pas rencontré ce généreux enfant qui s'expose au danger avec tant de témérité ?

Le baron n'avait pas vu Gérard.

— Allons, allons, — dit alors madame de Lussac en saisissant cette occasion de prendre congé, — monsieur Gérard se retrouvera ; ces beaux garçons-là ne se perdent pas ainsi par les chemins comme un ruban mal attaché. Maintenant que nous avons vu monsieur de Bermondet rentrer sans accident, nous pouvons, je crois, nous retirer. Demain nous aurons des nouvelles plus favorables pour notre cher baron... Mais la nuit s'avance et la route n'est pas des meilleures. Monsieur Dutillet, je compte sur vous pour conduire le cabriolet, car je connais monsieur de Lussac, il s'endormira dès qu'il aura mis le pied dans la voiture. Allons, adieu, madame la comtesse ; adieu, messieurs ; espérance pour tous !

En prononçant ces mots, il semblait qu'elle lançât une œillade assassine vers Amédée ; puis elle s'appuya sur le bras de Dutillet, et rejoignit un vieux cabriolet d'osier qui l'attendait dans la cour. Tous les voisins de campagne suivirent son exemple, et prirent les uns après les autres le chemin de leurs demeures. Madame Chardin s'approcha de son mari, qui restait pensif à l'écart :

— Mon ami, — demanda-t-elle, — ne ferions-nous pas bien de partir aussi ?

— Pas encore, ma chère, — répondit le docteur d'une voix ferme en se levant brusquement, comme s'il venait de prendre une grande résolution. Et il se rapprocha de la partie éclairée du salon. — Je désire entretenir de choses graves les honorables familles Surin et de Bermondet, — reprit-il ; — puisque je les trouve réunies en ce moment, je déchargerai ma conscience d'un fardeau qui lui pèse... Mais d'abord j'ai besoin d'invoquer toute la bienveillance, toute l'indulgence même de ceux qui m'écoutent. Si j'interviens ainsi dans des intérêts et des sentimens qui devraient m'être étrangers, c'est que j'obéis à de pénibles mais impérieux devoirs.

Ce singulier préambule frappa de crainte la plupart des assistans.

— Comme vous nous dites cela, docteur, — répondit Surin d'une voix un peu tremblante ; — parlez, mon ami. Pour ma part, je ne saurais m'offenser, quoi que vous puissiez dire.

— J'y compte ; mais j'ai besoin que monsieur de Bermondet et madame la comtesse me donnent la même assurance.

— Docteur, — répliqua le baron avec embarras, —avant

même la révélation de ce matin, je vous regardais comme le plus honnête homme que je connusse.

— Et moi, docteur, — ajouta la chanoinesse, — dans un cas difficile, je ne demanderais conseil à personne au monde plus volontiers qu'à vous.

— Il suffit... Je suis fier de cette estime, qui me permettra peut-être d'empêcher de grands malheurs dans l'avenir. Ce que je dois dire touche tous ceux qui sont ici... Quant à ces deux pauvres créatures, — ajouta Chardin en désignant sa femme et sa fille, — ne craignez pas d'indiscrétion de leur part : elles ont trop bien gardé leur secret pour ne pas garder de même celui de leurs amis.

Il s'arrêta de nouveau comme pour se recueillir.

— Voyons, au fait ! — dit le manufacturier avec impatience. — En vérité, vous nous brûlez à petit feu !

— M'y voici, mon cher Surin, — reprit le docteur avec émotion ; — c'est à vous et à monsieur le baron, comme chefs de vos familles respectives, que je m'adresse. Ne vous semble-t-il pas, comme à moi, que des événemens survenus récemment ont rendu vos projets d'alliance impossibles ?

Quoique cette interpellation fût attendue peut-être, elle n'en produisit pas moins l'effet d'une bombe éclatant tout à coup au milieu du salon. Louise se renfonça dans son fauteuil pour cacher sa pâleur subite : la comtesse, au contraire, distraite et préoccupée jusque-là, se redressa vivement ; Bermondet et Surin, stupéfaits, éperdus, frappés de mille idées contraires, gardaient le silence.

Mais Amédée ne put se contenir.

— Que dites-vous donc là, monsieur Chardin ? — s'écria-t-il ; — cette fois il ne s'agit pas de médecine ; malgré notre affection pour vous, il ne vous appartient pas...

— Tais-toi, mon fils, tais-toi, — dit le manufacturier ; — si tu savais... Mais je te prie, je t'ordonne de te taire.

Amédée se rassit avec humeur. Dès que le silence fut rétabli, Chardin reprit d'une voix plus ferme :

— C'est à votre conscience, monsieur Surin ; c'est à votre conscience aussi, monsieur le baron, que je m'adresse... Allons, pas d'illusions, pas de faiblesses ! Les illusions seraient funestes, les faiblesses seraient cruellement expiées. N'est-il pas vrai que, des deux parts, certains motifs secrets s'opposent désormais au mariage projeté ?

Surin et le baron ne répondirent pas d'abord.

— Docteur, — répliqua le manufacturier avec effort, — les espérances que je caressais depuis tant d'années se sont-elles donc évanouies ? Des deux malheurs que je pouvais craindre, l'un est déjà venu fondre sur moi... Mais laissez-moi croire, Chardin, oh ! laissez-moi croire que l'autre ne viendra pas !

Les sanglots lui coupèrent la parole. Tous les yeux se mouillèrent de larmes. Le docteur lui-même parut s'attendrir.

— Surin, — dit-il, — je ne vous tromperai pas ; depuis quelques jours j'ai la certitude qu'un miracle seul pourrait empêcher le malheur dont il s'agit ; et, vous le savez, il ne faut pas attendre de miracles.

Le pauvre père s'affaissa sur lui-même en poussant un sourd gémissement.

— Monsieur le docteur, — dit la comtesse, — qui sentait le besoin d'intervenir dans cette scène étrange, — je ne sais quelles raisons vous pouvez invoquer auprès de monsieur Surin pour le détourner d'un projet qui se trouvait à la convenance des deux familles... Mais si par malheur les anciens plans n'avaient pas de suite, il serait constaté, j'espère, que cette fâcheuse rupture ne vient pas de nous.

— Etes-vous bien sûre de ce que vous affirmez, madame ? — demanda Chardin froidement. — Eh bien ! — ajouta-t-il en se tournant vers le baron, — j'adjure monsieur de Bermondet de répondre avec la loyauté qui le distingue. Pour lui comme pour monsieur Surin, les circonstances n'ont-elles pas changé depuis quelques jours ?

Achille se troubla ; cependant il répondit en balbutiant :

— Je ne comprends pas, monsieur... et, à moins que vous n'ayez connaissance... de quelque fait particulier...

— Il ne m'appartient pas de le révéler ; mais j'ai tout lieu de croire que d'un moment à l'autre il sera divulgué.

Le baron eut comme un éblouissement et chancela.

— Chardin, — s'écria le manufacturier avec chaleur,— c'est trop ou trop peu. Si vous connaissez une cause de rupture du côté de monsieur de Bermondet, je vous invite à vous expliquer sans détours.

— Cela m'est impossible. — Chardin disait vrai ; quand il avait recueilli le Parisien chez lui, cet homme avait parlé vaguement de ses rapports antérieurs avec monsieur de Bermondet ; plus tard il s'était vanté de pouvoir empêcher d'un mot le mariage du baron et de mademoiselle Surin ; plus tard encore il avait tout raconté à son sauveur : enfin, le matin même, le misérable, qui sans doute s'occupait déjà de l'exécution de son plan, avait fait demander au docteur ce qu'il fallait pour écrire, et madame Chardin l'avait vu mettre dans sa poche une lettre destinée à son ancien maître. Il n'en fallait pas tant pour justifier les appréhensions du docteur. Un grand silence régnait dans le salon ; on eût cru pouvoir entendre le battement précipité des cœurs au fond des poitrines. — Tenez, mes bons amis, mes chers voisins, — reprit Chardin d'un ton entraînant, — ne cherchez pas à pénétrer mutuellement vos secrets ; n'entrez pas dans la voie des révélations, qui serait peut-être aussi la voie des récriminations, des haines et des colères... Vous m'avez promis une confiance entière ; croyez-moi quand je vous dis, les larmes aux yeux et le désespoir dans le cœur, que ce mariage est impossible. Renoncez-y sans aigreur et sans fiel les uns comme les autres ; renoncez-y sans arrêter votre pensée sur les obstacles qui vous séparent. On trouvera des prétextes pour colorer aux yeux du monde une rupture indépendante de votre volonté. Vos anciennes relations d'amitié ne seront pas rompues, et bientôt, trop tôt peut-être, une circonstance nouvelle expliquera tout et vous excusera tous.

Il se tut et attendit une réponse que personne ne se pressait de lui donner.

— Vous conviendrez du moins, monsieur le docteur,— dit enfin la chanoinesse avec une légère ironie, — que vos prétentions sont passablement exorbitantes. Il est bien dur de renoncer ainsi, sur un mot de votre bouche, à des arrangemens qui devaient peut-être assurer le bonheur de plusieurs personnes.

— Madame la comtesse, — répliqua Chardin avec une douceur mélancolique, en s'inclinant,—quelque chose de plus puissant que moi commande ce pénible sacrifice... c'est la nécessité.

— La nécessité ! — reprit Amédée, qui ne put résister au désir d'intervenir encore ; — où donc est-elle ?... Albins, mon père, quelles que soient votre estime et votre amitié pour monsieur Chardin, vous ne pouvez vous en remettre à lui...

— Tais-toi, mon enfant, — interrompit le manufacturier d'un ton triste, mais sans colère ; — tu ne sais pas, mon pauvre Amédée, de quoi tu parles... Le docteur Chardin a prononcé : ta sœur et toi, vous ne vous marierez jamais.

— Jamais, mon père? — balbutia le jeune homme, qui vit enfin, comme à la lueur d'un éclair, des profondeurs inconnues s'ouvrir devant lui.

Le manufacturier poursuivit d'une voix brisée :

— Je ne chercherai pas à me raidir contre l'inexorable fatalité qui me frappe... Je supplie donc monsieur le baron de Bermondet de me rendre ma parole, comme je lui rends la sienne.

Tous les regards se tournèrent avidement vers Achille. Louise elle-même se redressa d'un air d'anxiété. Le baron paraissait bouleversé ; les sentimens les plus divers se reflétaient successivement sur son visage. Tout à coup il s'élança vers sa fiancée et lui saisit la main.

— Mademoiselle, — s'écria-t-il impétueusement, — n'est-il pas vrai que, en dépit des convenances de famille, en dépit de ces considérations dont on vous parle, vous ne verriez pas sans regret cette inconcevable rupture ?

— Achille, — balbutia la jeune fille en pleurant, — je ne puis... je ne sais... Mais, en effet, il me semble impossible que les choses se passent ainsi.

— Eh bien ! Louise, avec votre assentiment je braverais la terre entière. Vous l'entendez, monsieur, — poursuivit-il, — mademoiselle Surin, comme moi, ne croit pas avoir de raisons suffisantes pour renoncer à des projets encouragés jusqu'ici par nos deux familles.

Le manufacturier s'agita sur son siège.

— Louise est une enfant, — s'écria-t-il ; — elle ne comprend pas... Et pourtant, mon Dieu ! je ne peux lui dire, moi, quel est le malheur qui la menace.

De son côté, Chardin se rapprocha d'Achille de Bermondet.

— Monsieur, monsieur, dit-il avec une grande énergie,—est-il donc nécessaire de vous répéter qu'il faut que ce sacrifice s'accomplisse !

— Est-ce un ordre que vous me donnez, monsieur ?

— C'est une prière, monsieur le baron... Mais bientôt peut-être vous recevrez en effet des ordres.

— Et de qui donc, monsieur le docteur ?

— D'un homme qui s'arroge sur vous une autorité singulière, de ce misérable qu'on appelle le Parisien.

— Le Parisien ! — répéta le baron atterré.

— Le Parisien ! et il ne peut plus faire du mal, — dit une voix haletante derrière eux.

En même temps une personne que l'on n'avait pas entendue venir, tant l'émotion était générale, parut au milieu de l'assemblée ; elle portait une énorme sacoche qu'elle laissa tomber aux pieds de Chardin.

— C'est monsieur Gérard ! — s'écria Léonie.

— Oui, c'est lui ! — dit la comtesse en se levant impétueusement ; — il est sain et sauf... il n'est point blessé.

— Et j'ai réussi dans mon entreprise, — poursuivit Gérard avec un sourire modeste ; — monsieur le docteur, voici la somme qui vous avait été dérobée par ce scélérat ; vous la trouverez intacte, je pense.

Mais Chardin ne songeait pas à le remercier de cet important service.

— Monsieur Gérard, — demanda-t-il avidement, — quelle nouvelle nous apportez-vous ? Est-il bien vrai que ce malfaiteur...

Gérard raconta comment il avait trouvé le Parisien renversé de cheval et mourant, comment il l'avait vu rendre le dernier soupir.

— Et vous êtes sûr que cette fois sa mort est bien réelle? — demanda le baron frémissant de joie.

— Très sûr, monsieur le baron.

— Mais il n'était pas entièrement mort lorsque vous l'avez rejoint, — dit le docteur ; — vous avez sans doute échangé quelques paroles avec lui ?

— A toutes mes questions il ne répondit que par des malédictions et des blasphèmes.

— Enfin l'on a dû trouver dans ses vêtemens quelques papiers ?

Gérard se troubla ; néanmoins il répondit d'une voix assez ferme :

— Un des gendarmes que j'ai rencontré sur la lande a voulu fouiller le Parisien ; mais il est revenu bientôt, et il n'avait rien trouvé dans les poches du mort.

Un soupir de soulagement s'échappa de toutes les bouches, tandis que Gérard essuyait son front inondé de sueur.

— C'est inconcevable, — reprit Chardin ; — cependant je croyais avoir la certitude...

— Assez, monsieur, — dit le baron d'un air de dignité blessée, — je ne dois pas supporter plus longtemps d'absurdes soupçons qui m'offensent... Et vous, monsieur Surin,— continua-t-il en se tournant vers le manufacturier, — excusez-moi si je persiste à réclamer la parole donnée ; mais j'aime Louise de toute la force de mon âme, et je ne renoncerais pas aisément au bonheur qui m'était promis.

— Et moi, — répondit le pauvre père avec effort, — je dois maintenant refuser mon consentement à cette alliance qui récemment encor comblait tous mes vœux. Je vous l'ai dit, ma fille ne se mariera jamais.

Louise se renversa dans son fauteuil, en poussant un cri déchirant.

— Mais au moins, monsieur, — s'écria le baron hors de lui, — vous me devez l'explication...

— Une explication, monsieur ? — dit le docteur en lui montrant mademoiselle Surin : — elle est inutile... regardez !

Surin et les dames entouraient déjà la malheureuse jeune fille. Elle éprouvait des spasmes nerveux ; tous ses membres se tordaient convulsivement ; une légère écume commençait à se montrer aux coins de sa bouche, naguère si mutine et fraîche. Le docteur essaya de la secourir, mais avec un découragement, un sentiment profond d'impuissance qu'expliquait suffisamment ce diagnostic redoutable.

Le baron, d'abord frappé de stupeur, voulut s'approcher de la malade. Surin le repoussa.

— Eloignez-vous, éloignez-vous, de grâce ! vous qui l'aimez ! — dit le manufacturier d'une voix sombre ; — vous n'êtes pas habitué comme je le suis à cette horrible maladie, et vous ne pourriez voir Louise en ce moment sans perdre la raison.

— Monsieur Surin, — dit Achille, qui cherchait encore à se faire illusion, — vous vous alarmez trop pour un évanouissement passager sans doute, pour une de ces crises nerveuses si communes chez les femmes.

— Un évanouissement ! une crise nerveuse ! — dit Amédée avec une indicible expression d'horreur ; — n'est-ce pas la cette étrange maladie inconnue dont notre mère est morte ? Oui, je la reconnais à ces signes effrayans, et j'ai soupçonné bien des fois...

— Non, non ! mon enfant, tu te trompes ; je t'assure que tu te trompes.

— Mais n'ai-je pas été moi-même atteint de ce mal affreux à la suite de la révolte des ouvriers de la manufacture ? — reprit le malheureux jeune homme. — Dites, mon père, n'étaient-ce pas les mêmes symptômes, les mêmes souffrances ?... Vous ne répondez pas... Vous détournez les yeux... Oh ! plus de doute, ma sœur et moi nous sommes voués désormais à l'existence la plus triste et la plus misérable, c'est... l'épilepsie !

— L'épilepsie ! — répétèrent plusieurs voix.

Et, par un mouvement machinal, irrésistible, toutes les dames s'éloignèrent de la pauvre Louise ; Chardin seul continua froidement à lui donner ses soins, avec l'assistance de Gérard, pour qui cette révélation n'était pas nouvelle.

Le manufacturier serrait Amédée dans ses bras, et lui prodiguait les consolations, les marques de tendresse. Le pauvre enfant ne répondait pas ; tout à coup Surin s'écria d'un ton déchirant :

— Au secours !... Mon fils aussi !—Gérard accourut pour l'aider à soutenir Amédée, qui, succombant à sa violente émotion, venait d'être pris à son tour du mal héréditaire ; mais ils furent obligés de le laisser aller sur le tapis. Les spectateurs étaient glacés d'épouvante. Surin, à genoux entre son fils et sa fille privés de connaissance, disait, en se frappant le front : — Voyez, voyez ! fut-il jamais sur la terre un père plus à plaindre que moi !

Le docteur Chardin s'approcha de la comtesse.

— Madame, — lui dit-il, — ces enfans sont hors d'état d'être transportés chez eux cette nuit ; permettez donc qu'on leur prépare des chambres au château. Ma femme et ma fille veilleront Louise, monsieur Surin et Gérard veilleront Amédée ; moi, j'irai de l'un à l'autre, quoique

malheureusement mes efforts doivent être bien inutiles contre un mal incurable.

A peine avait-il achevé ces paroles, que madame de Bermondet secouait avec une vivacité fébrile tous les cordons de sonnette. Aussitôt plusieurs domestiques parurent dans le salon. La comtesse donna des ordres qu'on s'empressa d'exécuter. Louise fut emportée dans son fauteuil, Amédée dans les bras de quatre valets, qui pouvaient à peine contenir ses mouvemens désordonnés.

Monsieur Surin et le baron accompagnèrent le triste cortége qui montait le grand escalier. Madame de Bermondet allait les suivre, quand Gérard la retint doucement.

— Madame la comtesse, — lui dit-il tout bas, — il est urgent que je vous parle en particulier, dès que vous aurez un instant de libre.

— Il suffit, Gérard ; j'ai moi-même beaucoup de choses à vous dire... Aussitôt que ces pauvres enfans seront mieux, venez me trouver dans mon petit salon... Justine vous introduira.

Et elle passa rapidement pour aller rejoindre Louise, tandis que Gérard se rendait à la chambre où l'on avait transporté son ami.

XVI

LE SALON BLEU.

Toutes les scènes émouvantes de cette nuit fatale n'étaient pas finies.

Deux heures environ après cette catastrophe que nous venons de raconter, une tranquillité parfaite régnait dans le château. On ne voyait plus de lumières passer et repasser continuellement derrière les hautes fenêtres de la façade. A l'intérieur, on n'entendait plus les portes s'ouvrir et se refermer, des pas précipités retentir dans les corridors. Les malades, comme il arrive d'ordinaire à la suite des accès d'épilepsie, étaient tombés dans une sorte d'atonie qui bientôt avait amené le sommeil. Le docteur avait recommandé qu'on respectât religieusement ce repos réparateur : excepté les personnes qui devaient passer la nuit auprès du frère et de la sœur, en cas de rechute, tout le monde s'était retiré, si bien que, à l'heure dont nous parlons, la vaste et somptueuse demeure avait repris son calme habituel.

A ce moment, Gérard, laissant Amédée sous la garde de monsieur Surin, se dirigea vers l'appartement de la comtesse. Les fatigues de la journée l'avaient épuisé, sa démarche était faible et chancelante. Au premier coup qu'il frappa, Justine, la camériste favorite de la maîtresse du château, vint ouvrir. Elle introduisit le visiteur dans un petit salon tendu de soie bleue, dont l'ameublement, de même couleur, était d'une grande élégance. Une lampe surmontée d'un globe de verre dépoli jetait une lumière égale dans cette jolie pièce, pleine de comfortable et de coquetterie.

Quand Gérard entra, la comtesse vint au-devant de lui d'un air empressé. Elle avait encore ses vêtemens du jour ; seulement elle avait permis à Justine de relever ses beaux cheveux dérangés par ses agitations récentes, et l'on pouvait admirer dans toute leur pureté les lignes de cette figure sereine sur laquelle il semblait que la douleur n'eût jamais posé son empreinte.

— Ah ! vous voici, mon enfant, — dit-elle ; — je tremblais que vous ne puissiez vous échapper comme vous l'aviez promis... Eh bien ! ces pauvres malades ?

— Leur accès est enfin passé, madame ; mais croyez que mon impatience égalait au moins la vôtre ; ce que je dois vous apprendre est d'un si grand intérêt pour vous, pour...—Gérard s'interrompit; il venait de s'apercevoir qu'il n'était pas seul avec la chanoinesse. Dans un angle du salon, Achille était assis, le front appuyé sur sa main. — Monsieur de Bermondet ! — dit-il avec un désappointement visible.

— Oui, c'est ce pauvre Achille qui cherche des consolations auprès de sa seule amie, — dit la comtesse en regardant le baron avec une expression d'affectueuse pitié ; — mais vous pouvez parler librement devant lui, Gérard, nous n'avons pas de secrets l'un pour l'autre.

— Madame, — répliqua le jeune homme très embarrassé,—j'avais espéré... mes révélations sont d'une nature si délicate... je vous prierai de m'accorder un autre moment pour les entendre.

— Et moi, Gérard, je vous répète que vous pouvez parler en présence de mon neveu... Asseyez-vous donc et dites-moi bien vite ce qui vous occupe.—Gérard s'assit, de plus en plus troublé. Le baron ne paraissait pas avoir entendu cette discussion dont il était l'objet et restait absorbé dans ses méditations. Madame de Bermondet prit place à côté de Gérard. — Eh bien ! mon enfant? — dit-elle avec un accent plein de douceur.

— Puisque vous le voulez, madame, j'obéirai sans réflexion, car vous ne pouvez vouloir que le bien. Sachez-le donc, madame, je vous ai tous trompés ce soir quand j'ai dit, en présence de tant de personnes, que le Parisien ne m'avait fait aucune confidence.

Le baron releva la tête par un mouvement automatique.

— Vous, Gérard? — demanda la comtesse avec étonnement; — vous, si loyal et si franc?

— Quoi ! madame, devais-je dire la vérité quand elle pouvait compromettre l'honneur d'une famille !

— L'honneur d'une famille !

Le baron fixa sur le jeune homme ses yeux brillans de fièvre, et dit d'une voix sourde :

— Le Parisien... vous a révélé... quelque chose?—Sans oser le regarder, Gérard raconta comment le Parisien l'avait chargé d'une lettre pour monsieur Surin. — Et cette lettre, — demanda monsieur de Bermondet avec effort, vous l'avez remise à son adresse?

— Non.

La tante et le neveu respirèrent plus librement.

— Eh bien ! Gérard,— reprit la comtesse,—quelle raison aviez-vous de garder ce papier?

— L'idée m'est venue qu'il pouvait contenir un piège. Ce soir, lorsque je me suis arrêté pendant cinq minutes dans un village pour faire donner l'avoine à mon cheval, j'ai regardé la lettre; elle n'était pas cachetée. Toujours en défiance contre le scélérat qui me l'avait confiée, j'ai pris le parti de l'ouvrir.

— Vous l'avez lue? — s'écria le baron.

— Je l'ai lue.

— Et c'est après cette lecture,— demanda la chanoinesse, —que vous avez cru devoir la retenir...

— Vous jugerez, madame, si j'ai bien ou mal fait.

Gérard tira de sa poche la lettre du Parisien et la remit à madame de Bermondet. Le baron s'approcha vivement pour la lire en même temps que sa tante.

Cette lettre, dont nous rectifions l'orthographe un peu risquée, était ainsi conçue :

A monsieur Surin, directeur de la fabrique du Prieuré.

« Bourgeois,

» Je vous écris pour vous dire que votre gendre futur, » tout baron qu'il est, n'a pas moins comparu devant la » cour d'assises de la capitale en l'an 182., et qu'on l'a » condamné pour crime de faux à trois ans de prison. Je » l'ai connu à la maison de Poissy, où nous l'appelions

» l'*Habit Noir*. C'est vrai qu'il n'y est pas resté longtemps, » parce qu'on l'a gracié; mais ça y est tout de même, » bourgeois, et votre fameux baron ne devrait pas tant » lever la crête. Peut-être me direz-vous : « Parisien, » t'es-tu blagueur! » dans ce cas, sauf votre respect, » mon bourgeois, vous pouvez écrire soit au greffe de la » maison centrale de Poissy, soit au parquet du procureur » général de Paris, et vous verrez ce qu'on vous ré- » pondra.

» Je vous souhaite bien le bonjour.

» C... dit LE PARISIEN.

» *P. S.* Il n'est pas inutile de vous remémorer que votre » futur gendre, à cause de ses protections, n'a pas été » condamné sous le nom de Bermondet, mais sous celui » de Gonthier. Partez de là, vous en apprendrez de belles, » je vous le garantis. »

Cette lecture achevée, personne n'osait ou ne pouvait parler.

— Eh bien ! madame? — dit enfin Gérard à demi-voix.

— Eh bien! mon enfant, vous aviez raison, — répliqua la comtesse avec explosion ; — vous avez sauvé l'honneur de notre famille... Vous êtes une sorte de génie bienfaisant pour tout ce qui vous approche. — Gérard ne pouvait retenir ses larmes. Enfin il s'approcha de la cheminée et lança dans les flammes la lettre fatale, qui fut consumée en un instant. — Merci, mon Gérard ! — dit la comtesse. Puis elle l'entraîna vers le baron, accablé de honte et de douleur. — Remerciez-le donc aussi, pauvre Achille,— continua-t-elle; — remerciez-le, car sans lui, votre malheur, déjà si grand, eût pu devenir plus grand encore.

— C'est vrai, ma tante, et cependant le poids de mes chagrins excédait déjà la mesure de mes forces. Mais que Dieu vous récompense, vous qui m'avez rendu ce service, et puissiez-vous n'avoir jamais occasion d'en réclamer de pareils!

— Est-ce ainsi que vous remerciez ce généreux enfant, Achille? D'où vient cette froideur, cette réserve? Ne sauriez-vous lui tendre cordialement la main?...

— Ma tante, — dit le baron en détournant les yeux, — votre cœur est un trésor de clémence et de bonté; mais je ne saurais attendre la même indulgence de la part de monsieur Gérard, qui connaît ma faute et qui doit avoir horreur d'elle et de moi?

— Monsieur de Bermondet peut-il penser...

— Oh ! non, non, cela n'est pas, j'en suis sûre, — dit la chanoinesse avec véhémence; — Achille, ce noble enfant ne vous juge pas si mal, je m'en porte garante. Gérard, ne condamnez pas mon neveu sur un seul acte d'égarement; une sorte de fatalité conduisit tout. Mon frère, qui se repentit si cruellement plus tard de son imprudence, avait envoyé son fils à Paris pour le former, comme on disait alors. Achille avait vingt ans; beau, riche, ardent, il n'était pas doué comme vous, Gérard, d'une raison précoce. Il se livra sans mesure au plaisir; il fit des dettes, des folies. Mon frère alors comprit sa faute, il voulut rappeler son fils? Que vous dirai-je? Emporté par la fougue irréfléchie de la jeunesse, Achille eut la coupable pensée d'imiter la signature du banquier de la famille, ce n'était là, suivant lui, qu'une espièglerie qu'il comptait réparer bientôt. Mais des circonstances funestes vinrent déranger ses combinaisons; les billets supposés étaient entre les mains d'un compagnon de jeu qui voulait se venger de je ne sais quelle injure. La justice fut saisie; mon malheureux frère, averti trop tard, accourut en toute hâte; les signatures furent retirées, mais un magistrat rigide crut devoir pousser les choses à l'extrémité. Enfin, malgré les efforts, le crédit et l'or de monsieur Bermondet, on ne put éviter un jugement, une condamnation; seulement, on obtint que cette déplorable affaire n'aurait aucun éclat, aucune publicité, et la grâce entière du coupable fut accordée après quelques mois de captivité. Vous savez le reste. Nous vivions ici dans une complète sécurité, espérant que ce passé funeste était oublié du monde entier, quand un malfaiteur a tenté de l'exploiter. Cet homme a mis mon neveu dans la nécessité de se défendre, et le misérable, pour se venger, a trahi ce secret dont la divulgation eût eu les suites les plus affreuses. Heureusement Gérard, la Providence, dans un but caché, vous a suscité pour nous protéger.

Gérard avait écouté d'un air attendri le récit de la comtesse. Il se tourna vers Achille, et dit avec simplicité :

— Monsieur de Bermondet, vous avez suffisamment expié un instant de vertige. Je serai toujours fier d'être votre ami.

En même temps, avec une cordialité simple et touchante, il tendit la main au baron, qui la saisit avec transport.

— Bien, bien, Gérard ! — s'écria la chanoinesse.

— Monsieur Gérard, — reprit Achille d'une voix sombre, — ma tante a raison : vous êtes plein de cœur et de générosité.... mais, par cela même, vous devez comprendre la rougeur qui me monte au front en votre présence... J'avais espéré que ce terrible secret ne sortirait jamais de ma famille.

— Hé ! qui vous a dit qu'il en soit sorti, mon cher Achille? —s'écria madame de Bermondet avec entraînement. Gérard et le baron la regardèrent stupéfaits, mais ni l'un ni l'autre n'osaient la questionner. La chanoinesse, de son côté, semblait déjà se repentir de ce qu'elle avait dit. Mille sentimens contraires se disputaient son âme. Cependant elle reprit bientôt avec effort : — Allons ! il le faut... aucune considération ne doit plus m'arrêter... Achille, — continua-t-elle, —vous n'avez pas besoin de rougir désormais devant ce jeune homme, il est de votre sang, il est votre cousin... il est mon fils!

— Quoi! ma tante, serait-il possible?

— Vous! vous! ma mère? — s'écria Gérard en chancelant.

— Moi!

La comtesse ouvrit les bras, et Gérard s'y précipita.

Il est impossible de peindre les transports de la mère et du fils pendant les premiers momens. Ce n'étaient que larmes, sanglots, mots entrecoupés. Gérard semblait écrasé sous le poids de son bonheur.

— Mon Dieu! — dit-il en levant les mains au ciel, — vous m'avez donné pour mère la femme que j'aurais choisie entre toutes comme la plus digne de ma tendresse et de mon respect.

— Et ce sont là, cher enfant, tous les reproches que vous m'adressez pour votre abandon depuis votre naissance, pour votre enfance privée de caresses, pour la pauvreté relative où vous avez vécu pendant que moi j'étais riche et que je jouissais de tous les avantages de la fortune!

— Madame... ma bonne mère, j'en suis sûr, vous avez souffert autant que moi de cette séparation sans doute involontaire.

— C'est vrai, Gérard, oh! c'est bien vrai. J'aurais donné tous ces avantages dont je te parle pour vivre près de toi, dans l'obscurité, pour prodiguer à tes premières années mes soins et mon amour. Dieu m'a refusé ce bonheur. J'étais calme et résignée en apparence; mais combien de fois, dans mes nuits sans sommeil, n'ai-je pas évoqué l'image blonde et souriante de ce petit enfant à qui je n'avais donné qu'un seul baiser et que je n'espérais plus revoir! Et quand je t'ai retrouvé chez monsieur Surin, Gérard, si tu savais comme mon cœur bondissait! Depuis ce moment, tu remplis ma pensée jour et nuit; au milieu des grands événemens qui viennent d'agiter ma famille, c'était encore à toi, surtout à toi que je pensais. Malgré ma vigilance sur moi-même, c'est miracle que j'aie pu dompter jusqu'à ce moment les élans de mon âme, que j'aie pu

retenir ces mots qui viennent malgré moi sur mes lèvres : « Gérard, je suis ta mère! »

Et la pauvre femme, folle de joie, ouvrit de nouveau les bras à son fils. Bientôt Gérard demanda timidement :

— Je crains de toucher à quelque fibre douloureuse, ma mère, et cependant vous me pardonnerez une question bien naturelle... Vous ne m'avez pas encore parlé de...

— De ton père, veux-tu dire? — répliqua la comtesse avec un soupir. — Mon enfant, ton père est mort peu de mois après la naissance. — Pendant cette conversation, le baron se tenait à l'écart, attentif et muet. Madame de Bermondet remarqua la contenance réservée de son neveu et parut en concevoir de vives alarmes. — Achille, — s'écria-t-elle, — est-ce donc là l'accueil que mon fils devait attendre de vous? Cette froideur du chef de la famille de Bermondet est-elle un signe de réprobation contre le pauvre enfant innocent ou contre sa malheureuse mère?

— Vous ne le pensez pas, ma tante, — dit le baron avec empressement en venant à son tour embrasser son cousin. —Lors même que Gérard, — ajouta-t-il avec mélancolie, — ne m'aurait pas rendu tout à l'heure un service immense, je n'aurais ni le droit ni la volonté de faire entendre ici des récriminations ou des plaintes. Non, ma tante, — poursuivit-il, — la cause de cette réserve que vous me reprochez est une surprise profonde. Comment! vous que je croyais si supérieure aux faiblesses vulgaires...

— Achille, ne vous ai-je pas dit bien des fois que j'étais indulgente pour les autres afin qu'on fût moins sévère pour moi-même?... Mais je vous dois à l'un et à l'autre le simple et triste récit du seul événement de ma vie dont j'ai dû faire mystère. Gérard, Achille, mes amis, mes enfans, asseyez-vous près de moi; soyez mes juges. — Le baron prit place sur le canapé, tandis que Gérard s'asseyait sur un coussin aux pieds de sa mère, la main dans la sienne, les yeux fixés sur elle avec une expression d'admiration et de tendresse. —Vous m'avez parlé déjà, mon neveu, — reprit-elle avec embarras, — de la ressemblance singulière de Gérard avec une personne dont le portrait se trouve encore ici.

— Il est vrai ; ce portrait est celui du colonel de Versac, un des plus braves et des plus brillans colonels de l'armée, au commencement de la Restauration.

— Le colonel de Versac était le père de Gérard, — murmura la comtesse si bas qu'on l'entendait à peine. Gérard fit un mouvement; il n'était pas insensible à l'orgueil d'apprendre qu'il était fils d'un homme brave, beau, plein de mérite. Sa mère ne parut pas remarquer cette impression. —Vous vous souvenez, Achille, — reprit-elle, — des soins assidus que me rendait monsieur de Versac. J'avais alors dix-huit ans à peine; je sortais du couvent; privée de père et de mère, je vivais chez mon frère, veuf depuis quelques mois : c'est vous dire que j'étais sans défense contre les séductions de monsieur de Versac, si bien fait pour éblouir une jeune fille inexpérimentée telle que moi. D'ailleurs, rien ne pouvait éveiller ma défiance; j'étais riche, de bonne maison; mon amour-propre me disait que je possédais quelque mérite personnel. Une union entre nous eût donc été non-seulement possible, mais encore bien assortie; les convenances comme nos sympathies mutuelles semblaient la rendre facile. — La comtesse s'arrêta suffoquée; Gérard baisa tendrement les mains de sa mère. Elle reprit après une courte pause : — Il vint une époque cependant où je dus m'adresser à l'honneur et à la loyauté de monsieur de Versac : j'avais droit d'exiger une réparation. Je m'en expliquai donc un jour avec le colonel; il me parut consterné, ses larmes coulèrent. Néanmoins, il refusa de répondre avec franchise et me quitta. Le lendemain j'appris que, prétextant un ordre pressé du ministre, il avait quitté le château; en même temps on me remit secrètement une lettre qu'il avait laissée pour moi. Alors seulement j'appris une fatale vérité : monsieur de Versac était marié depuis longtemps; il ne pouvait ni me donner son nom ni le donner à son enfant.

» Ah! mes amis, comment vous peindre ma douleur et

mon désespoir en recevant cette terrible nouvelle! Quelle expiation! Seule, ne sachant à qui me fier, je me voyais perdue. Sans doute je pouvais m'adresser à mon frère, il m'eût pardonné peut-être ; mais il était violent, emporté, jaloux surtout de l'honneur de son nom. Cet aveu devait avoir pour résultat inévitable un duel à mort entre le colonel et lui. Or, j'aimais mon frère, et j'aimais aussi cet homme dont mon malheur était l'ouvrage. Hélas! cet amour était ma seule excuse.

» Cependant le colonel savait mon cruel embarras; il chercha les moyens de cacher ma honte aux yeux du monde. Il confia tout à sa mère, la marquise de Versac, alors retirée dans ses terres de Normandie, et la supplia de nous secourir. Madame de Versac écrivit à mon frère; elle me demandait pour quelques mois; puis elle vint me chercher et m'emmena dans son château, vieux manoir situé sur le bord de la mer, dans une complète solitude.

» Ce fut là, Gérard, que tu reçus le jour. Le plus profond mystère couvrit ta naissance. Un médecin et un domestique de madame de Versac eurent seuls connaissance de la vérité. Vainement je suppliai qu'on te laissât près de moi; je promettais de me soumettre à toutes les précautions qu'on exigerait afin de ne pas trahir mon secret. La marquise ne voulut rien entendre : c'était une femme rigide, inflexible, esclave des convenances et des devoirs de famille. Elle m'expliqua que cet enfant, qui ne pouvait jamais être légitimé, ne devait pas me connaître, que ce sacrifice m'était imposé rigoureusement par ma position. Elle m'assura néanmoins qu'elle et son fils veilleraient sur toi, que tu ne manquerais ni de soins ni d'affection, enfin qu'une rente suffisante serait constituée sur ta tête. Comme je souffrais, Gérard, à la pensée de ne plus te revoir! Mais j'étais sous la dépendance de la marquise, qui croyait elle-même remplir une obligation sacrée. Malgré mes pleurs et mes cris, on t'arracha donc de mes bras et on t'envoya dans un canton éloigné. Je sus seulement que Pascal Dumont, l'homme de confiance de madame de Versac, avait promis de ne plus te quitter et de te tenir lieu de père.

» Encore une fois, que pouvais-je faire? J'avais le désespoir dans l'âme, mais il fallut me résigner. Je retournai chez mon frère, et personne ne soupçonna jamais la cause de mon voyage en Normandie. Peu de mois après mon retour, j'appris que monsieur de Versac venait d'être tué dans un de ces duels si communs entre militaires au commencement de la Restauration.

» Je pleurai, mes amis; je pleurai sincèrement, car encore aujourd'hui je le crois plus malheureux que coupable.

» Bientôt je reçus une lettre de sa mère. La marquise m'annonçait, à mots couverts, que je n'eusse pas à m'inquiéter du sort de mon fils; le colonel, avant de mourir, avait déposé chez un notaire une somme suffisante pour lui procurer une modeste aisance. Elle m'engageait à mettre en oubli cette faute de jeunesse et à me marier. Mais telle n'était pas ma pensée : je ne voulais pas tromper un honnête homme en lui cachant ma faute, et j'aurais mieux aimé mourir que de faire un pareil aveu. D'ailleurs je ne désespérais pas de pouvoir un jour me rapprocher de mon enfant et remplir autant qu'il serait en moi mes devoirs de mère, afin d'effacer le tort de sa naissance. J'écrivis en ce sens à madame de Versac; je la suppliai de me donner les renseignemens les plus précis sur mon fils, sur le lieu de sa retraite actuelle, sur les moyens de l'appeler près de moi dès que les circonstances le permettraient. La marquise me fit une impitoyable réponse; elle me dit que je ne devais pas compter sur la possibilité d'un pareil rapprochement; que, dans mon propre intérêt, elle ne le souffrirait pas, tant qu'elle aurait un souffle de vie; qu'elle avait pris ses précautions pour rendre mes recherches inutiles; enfin que, si je ne pouvais maintenant apprécier les motifs de sa conduite, je les comprendrais mieux plus tard et lui saurais gré de sa fermeté. A partir de ce moment, toutes mes lettres restèrent sans réponse,

et bientôt la marquise mourut elle-même en emportant mon secret.

» Je n'entrerai pas dans le détail de mes longues et secrètes recherches afin de retrouver mon pauvre enfant. J'appris seulement que Pascal Dumont avait quitté le pays avec lui ; mais où s'étaient-ils retirés? voilà ce que je ne pus jamais découvrir. On me disait bien que monsieur Dumont était un homme honnête, intelligent, religieux; qu'il remplirait avec zèle et dévouement sa mission de confiance ; mais cela n'apaisait pas mes angoisses maternelles. Aussi me vouai-je sans retour à l'isolement, et je fus reçue chanoinesse dans un chapitre d'Allemagne ; ce titre, en régularisant ma position dans le monde, me donnait plus d'indépendance et me permettait de continuer mes démarches avec plus de facilité.

» J'ai cherché pendant vingt ans... j'étais loin de penser, quand je consumais mes revenus à solder des émissaires dans les parties les plus ignorées de la France, que dans une ville voisine, la seule où j'avais cru des perquisitions inutiles, se trouvait précisément l'objet de tant d'inquiétudes et de désirs cachés. Encore aujourd'hui, je me demande avec étonnement, Gérard, quel motif avait déterminé Pascal Dumont à s'établir si près de ma demeure, et voici la supposition à laquelle je me suis arrêtée : cet homme s'était engagé sans doute par serment à ne te révéler jamais le secret de ta naissance ; mais, après la mort du colonel et de la marquise de Versac, te voyant sans parens, sans protecteurs, qui sait s'il n'a pas espéré que le hasard pourrait te réunir à moi? Qui sait si, tout en observant religieusement sa promesse, il n'a pas cherché quelque occasion de rapprochement? Qui sait si n'a pas été pour quelque chose dans ta liaison avec Amédée Surin, dont la famille habitait à deux pas du château de Bermondet?

— Oui, oui, vous avez raison, ma digne mère!—s'écria Gérard comme frappé d'une lumière subite. — Souvent, en effet, mon pauvre Pascal me parlait d'Amédée avec un intérêt tout particulier. Peu de temps encore avant sa mort, il me pressait d'accepter l'invitation de monsieur Surin. Je ne comprenais pas alors la cause de ces instances. Ah! si j'avais pu deviner qu'elles avaient pour but de me faire retrouver la meilleure des mères!

Madame de Bermondet le remercia par un tendre sourire.

— Il me reste peu de choses à dire, — continua-t-elle. — Le jour où je te vis pour la première fois, Gérard, ta ressemblance avec ton père me frappa ; puis l'histoire de ta jeunesse, que l'on me conta, surtout le nom de Pascal Dumont, ne me laissèrent aucun doute. L'ami d'Amédée Surin était bien cet enfant perdu que je cherchais depuis tant d'années. Cependant j'eus la force de dompter mon émotion, de cacher la joie qui remplissait mon cœur. Je voulais réfléchir aux moyens de me révéler à toi dans les conditions les plus favorables pour nous deux. S'il faut l'avouer, je voulais encore apprendre à te connaître. Juge de mon orgueil, Gérard, quand je t'ai trouvé aussi accompli que je n'osais l'espérer. Il a fallu tous les graves événemens qui sont venus accabler mon pauvre Achille pour contenir mes élans de tendresse ; j'attendais que son bonheur fût assuré pour être heureuse à mon tour... Le ciel en a décidé différemment, et la double catastrophe de cette soirée ne m'a pas permis de garder plus longtemps le secret. Et maintenant, mes amis, — ajouta la comtesse avec mélancolie, — vous savez tout. Vous serez indulgens, j'espère, car j'ai bien durement expié ma faute... J'ai besoin qu'on me pardonne et qu'on m'aime!

— Ah! ma mère, — s'écria Gérard les yeux baignés de larmes, — toute ma vie sera consacrée à vous dédommager des douleurs que je vous ai coûtées!

— Pauvre tante! — dit le baron à son tour, — vous aviez aussi votre fardeau de peines quand tout le monde vous croyait si heureuse! Mais avez-vous pris un parti pour l'avenir de votre fils?

— Quel parti? — dit madame de Bermondet chaleureusement; — mon devoir n'est-il pas tout tracé? J'accepterai franchement la responsabilité de ma faute, je reconnaîtrai mon fils par un acte authentique; je veux avoir le droit de me nommer sa mère. Une seule personne, — ajouta-t-elle plus timidement, — aurait le droit de s'opposer à cet arrangement; mais j'ose espérer...

— Personne, ma tante; — répliqua le baron, — ne voudrait contrarier une tendresse maternelle sur un point aussi délicat, et néanmoins, dans votre intérêt même, un peu de réflexion serait nécessaire peut-être...

— Et moi, ma mère, — s'écria Gérard avec vivacité, — je vous supplie de ne pas donner suite à ce projet. Quoi ! vous renonceriez sans regret à la considération, au respect, aux égards auxquels vous étiez habituée? Vous vous exposeriez aux caquets, aux commentaires malveillans du monde, qui ne peut apprécier les excuses, les expiations du passé? Vous braveriez les sarcasmes, les demi-sourires, les clignemens d'yeux de toutes ces femmes qui maintenant s'inclinent devant vous comme devant une reine! Non, non, cela ne sera pas ! je souffrirais trop de l'humiliation à laquelle je vous saurais condamnée. D'ailleurs vous présumez trop de vos forces peut-être; et, si vous êtes assez généreuse en ce moment pour proposer ce sacrifice, moi je ne suis pas assez égoïste pour l'accepter.

— Cependant, Gérard, je ne puis te priver plus longtemps des avantages...

— Le seul avantage auquel je tienne, c'est celui d'avoir une bonne mère qui m'aime comme je l'aime déjà moi-même; que m'importe le reste? Qu'ai-je besoin d'un nom retentissant, de titres et de richesses? Je suis fait à l'obscurité, à la simplicité. Pourvu que je vous voie souvent, tous les jours, je ne souhaite plus rien, je n'ambitionne plus rien, je suis heureux.

— Oh ! nous ne nous quitterons plus, Gérard; je sens que je ne pourrais plus vivre séparé de toi. Mais peut-être, en présence du monde, je ne saurai pas me contenir ; on devinera notre secret, et ce que tu crains ne manquera pas d'arriver.

— Armez-vous de courage et de volonté, ma mère; soyez forte contre vous-même, comme vous l'avez été jusqu'ici. J'essayerai de vous donner l'exemple. La pensée qu'un doute indiscret, un soupçon offensant dirigés contre vous me rendraient le plus malheureux des hommes, suffira, j'en suis sûr, pour étouffer vos transports.

— L'entendez-vous, Achille ? dit la comtesse avec admiration en se tournant vers son neveu; — pouviez-vous espérer d'une pareille abnégation de ce pauvre enfant abandonné? Mais parlez aussi, mon neveu : vous êtes le chef de la famille, conseillez-nous; que faut-il faire?

— Gérard a raison, ma tante, — répliqua monsieur de Bermondet. — Il a deviné juste, car vous tenez plus que vous ne pensez à l'estime du monde, et votre sacrifice vous exposerait peut-être à bien des mécomptes dans l'avenir.

— Achille, Achille, — interrompit madame de Bermondet avec quelque aigreur, — est-ce seulement à mon intérêt et à celui de Gérard que vous songez en ce moment? L'orgueil du nom...

— Ma tante, — interrompit le baron d'un air accablé, — ai-je donc mérité ce reproche? Je ne dois plus me marier, le nom de mes pères va s'éteindre, les ressorts de ma vie sont brisés, je n'ai plus d'ambition, plus d'orgueil... que pouvez-vous craindre de moi?

— Pardonnez, Achille, — dit la comtesse; — j'ai tort. Eh bien ! puisque vous le voulez tous les deux, je cède... pour le moment du moins. Toutefois, Gérard, tu me permettras, j'espère, de m'occuper de ton bonheur; je sais quels sont tes secrets désirs, je vais essayer de les réaliser.

— En ce moment la lampe semblait pâlir, et les premiers rayons du jour pénétraient dans le salon. Achille en avertit la comtesse. — Oui, oui, séparons-nous, il est temps, — reprit-elle; — notre joie présente ne doit pas nous faire oublier qu'il y a dans cette maison de grandes infortunes à secourir et à consoler. — Le baron soupira profondément

à ce souvenir. — Pauvre Achille, — dit madame de Bermondet, — vous aussi vous avez besoin qu'on vous aime, qu'on vous console. Nous serons deux maintenant pour remplir cette tâche.

— Alors, ma tante, vous pourrez l'un et l'autre adoucir ma b'essure, mais la guérir, jamais!

— Et moi, Achille, — murmura la comtesse avec douleur, — ne serai-je pas bien à plaindre aussi ?... Avoir un fils beau, brave, instruit, généreux, et ne pouvoir me glorifier de mon titre de mère, être obligée de renier cet enfant chéri, me cacher toujours pour l'embrasser, Dieu me fait payer cher les joies qu'il me donne !

XVII

LA PROMENADE.

La rupture du mariage de monsieur de Bermondet avec la fille du manufacturier ne fit ni bruit ni scandale dans le pays, grâce à la prudence des intéressés ; l'état maladif de mademoiselle Surin parut en être la cause. Ce ne fut même qu'à la longue, et par des transitions insensibles, que l'on en vint à la présenter comme définitive. L'amour-propre des deux familles n'eut donc pas à souffrir; tout fut mis sur le compte d'une aveugle nécessité.

Aussi les relations d'amitié continuèrent-elles entre l'usine et le château; seulement elles prirent un caractère différent. Plus de joyeuses cavalcades et de bruyantes réunions; plus de parties de pêche, plus de chasses à courre au son de la trompe, dans les grands bois de châtaigniers. On se réunissait encore, soit à Bermondet, soit à la manufacture; mais tout se bornait d'ordinaire à des dîners en petit comité, à des promenades paisibles, et parfois, quand on se séparait, les yeux étaient rouges, les joues portaient des traces de larmes.

Gérard s'occupait avec ardeur des travaux de la manufacture. On le voyait sans cesse dans les ateliers et les bureaux, en compagnie de monsieur Surin, qui se plaisait à lui donner des explications sur la fabrication de la porcelaine ou sur le mécanisme administratif. Souvent aussi Gérard avait de longues conversations avec les ouvriers les plus habiles, afin d'acquérir des connaissances pratiques dans ce genre d'industrie. De la sorte, il fut bientôt parfaitement au courant des affaires de la fabrique, et l'on ne s'étonna pas de le voir devenir insensiblement le premier aide, le lieutenant de monsieur Surin, à qui le chagrin enlevait chaque jour de sa force et de son activité. Enfin Gérard, huit mois environ après les événemens que nous venons de raconter, dirigeait l'usine presque seul, et jamais les affaires n'avaient été conduites avec plus de sagesse et d'intelligence.

Mais ces occupations nouvelles ne l'empêchaient pas d'aller fréquemment à Bermondet et même à Fontbasse, où ses visites étaient maintenant toujours bien reçues. La froideur que Chardin avait montrée à Gérard provenait d'un rapport mensonger fait par le Parisien au sujet de sa rencontre avec les deux jeunes gens près de la fontaine. Mais, à la suite d'un entretien secret du docteur et de madame de Bermondet, ces nuages s'étaient dissipés; maintenant, le père de Léonie accueillait le visiteur comme un fils, et ce titre, disait-on, pouvait devenir une réalité dans un avenir prochain. Quoi qu'il en fût de ces bruits, Gérard n'oubliait pas auprès de mademoiselle Chardin avec quelle impatience on l'attendait au château. La comtesse eût voulu qu'il restât constamment près d'elle, et le baron lui-même trouvait de grandes consolations dans la présence de son parent. Enfin Gérard semblait être indispensable à la plupart des personnes qui l'approchaient, et monsieur Surin disait quelquefois, avec un sourire triste, que certainement ce jeune homme avait un charme secret pour se faire aimer.

Si le charme existait, il n'était pas toutefois d'un effet sûr et général. Le caractère si vif et si joyeux d'Amédée Surin semblait s'être aigri par la souffrance. Maintenant le pauvre malade fuyait avec affectation son ancien ami, qui ne cessait pourtant de lui prodiguer les attentions les plus délicates, les soins les plus empressés.

Le frère et la sœur avaient eu plusieurs attaques de leur terrible mal depuis la nuit funeste où le mariage avait été rompu. Aussi la crainte des accidens auxquels pouvaient être exposés ces enfans chéris faisait-elle prendre à monsieur Surin les plus minutieuses précautions. Ils ne restaient plus seuls ni le jour ni la nuit; un domestique de confiance couchait dans la chambre d'Amédée, une gouvernante dans celle de Louise. On ne leur permettait plus les promenades à pied, les divertissemens auxquels ils se livraient autrefois avec toute l'ardeur de la jeunesse. De leur côté, ils ne paraissaient plus devant le monde qu'avec une extrême répugnance, la pensée qu'un de leurs accès pouvait les prendre au moment le plus joyeux d'une fête, les rendait timides, inquiets, et les confinait dans la solitude.

Cependant, par un contraste qui n'est pas rare dans les cas d'épilepsie, ils étaient peu changés à l'extérieur; Louise avait toujours ses yeux pétillans, sa bouche mutine, ses joues vermeilles; Amédée, son teint animé, ses gestes rapides, sa démarche impétueuse. A les voir tous les deux vêtus avec une extrême recherche, pleins de force et de jeunesse, on n'eût pu soupçonner la redoutable fatalité qui pesait sur eux. Mais la vérité, malgré les précautions qu'on avait prises pour la cacher au public, s'était bientôt répandue dans le voisinage. Quand le frère et la sœur, enfermés dans une berline élégante, construite exprès pour eux, sortaient pour se promener, on ne songeait pas à envier leur sort. Les plus misérables paysans les prenaient en pitié; et souvent la bonne vieille femme en haillons qui se reposait appuyée sur un faix de bois au bord du chemin avait dit tristement en les voyant passer : « Pauvres enfans! à quoi leur servent donc les millions de leur père? Je n'en voudrais pas à ce prix. »

Un matin ils montèrent en voiture pour faire leur promenade quotidienne. Comme ils n'avaient ressenti depuis quelque temps aucune atteinte de leur maladie, on avait cru devoir se relâcher un peu des précautions ordinaires; outre le cocher, un seul domestique les accompagnait. On se trouvait au mois de juin; un chaud soleil éclairait la campagne, resplendissante de verdure et de fleurs. Louise était en robe blanche et en chapeau de paille, Amédée en petite redingote et en pantalon de coutil. Mademoiselle Surin avait insisté d'une manière toute particulière pour qu'on se dirigeât vers la fosse aux Moines : c'était du reste la promenade qu'ils préféraient l'un et l'autre, en raison de la beauté du site et de sa profonde solitude. Quand on atteignit la chaussée, le jeune Surin donna l'ordre aux gens de s'arrêter et de les attendre; puis il mit pied à terre, et, donnant le bras à Louise, qui s'abritait sous son ombrelle, ils côtoyèrent doucement les rives herbeuses de l'étang.

Ce lieu pittoresque avait entièrement changé d'aspect depuis le jour de la pêche. Les vastes plaines de vase avaient disparu. Maintenant, une magnifique nappe d'eau s'étendait à leur place et réfléchissait d'une manière éblouissante les rayons du soleil. A la surface de ces eaux bleues se balançaient les larges roses blanches des nénuphars; une luxuriante végétation de sagittaires aux grappes purpurines, de joncs fleuris, de plantains aquatiques, encadrait ses bords. La prairie elle-même, que traversaient les promeneurs, offrait les plus charmans détails : des orchis à la tête pyramidale, des myosotis aux fleurs de turquoise étoilées d'or, des stellaires odorantes, des véroniques éphémères, émaillaient de toutes parts sa fraîche verdure. Au-dessus de cette forêt de fleurs bourdonnaient

des milliers d'insectes de formes variées et de couleurs brillantes. Des libellules venues du lac traçaient de rapides sillons d'argent dans l'air parfumé; le papillon du cresson, l'élégant piéris aurore, voltigeait nonchalamment autour de sa plante natale, tandis que le sphinx du caille-lait effleurait avec la rapidité de la pensée les campanules pourpres dont, en passant, il dérobait le miel.

Les deux jeunes gens laissaient errer leurs regards sur ce riche tableau de la nature, et continuaient d'avancer en silence. Tout à coup Amédée s'arrêta.

— N'est-il pas vrai, ma sœur, — dit-il avec un sourire étrange en étendant la main vers l'étang, — que la mort pourrait être douce dans ce splendide linceul de cristal? Dormir balancé dans ces eaux limpides, au milieu de ces touffes de roseaux fleuris, cela ne vaudrait-il pas mieux que de vivre... comme vivent bien des gens?

— Ne parle pas ainsi, — répliqua la jeune fille en serrant convulsivement le bras d'Amédée. — Oh! tais-toi, mon frère, tu me fais peur! Viens, viens vite...

Et elle l'entraîna rapidement.

— Petite folle! — reprit Amédée, — ne t'effraye pas comme ça; tu sais bien que l'émotion pourrait... Voyons, calme-toi; qu'as-tu donc compris? Quant à moi, je pense que la vie, si triste qu'elle soit, a des charmes infinis; ne fût-ce que pour contempler de pareilles scènes, on ne voudrait pas mourir. Voir le soleil, la campagne, les fleurs, entendre le chant des oiseaux, respirer l'air embaumé du printemps, ce sont de grandes jouissances que celles-là, et seulement pour en avoir sa part on supporterait bien des souffrances. — Louise répondit seulement par une interjection équivoque. Après un moment de silence, Amédée, passant à des idées différentes, avec sa mobilité d'esprit habituelle, demanda brusquement : — Louise, où donc était notre père ce matin quand nous avons quitté la maison?

— Je l'ignore; il est sorti de bonne heure avec monsieur Gérard.

— Gérard! toujours Gérard! — reprit Amédée avec un geste d'impatience.

— Mon Dieu! mon frère, comme tu parais aigri contre lui!... Que t'a-t-il donc fait, je te le demande?

— A moi? rien. S'il m'avait fait quelque chose...

— N'est-il pas toujours plein d'attentions et d'égards pour toi? Ne te donne-t-il pas, en toute occasion, des preuves d'affection et de dévouement?

— Hé! qui les lui demande? Je n'attends rien de lui ni de personne.

— Allons, c'est de l'injustice, Amédée; que peux-tu reprocher à ton généreux ami?

— Mon ami!... Ne lui donne plus ce nom! — interrompit Amédée avec violence.

Mademoiselle Surin regarda son frère avec inquiétude.

— Calme-toi, — lui dit-elle; — et, à ton tour, souviens-toi que cette émotion pourrait te rendre malade.

Ils se remirent à marcher, en suivant la rive de l'étang.

Amédée, — reprit Louise avec embarras, — je suis d'autant plus fâchée de te voir dans ces dispositions que j'avais été chargée par notre père de te faire des communications au sujet de Gérard...

— Toi, ma sœur? Mais de quoi s'agit-il donc?

— C'est que tu deviens si déraisonnable...

— Allons! parle : ne m'attends-je pas à tout? Quel envahissement nouveau veux-tu m'annoncer? Monsieur Gérard a-t-il décidé qu'il prendrait ma place dans la maison de mon père, comme il l'a déjà prise dans le cœur de tous nos amis? Faut-il que je lui cède ma chambre au Prieuré? A-t-il désiré d'avoir mon cheval? Je ne pense pas qu'il aspire encore à s'emparer de mon nom, ce qui serait commode pour lui qui n'en a pas.

— Amédée, maintenant c'est de la cruauté! — dit Louise les yeux pleins de larmes.

Le fougueux jeune homme parut un peu rentrer en lui-même.

— Je vais peut-être trop loin, — reprit-il d'un ton

sombre; — mais si tu savais, Louise, ce que j'ai par momens de haine et de colère contre les autres, contre moi-même ! Je ne suis pas encore résigné, comme toi, ma sœur; toi si belle, si gaie, si bien faite pour le monde, tu t'es soumise tout de suite avec une patience angélique à ton malheur; tu me confonds avec ton calme, ton énergie.

— Tu te trompes, Amédée, si tu crois que mon âme est tranquille comme mon visage; mais n'est-ce pas notre rôle d'être bons pour les autres, nous à qui la pitié, les secours de nos proches sont désormais si nécessaires ?

— Peut-être as-tu raison, Louise. Eh bien ! je serai sage, je te le promets... De quoi s'agit-il ? Ne crains pas de t'expliquer. — Et comme sa sœur paraissait embarrassée. — Veux-tu que je te dise quelle nouvelle on t'a chargée de m'apprendre ? — reprit Amédée avec un trouble involontaire. — Il s'agit du mariage de Gérard, n'est-ce pas ?

— En effet; mais comment peux-tu savoir...

— C'est donc vrai ? Je prévoyais ce coup, et cependant j'en suis accablé.

Il s'assit sur le gazon et se mit à penser en silence. Louise s'assit à son tour et lui prit la main.

— Allons, mon pauvre Amédée, du courage ! — dit-elle après une pause ; — tu ne pouvais avoir pour Léonie Chardin une passion bien profonde. D'ailleurs Léonie assure qu'elle t'a depuis longtemps ôté toute espérance.

— Il est vrai, ma sœur ; mais je pensais que les obstacles dont parlait le docteur, lorsqu'il déclarait que sa fille ne se marierait jamais...

— Ces obstacles tenaient surtout à la position de monsieur Chardin; ils ont disparu du jour où le docteur a révélé son secret de famille. Toute cette affaire est conduite par une femme pleine de tact et de persuasion, à laquelle on ne peut résister; je veux parler de la comtesse de Bermondet.

— Elle ! — s'écria Surin avec véhémence ; — elle patronner le mariage de Gérard et de Léonie ! Ma sœur, ma sœur, il doit exister là-dessous quelque mystère honteux.

— Amédée !

— Je te dis que c'est impossible ! N'as-tu pas remarqué les attentions sans nombre, les regards d'intelligence, les signes de secrète intimité...? ou plutôt non, tu n'as rien remarqué, toi, Louise; tu ne saurais apprécier de semblables choses; mais moi, j'ai vu de mes yeux, et je suis sûr...

— Assez, mon frère, — interrompit la jeune fille avec dignité; — je ne peux écouter davantage des rêveries calomnieuses qui me révoltent. Partons, — ajouta-t-elle en se levant; — il est temps de rejoindre la voiture; un autre jour, quand tu seras moins exalté, je te ferai part de ce que je voulais te dire.

Elle allait s'éloigner quand Amédée la retint par sa robe et la força de se rasseoir.

— Allons, j'ai tort, — reprit-il plus doucement; — j'aurais dû penser que tu n'entendais rien à de pareilles matières, et que je parviendrais seulement à t'irriter. Voyons, chère petite, parlons d'autre chose, puisqu'il te reste quelque chose à me dire.

Louise, complétement rassurée par le calme apparent de son frère, se recueillit un instant avant de commencer sa confidence.

— Cette fois, Amédée, — reprit Louise, — il s'agit d'affaires. Notre père a voulu me charger de t'apprendre ce qu'il faut que tu saches, car il me suppose une grande part à ta confiance.

— Et il a raison, ma sœur, il a bien raison. Nous sommes l'un et l'autre une douloureuse exception dans la société; nous avons les mêmes regrets, les mêmes souffrances. Personne ne trouverait mieux que toi le chemin de mon cœur.

Louise soupira.

— Écoute-moi donc, — reprit-elle. — Notre père se fait vieux; après une longue carrière de travail, il trouve souvent bien lourd le fardeau des affaires. D'un autre côté,

mon cher Amédée, il ne doit pas compter beaucoup sur toi; tu ne t'es jamais sérieusement occupé des intérêts de la manufacture, et maintenant c'est à peine si tu descends dans les bureaux une fois en trois jours.

— Je serai plus assidu désormais, — interrompit Amédée ; — je ne peux vivre dans cette fâcheuse oisiveté, et je veux me créer des occupations régulières; peut-être ainsi parviendrai-je à me distraire des idées qui m'assiégent.

— Cette résolution est sage, Amédée; néanmoins il ne faut pas trop présumer de tes forces, et certainement tu ne pourrais suffire seul à de semblables fatigues. On songe donc à te donner un associé habile, plein de zèle et de bonne volonté.

— Et cet associé, c'est Gérard, n'est-ce pas? Je m'en doutais à voir les airs importans qu'il prend dans les ateliers. Mon père est libre de partager sa fortune avec le premier aventurier sans le sou qui s'est présenté. Quant à moi...

— Un aventurier, mon frère ? Si tu m'avais permis d'achever, tu saurais que monsieur Gérard s'engage à verser dans la caisse commune, le jour de la signature de l'acte d'association, une somme égale à la moitié de la valeur de la manufacture.

— Que dis-tu là ? D'où donc lui vient cette fortune ? Il est donc riche ?... Ah ! c'était le seul avantage que j'eusse sur lui !

Louise n'eut pas l'air de remarquer ce sentiment égoïste d'une âme ulcérée.

— Les actes sont prêts, — continua-t-elle, — on pourra les signer dès qu'ils auront obtenu ton approbation. Jusqu'ici l'on n'a pas trouvé convenable de te fatiguer de ces détails, mais tu comprendras tout d'abord les avantages de cet arrangement. Aussitôt après le mariage, Gérard et Léonie viendront s'établir au Prieuré.

— Jamais, — repartit Amédée avec fureur en serrant les poings, — jamais je n'accepterai la condition affreuse que l'on veut me faire ! Il ne suffit donc pas que je sois le plus à plaindre des hommes, il me faudrait encore avoir chaque jour, à toute heure, le spectacle de cet insolent bonheur d'un autre !... à côté de ce que je suis, je verrais continuellement ce que j'aurais pu devenir !... Non, non, cela ne sera pas ! Avant trois mois je serais fou. Ne me parle plus de cet odieux projet, Louise ; ne m'en parle plus ou vous me pousserez à quelque terrible extrémité !

Il était debout et gesticulait d'un air égaré. Louise se suspendit à son cou.

— Au nom de Dieu ! calme toi, mon frère, — dit-elle avec épouvante, — cette émotion est dangereuse pour ta santé... Calme-toi, nous parlerons à mon père, nous lui ferons renoncer à ce projet. Tu sais combien il nous aime, il ne nous résistera pas. Il comptait, par cet arrangement, nous assurer des secours et un appui quand Dieu l'appellerait à lui. S'il s'est trompé, montrons-lui son erreur, et il la reconnaîtra sans doute.

Avec ces douces paroles, elle parvint à apaiser la colère irréfléchie et presque puérile de son frère. Bientôt Amédée tomba dans une profonde rêverie. La voix caressante de Louise murmurait encore à son oreille, mais il n'écoutait plus.

L'endroit de la prairie où le frère et la sœur s'étaient arrêtés se trouvait voisin du bouquet de bois qui dominait Fontbasse. Un buisson de coudriers et de troënes en fleur les abritait contre les rayons ardens du soleil. Les yeux d'Amédée se tournaient distraitement dans la direction du village, quand tout à coup il fit un mouvement de surprise. Il venait de reconnaître Gérard et la comtesse qui s'avançaient à l'ombre des châtaigniers. Monsieur Surin et le docteur marchaient derrière eux.

— Louise, Louise, comment sont-ils ici ? — dit Amédée avec indignation. — Tu m'as conduit dans un piége !... Mais cachons-nous; peut-être retourneront-ils sur leurs pas.

— Peux-tu parler ainsi, mon frère, d'une compagnie où se trouve notre excellent père ? — dit Louise d'un ton de reproche. — D'ailleurs ils ont vu la voiture qui nous attend sur la chaussée, et ils doivent nous voir nous-mêmes. —En effet, les promeneurs n'étaient plus qu'à quelques pas. Amédée, prenant brusquement son parti, sortit de sa cachette et vint les saluer avec une politesse glaciale. Madame de Bermondet exprima sa surprise comme si cette rencontre eût été vraiment fortuite ; mais Gérard regarda son ancien ami d'un air d'angoisse : il ne vit sur le visage d'Amédée qu'une expression dure et sèche qui le consterna. — Il refuse, — dit Louise à l'oreille de son père.

Sous prétexte que la chaleur était accablante, tout le monde prit place à l'ombre sur le gazon. La conversation fut languissante d'abord ; la comtesse en faisait les frais presque seule. Les autres assistans semblaient embarrassés, préoccupés. Au fond peut-être, madame de Bermondet éprouvait-elle le même malaise, mais elle n'en laissait rien voir, et s'efforçait par d'adroites séductions et des paroles caressantes d'adoucir l'esprit rebelle d'Amédée.

Enfin le manufacturier rompit la glace.

— Mon fils, — dit-il d'un ton dégagé que démentait l'altération de sa voix, — nous sommes entourés d'amis, et rien ne s'oppose à ce que nous parlions en leur présence de nos intérêts particuliers. Tu sais quels sont les projets qui nous occupent en ce moment ?

— Oui, mon père.

— Eh bien! mon garçon, puis-je espérer que ces projets ne te déplaisent pas ? Tu seras après moi le chef de notre maison, et j'ai voulu te consulter sur des arrangemens qui te touchent de si près.

— Non père, — répliqua le jeune homme avec une ironique affectation de respect, — je dois vous remercier de cet acte de déférence. Que suis-je en effet désormais ? Dans ma situation si dépendante et si digne de pitié, de quelle importance peut être mon opinion personnelle ?

— Allons, mon enfant, — répliqua le manufacturier d'un air attendri, — ton malheur est bien assez grand sans que tu l'exagères encore... Le docteur me permet d'espérer que la cruelle maladie et celle de Louise perdront bientôt de leur intensité, que les accès en deviendront plus rares de jour en jour. Tu pourras alors t'occuper des affaires de la manufacture, et je ne doute pas que tu ne trouves une grande satisfaction à les voir prospérer. Je t'invite donc, mon cher Amédée, à nous faire connaître tes objections contre les plans dont t'a parlé ta sœur.

— Il ne m'appartient d'élever aucune objection, — répondit Amédée d'une voix sèche ; — mais si vous me demandez quelles sont mes impressions personnelles, je vous avouerai que j'éprouve une répugnance invincible contre ces arrangemens.

— Il me semble pourtant que les avantages sont équitablement compensés, et que, toi plus que personne, tu devrais t'applaudir.... Mais quelles raisons donnes-tu de ta désapprobation ?

— Aucune, mon père.

— C'est que peut-être, — dit le docteur d'un ton sévère en regardant Amédée fixement, — vous n'en avez ni de bonnes ni d'honorables à donner.

Amédée baissa les yeux avec obstination et ne répondit pas. Gérard dit à son tour d'une voix attendrie :

— Je ne puis croire, mon cher Amédée, que la répugnance dont tu parles provienne d'aucun sentiment d'inimitié contre moi. A la vérité, il est vrai quels nuages ont passé depuis peu sur notre bonne et franche amitié d'enfance ; mais j'ai la conscience de ne t'avoir jamais donné de cause réelle de mécontentement ou de colère.

— Amédée, votre ami vous a sauvé la vie le jour de l'émeute de la manufacture, — dit la comtesse.

Le jeune Surin fronça le sourcil à cet importun souvenir.

Gérard reprit :

— Tu t'expliqueras aisément que, privé moi-même de certains avantages de la vie commune, j'aie pourtant désiré payer ma dette à la société, me créer une position, un rang dans le monde, et, grâce à la protection d'amis généreux, j'espère y réussir. Mais, j'en prends à témoin le ciel et toutes les personnes qui nous entourent, ma pensée, en acceptant ces propositions d'association dont je ne suis pas l'auteur, n'était pas une pensée d'intérêt personnel : ce que je voulais surtout, c'était de vivre sans cesse près de toi et de ton aimable sœur, c'était de vous entourer de soins et de tendresse pendant la longue carrière qui s'étend encore devant nous. Une autre personne, qui vous aime d'une affection fraternelle, et moi, nous nous sommes promis de rivaliser d'efforts pour vous rendre heureux. Permettez-nous d'essayer de remplir cette tâche ; notre famille sera la vôtre, nous partagerons vos joies et vos tristessses ; puis, quand l'un de nous atteindra le terme de la vie, il bénira les autres d'avoir embelli ses jours, il paraîtra revivre encore dans les amis qu'il aura laissés.

Ces paroles touchèrent tous les assistans. Amédée seul restait impassible.

— Ah! croyez-le, monsieur, — s'écria la comtesse, — Gérard est sincère lorsqu'il vous assure...

— Je sais, — répondit Amédée avec ironie, — que Gérard trouvera toujours un ardent défenseur dans madame de Bermondet. Mais pourquoi réclamerais-je des sacrifices? Qu'ai-je besoin de faire peser sur d'autres la fatalité qui pèse sur moi ? Mon rôle n'est plus dans les réunions du monde, dans le commerce de l'amitié ; il est dans le silence, la solitude et l'obscurité : je saurai m'y résigner.

— Voulez-vous que je vous dise quel est votre rôle, moi, — demanda le docteur de sa voix stridente en se penchant vers lui ; — eh bien ! votre rôle est celui de cet animal hargneux qui ne mange pas et qui ne veut pas que les autres mangent.

Pendant ce temps, monsieur Surin lui disait de l'autre côté :

— Amédée, mon enfant, serait-il donc possible que tu n'eusses pas de cœur?

Cette parole de son père impressionna vivement le jeune homme. Il se sentait injuste et méchant, mais il ne se l'était pas encor avoué.

— Monsieur Amédée, — reprit la comtesse de sa voix caressante et persuasive, — j'attache plus d'intérêt que vous ne pensez peut-être à la réussite de ces projets... Voyons, mon intervention sera-t-elle inefficace pour dissiper ces vaines préventions que vous semblez avoir conçues contre Gérard ? Sans les discuter, je vous supplie de les surmonter... Amédée, je vous en conjure, tendez la main à ce pauvre enfant ; je vous le demande pour vous, pour votre famille, pour l'amour de moi !

Madame de Bermondet avait tant de grâce, de sentiment, de finesse, en prononçant ces paroles, qu'elle semblait irrésistible.

— Madame la comtesse, — répondit Amédée avec agitation, — n'invoquez pas des souvenirs... que je voudrais oublier ! Je n'ignore pas l'intérêt tout particulier que vous prenez à Gérard ; il est si grand, il éclate tellement dans toutes vos actions, dans toutes vos paroles, dans tous vos regards, qu'on en cherche la cause sans la comprendre.

Ce mot presque insultant, échappé dans le paroxysme de l'exaltation, excita la réprobation générale.

— C'est toujours l'enfant gâté, l'enfant incorrigible, — disait Chardin en haussant les épaules.

— Amédée, — s'écria Gérard, — je puis te pardonner tes paroles amères quand elles s'adressent à moi ; mais je ne souffrirai pas que tu te permettes d'outrager la meilleure et la plus digne des femmes!

— Monsieur, — dit Surin à son tour avec une fermeté que son fils ne lui connaissait pas, — vous allez expliquer sur-le-champ cette parole équivoque. Je vous l'ordonne !

Louise était pâle et tremblante.

— Mon père, — murmura-t-elle d'un ton suppliant, — ne lui parlez pas avec cette dureté. Vous savez que la moindre secousse peut déterminer une crise...

— Dussé-je le tuer, — s'écria le manufacturier avec

énergie, — j'exige qu'il répare sa faute!... Insulter une femme honorable est une lâcheté.

Seule la comtesse restait calme. Après quelques secondes de réflexion, elle se leva, le sourire sur les lèvres, et, d'un air de douce autorité :

— Mes amis, Amédée a raison... ce qui se passe autour de lui doit lui suggérer en effet d'étranges idées... Il est loyal, discret; j'aurai toute confiance en son bonheur. Prenez mon bras, Amédée, — continua-t-elle d'un ton gracieux ; — nous allons faire quelques pas ensemble, si vous ne craignez pas trop le soleil.

Amédée, tout surpris et déjà confus, accepta, non sans embarras.

— Quoi ! madame, — demanda le manufacturier, — vous voulez...

— Madame ! — murmura Gérard en faisant à sa mère un geste mystérieux et suppliant.

— Laissez, — dit la comtesse; — il est bon, j'en suis sûre; il appréciera mon pénible sacrifice.

Et elle s'éloigna lentement avec Amédée.

Madame de Bermondet avait baissé son voile, et elle se penchait vers le jeune Surin, qui l'écoutait en silence. Ils allèrent ainsi jusqu'à l'extrémité de la prairie, puis revinrent sur leurs pas. A mesure qu'ils avançaient, on pouvait voir qu'Amédée était fort animé : on devinait des larmes dans ses yeux. Tout à coup le jeune homme s'arrêta, s'empara de la main de madame de Bermondet et la pressa respectueusement contre ses lèvres.

— Elle a réussi ! — s'écria Gérard; — mais pourquoi faut-il que chacun de ses bienfaits lui coûte si cher ?

A peine achevait-il ces mots qu'Amédée accourait vers lui tout palpitant.

— Pardonne-moi, Gérard, mon bon Gérard ! — s'écria-t-il dans un trouble inexprimable.—Je ne sais quel démon malfaisant avait corrompu mon cœur... Maintenant j'ai horreur de moi-même; pardonne-moi donc, aime-moi ; de mon côté j'accepterai tes bienfaits, tes sacrifices. Je verrai ton bonheur sans amertume et sans colère; Léonie sera ma seconde sœur. Je ne me révolte plus, je ne m'indigne plus, je ne suis plus jaloux; tu vaux mieux que moi, tu mérites toutes les prospérités; oublie mes torts, et désormais rien ne nous divisera plus.

— De tout mon cœur, — répliqua Gérard en lui tendant la main, — et bénie soit celle qui me fait retrouver mon ami !

Amédée se retourna vers son père.

— Et vous aussi, mon père, pardonnez-moi, — reprit-il; — je ne suis pas méchant, vous le savez, mais j'étais aveuglé, j'étais fou. Cette leçon me servira, je vous le jure !

XVIII

CONCLUSION.

Quelques semaines après, on célébrait au Prieuré le mariage de Gérard avec Léonie Chardin, et le joyeux avénement du nouveau chef de la manufacture. Le soir, la fabrique présentait un aspect brillant et animé. D'un vaste atelier on avait fait une salle de bal, et la décoration de cette salle avait occupé les ouvriers de monsieur Surin pendant huit jours.

Des tapisseries précieuses, apportées du château, cachaient la nudité des murailles blanches et du carrelage de brique. Des guirlandes de feuillage, de triomphantes devises ornaient le plafond à poutres saillantes. Dix lustres de cristal, chargés de bougies, répandaient des flots de lu-

mière sur les invités, en costume d'apparat. De joyeux quadrilles s'agitaient en cadence au son d'une musique champêtre.

C'est là que nous retrouvons tous les principaux personnages de cette histoire.

Les jeunes mariés se promenaient, calmes et souriants, à travers la foule. Léonie, avec sa robe blanche et quelques fleurs naturelles placées dans ses cheveux, était ravissante. On admirait à son col une parure d'émeraudes offertes par Dutillet. Léonie n'avait pu refuser de la porter le jour de ses noces, d'autant moins que ce collier, dont on savait l'histoire, devait rappeler la probité presque héroïque de son père. Du reste, la joie des époux, quoique visible pour tous, était presque timide : ils semblaient embarrassés de leur bonheur, et cherchaient par leur contenance modeste à se le faire pardonner.

La comtesse de Bermondet, plus belle que jamais sous la profusion de diamans et de dentelles qui chargeaient ses bras arrondis et ses épaules éblouissantes, occupait une place d'honneur et semblait présider la fête. Mais parfois de légers nuages effleuraient ce front si pur; ses yeux si limpides devenaient humides. Sans doute la noble dame pensait qu'elle ne pouvait prendre trop ouvertement sa part de l'allégresse de Gérard, qu'elle ne pouvait avouer devant tout ce monde ce fils chéri dont elle était si fière. Néanmoins sa tristesse contenue ne ressemblait pas au morne abattement que le baron, le coude appuyé sur le dossier d'un fauteuil, ne pouvait dissimuler tout à fait. Le pauvre Achille causait à demi-voix avec le manufacturier, qui paraissait chercher à le distraire, et qui, si l'on en jugeait à la pâleur de son visage, à ses traits fatigués, eût eu grand besoin lui-même de consolations.

Amédée et Louise étaient assis à côté de la comtesse et comme sous son aile. Ils portaient des vêtements de couleur sombre et paraissaient recueillis, mais non pas tristes. Déjà sans doute ils s'étaient familiarisés avec la terrible certitude que ce bruit, ces danses, ces plaisirs leur étaient interdits à jamais. Ils pouvaient sourire amicalement à Gérard, à sa gracieuse petite femme, qui venaient de temps en temps leur adresser une parole affectueuse.

Cependant, lorsque Louise, levant timidement la tête, apercevait l'œil mélancolique du baron attaché sur elle, un soupir furtif s'échappait de ses lèvres. Amédée, de son côté, suivait d'un regard vague des femmes belles et souriantes emportées par le tourbillon de la valse; et une fois que l'agaçante madame de Lussac passait ainsi devant lui, enlacée dans les bras du percepteur, beau garçon à lorgnon et à barbe de bouc, il murmura tout bas :

— Il n'y a donc que moi qui ne pourrai jamais être aimé !

Du reste, cet air de contrainte des principaux personnages de la fête avait frappé les invités; mais on l'attribuait aux événemens récens survenus dans la famille Surin, et on avait dépensé déjà toute sa pitié pour ces grandes infortunes. On continuait donc à danser et à rire, car le plaisir est peut-être encore plus égoïste que la douleur.

Dans un intervalle de repos, Gérard s'approcha de son beau-père, qui se tenait à l'écart, regardant toutes choses avec sa tranquillité railleuse.

— Gérard, mon enfant, — dit le docteur à voix basse,— souvenez-vous du jour où je vous rencontrai là-bas sur la grande route, triste, découragé, importuné du bonheur des autres. Ne vous semble-t-il pas que j'avais alors une sorte d'instinct prophétique ?

— Il est vrai, mon père, — répliqua Gérard en soupirant, — et j'ai réfléchi déjà bien des fois à cette volonté providentielle qui, tout en rendant dignes de compassion ceux qui me semblaient dignes d'envie, m'élevait au comble des félicités humaines.

— Ne vous en glorifiez pas, mon ami, car tout cela n'est qu'un accident passager, une décevante apparence. On n'envie que ce qu'on ne connaît pas ; voilà pourquoi l'envie est une sottise avant d'être un vice. Chaque chose a sa plaie visible ou cachée; telle est la condition humaine,

N'enviez donc personne, Gérard; aimez et plaignez tout le monde au hasard ; plaignez le riche gorgé d'or, plaignez l'homme qui s'enorgueillit de sa puissance, plaignez la femme qui vit de plaisirs et de flatterie, plaignez l'adolescent plein d'ardeur, de jeunesse et de joie..... oui, plaignez-les tous, car ils appartiennent tous à l'humanité, car tous subissent une commune et inexorable loi, Gérard, —continua Chardin avec véhémence.—Tournez vos yeux sur vous-même: qui ne croirait devoir envier votre sort ? vous êtes dans la fleur de l'âge, beau, bien portant; vous avez une femme que vous aimez et qui vous aime; vous êtes riche, vous avez des protecteurs puissans, des amis dévoués.... eh bien, Gérard, ne manque-t-il rien à votre bonheur !

— Oh ! si, mon père, et vous le savez bien !

— Quoi donc, Gérard ?

— La certitude que tous ceux que j'aime ne peuv être heureux comme moi.

FIN DES MYSTÈRES DE LA FAMILLE.

TABLE DES CHAPITRES CONTENUS DANS CET OUVRAGE.

Paris. — Imprimerie J. Voisvenel, rue du Croissant, 12.